Los Lugares más espectaculares del mundo

Carmen Fernández

LIBSA

© 2018, Editorial LIBSA
C/ San Rafael, 4
28108 Alcobendas. Madrid
Tel. (34) 91 657 25 80
Fax (34) 91 657 25 83
e-mail: libsa@libsa.es
www.libsa.es

ISBN: 978-84-662-3619-5

Colaboración en textos: Carmen Fernández
Edición: Equipo Editorial LIBSA
Diseño de cubierta: Equipo de Diseño LIBSA
Maquetación: Equipo de Maquetación LIBSA
Fotografías y documentación gráfica:
Thinkstock.com, Shutterstock Images, Archivo
LIBSA y los colaboradores mencionados en los
agradecimientos fotográficos.

CRÉDITOS FOTOGRÁFICOS

Págs. 10-11, Ser Borakovskyy/Shutterstock.com
Págs. 80-81, Christian Vinces/Shutterstock.com
Págs. 100-101, yakub88/Shutterstock.com
Pág. 109, Shanti Hesse/Shutterstock.com
Pág. 123, Takashi Images/Shutterstock.com
Págs. 130-131, Gabor Kovacs
Photography/Shutterstock.com
Págs. 134-135, Igor Plotnikov/Shutterstock.com
Pág. 139, Pabkov/Shutterstock.com
Págs. 140-141, milosk50/Shutterstock.com
Págs. 148-149, Brian Kinney/Shutterstock.com
Págs. 150-151, Brian Kinney/Shutterstock.com
Págs. 174-175, Vladimir Sazonov/Shutterstock.com
Págs. 186-187, Maurizio De
Mattei/Shutterstock.com

AGRADECIMIENTOS FOTOGRÁFICOS

El editor quiere dar las gracias a las siguientes
personas e instituciones por su colaboración de
material gráfico, sin cuya aportación no hubiera
sido posible la ejecución de este proyecto, y
quiere pedir disculpas si alguno de ellos no
aparece en dicha relación, porque su omisión ha
sido involuntaria:

Of. T. Kenia, Basilio Melero, Of. Turismo y
Comercio de Colombia, Consejo Promoción
Turística de México, Of. T. de Venezuela.

CONTENIDO

PRESENTACIÓN

Si el adjetivo BELLO se reserva para cosas de importancia o grandiosidad, el lector en esta obra podrá contemplar las imágenes más grandiosas que le ofrece tanto la Naturaleza como la arquitectura de las ciudades.

Esta selección de lugares imprescindibles de visitar nos muestra una panorámica excelente del mundo en todas sus vertientes: desde las cascadas o cataratas más impresionantes del universo hasta los poblados de adobe más recónditos del planeta o ciudades con siglos de historia, sin olvidar volcanes o parques naturales, pues cualquier destino es una vía abierta para disfrutar plenamente con los cinco sentidos.

La estructura de esta guía de referencia permite al lector conocer todo lo relacionado con el lugar elegido. Diferenciados los cinco continentes, paso a paso nos adentramos en cada país hasta llegar al lugar analizado: un mapa del continente destaca en cada entrada los sitios seleccionados y nos los muestra con su mejor cara, que son las fotografías más impactantes de la zona: LA OBRA ES UN RECORRIDO POR ORDEN ALFABÉTICO PARA FACILITAR LA BÚSQUEDA AL LECTOR. Una presentación práctica que recoge los datos objetivos más interesantes en una ficha y las leyendas más conocidas que se han ido transmitiendo de generación en generación, así como el abordaje a su cultura y costumbres, nos ofrecen una panorámica bastante aproximada de la maravilla analizada. Si a todo esto le añadimos las peculiaridades, la gastronomía, las direcciones útiles, su clima, cómo llegar o su ubicación, su lectura se convertirá en la contemplación de la belleza y el objetivo de mostrar el conocimiento que encierra cualquier libro quedará completado por la exposición gráfica de cada una de las imágenes mostradas.

Esta obra es un perfecto equilibrio entre el contenido y la exposición visual, un libro para hojear desde cualquier página, para disfrutar desde cualquier punto, que invita al lector a la fascinante aventura de viajar, que le incita a adentrarse en un mundo nuevo con la mirada limpia de los antiguos exploradores, que ofrece lo mejor de cada lugar para que el camino de la belleza sea el recorrido más placentero y su contemplación nos sumerja en el descanso espiritual que nos brindan los lugares más grandiosos, pero no necesariamente los más grandes.

Le invitamos a que viaje desde su casa. Abra bien los ojos y deje que vuele su mente. No por ser muy sencillo, deja de ser estimulante. Recuerde que el viaje está presente en la historia de la Humanidad desde sus inicios, desde que el primer ser humano se levantó en el valle africano del Rift y siguió sus fallas para dispersarse por el mundo. En sus manos está la oportunidad de abrirse a ese nuevo mundo por descubrir. Abra por cualquier página y disfrute con la visión de este maravilloso planeta llamado Tierra, nuestra casa, un lugar que tenemos que proteger para que las nuevas generaciones puedan disfrutar de él tanto como lo podemos hacer nosotros. Cada rincón es único e imprescindible y, como tal, debemos preservarlo. Ojalá la lectura de este libro no sólo le haga disfrutar plenamente, sino que le convierta en el más ferviente defensor de nuestro increíble paraíso.

EL CAIRO ISLÁMICO

Mar
Mediterráneo

Israel

EL CAIRO

Libia

Egipto

Arabia Saudí

Mar Rojo

Sudán

EL OASIS Y LA CIUDAD MEDIEVAL

El Cairo islámico es el nombre con el que se conoce al antiguo barrio medieval de El Cairo, un laberíntico enjambre de mezquitas, madrazas, mausoleos, palacios, wakalahs y caravasares, mercados, hospitales, puertas y defensas, edificios administrativos y sociales... Caminar por sus calles es como retroceder seis o siete siglos. Sus barrios, como Darb al-Ahmar, se caracterizan por sus pequeñas callejuelas, sus casas de adobe, sus vendedores ambulantes de comida y sus cabras, camellos y burros. Hay mezquitas y templos por doquier (a la derecha), y en el aire se respira un fuerte olor a cúrcuma, a comino y a animales.

Entre las joyas arquitectónicas de El Cairo islámico, destacan la bella y elegante Iben Tulun (al oeste de la ciudadela, en el barrio de Saiyida Zeinab), una de las mezquitas más grandes del mundo, que fue construida en el siglo IX, y en la que sobresale el minarete, al que se accede por una escalera de caracol exterior, el Mausoleo de Imam ash-Shafi'i, el de mayores dimensiones del país, donde está enterrado uno de los líderes religiosos más importantes del Islam, y la Ciudadela de Saladino, una impresionante fortaleza medieval, sede del poder egipcio durante 700 años, que alberga en su interior tres importantes mezquitas y varios museos. Construida por Saladino entre 1176 y 1183 sobre una plataforma elevada, la Ciudadela de Saladino encierra en su interior un entramado laberíntico de calles y edificios cargados de historia. Además, es un lugar privilegiado para contemplar la ciudad, el Nilo y hasta la silueta de las pirámides.

Junto a la Ciudadela se levanta la Mezquita de Muhammad Alí (bajo estas líneas, en lo alto de la colina), una obra en alabastro del siglo XIX, en cuyo patio hay un reloj donado por el rey francés Luis Felipe de Orleans a cambio del obelisco egipcio que se levanta en la plaza de La Concorde de París. A los pies de la Ciudadela está la gran necrópolis llamada «La Ciudad de los Muertos», en la actualidad un lugar habitado por miles de cairotas que han habilitado sus viviendas junto a las tumbas. En el siglo XIV empezó siendo zona de enterramiento de los dignatarios sufíes, y más tarde se generalizó como cementerio de los mamelucos. Es impresionante la fusión entre lo sagrado y lo profano, las casas humildes y las ostentosas tumbas con minaretes.

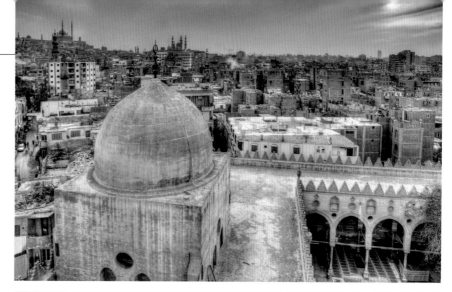

CONTINENTE: África.

- PAÍS: Egipto.
- UBICACIÓN: en el norte de Egipto, junto al río Nilo.
- CLIMA: en El Cairo hay meses que pueden llegar a ser bastante fríos, por lo que las fechas más adecuadas para disfrutar la ciudad son los meses templados. Es preferible viajar en el período comprendido entre marzo y mayo para coincidir con temperaturas suaves. El Cairo recibe sólo 28 mm de precipitaciones de lluvia al año.
- CÓMO LLEGAR: en avión.
- PECULIARIDAD: los cafetines y bazares son el alma de El Cairo, donde transcurre la vida de la ciudad. El Bazar de Jan el-Jalili es el mercado más famoso y concurrido de El Cairo. En un entorno casi medieval, de estrechos callejones, las tiendas se alternan con antiguas casas y monumentos. El callejón Midaq, en un extremo del bazar, es el lugar donde el Premio Nobel de Literatura Nagib Mahfuz ambienta su novela *El callejón de los milagros*.
- GASTRONOMÍA: los *rrac aineb* (rollitos de hojas de parra rellenos de arroz, carne picada, hierbas y especias) son uno de los platos más típicos de El Cairo, así como la *salata zabadi* (pepino rallado con yogur y ajo), el *kebab* (bistec asado) y los *shish kebab* (pinchos de carne). En cuanto a los postres, es deliciosa la *mehalabía* (crema de harina de arroz y agua de rosas).
- DIRECCIONES ÚTILES: egipt.travel/es/ www.disfrutaegipto.com y www.turismo.org/egipto/

Sudán

Etiopía

Uganda

Kenia

Somalia

MASAI MARA

Océano Índico

Tanzania

EN LAS LLANURAS DEL SERENGETI

Inaugurado en 1961, el Parque Nacional Masai Mara, conocido popularmente como El Mara, está situado al oeste del Valle del Rift y es la continuación natural de las llanuras del Serengeti, en Tanzania, separadas políticamente al alcanzar la independencia, pero que siguen funcionando como un único parque gigantesco.

Situado a unos 1.200 m de altitud, el Masai Mara ocupa una extensión de 1.510 km², la mayoría de ellos compuestos por sabana herbácea. Su fuente principal de vida es el río Mara, cuyas serpenteantes y oscuras aguas atraviesan esta reserva de norte a sur para proseguir su camino hacia el oeste hasta el lago Victoria, aunque también está bañado por el Talek y varios afluentes.

El Masai Mara es un santuario natural, hogar de cientos de especies animales, muchas de ellas amenazadas, como el rinoceronte negro, el hipopótamo y el guepardo. Los «cinco grandes» (león, leopardo, elefante africano, búfalo africano, y rinoceronte negro) habitan en este lugar de ensueño. Campamentos de lujo y safaris fotográficos ofrecen al visitante la sensación de estar viviendo un documental. No en vano, la sabana del Masai Mara ha sido escenario de multitud de reportajes, y también de célebres películas como *Memorias de África* o *Mogambo*.

Uno de los espectáculos más grandiosos de la naturaleza se produce precisamente en el Masai Mara, con la migración del ñu. Según la leyenda africana, el último animal que creó dios fue el ñu, al cual dio forma utilizando los restos de otros seres que le habían sobrado. Al margen de esta creencia, el ñu es protagonista de un desplazamiento grandioso, que no es una marcha casual, sino un movimiento organizado de interminables columnas que avanzan sin parar a través del horizonte.

Como cada año, a principios de julio, cerca de dos millones de ñus emigran hacia el norte, desde el Serengeti hasta el Masai Mara, recorriendo alrededor de 3.000 km en busca de pastos frescos (necesitan alrededor de 4.000 toneladas de hierba para alimentarse cada día) y arrastrando consigo en su espectacular migración a medio millón de cebras y otro tanto de gacelas Thompson. Pero no viajan solos. Tras ellos, marchan los grandes cazadores de las llanuras: leones, leopardos y guepardos, y siguiéndoles, los carroñeros terrícolas y aéreos, como hienas, perros salvajes y buitres, además de los gigantescos cocodrilos de la especie nilótica, de algo más de 5 m de longitud, que aguardan pacientemente el paso de los herbívoros a través de las oscuras aguas del río Mara para cazarlos.

El trayecto circular de los ñus nace en las inmediaciones del cráter del Ngorongoro, en Tanzania, donde entre enero y marzo

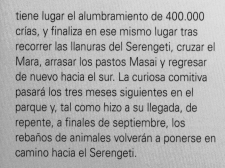

tiene lugar el alumbramiento de 400.000 crías, y finaliza en ese mismo lugar tras recorrer las llanuras del Serengeti, cruzar el Mara, arrasar los pastos Masai y regresar de nuevo hacia el sur. La curiosa comitiva pasará los tres meses siguientes en el parque y, tal como hizo a su llegada, de repente, a finales de septiembre, los rebaños de animales volverán a ponerse en camino hacia el Serengeti.

Si encuentran algún obstáculo, no lo rodean, sencillamente intentan abrirse paso a través del mismo o, por el contrario, simplemente se detienen para dejarse morir. Afortunadamente, con la vigilancia que hay en el parque están a salvo, pero en otros lugares han llegado a morir miles de ñus al encontrarse el camino bloqueado. El gran Parque Nacional Masai Mara es, sin duda, uno de los grandes espectáculos salvajes de la Tierra.

Los Masai, pueblo ganadero por excelencia, han sumado el cultivo a sus actividades y han perdido su originario carácter nómada. Se organizan en grupos de edad masculinos y sus miembros deben pasar ritos de iniciación para convertirse en guerreros. A la derecha, (de arriba a abajo): mujer masai con su hijo, ñus atravesando un río y tienda de un safari.

- CONTINENTE: África.
- PAÍS: Kenia.
- UBICACIÓN: en la Meseta Occidental de Kenia, a 390 km al suroeste de Nairobi.
- CLIMA: templado y seco con temperaturas que oscilan entre 15 y 25 °C, si bien existe una época de lluvias, de noviembre a mayo.
- CÓMO LLEGAR: el aeropuerto internacional de Jomo Kenyatta está situado a 15 km al sureste de Nairobi, la capital de Kenia, y desde allí se puede tomar un avión hasta el aeródromo de Mara, que está situado dentro del mismo Parque Nacional Masai Mara. También se puede acceder al parque por carretera desde Nairobi o Mombassa.
- PECULIARIDAD: los pintorescos y bellos masai, antiguos pobladores del Masai Mara, son nómadas que se dedican al pastoreo del ganado y que aún viven como lo hacían cientos de años atrás. Ataviados con ropa de color rojo y cargamentos de joyas y abalorios

son los grandes señores del parque.
- GASTRONOMÍA: la carne se suele preparar guisada o asada al grill y puede ser de cabra, cerdo, ternera o buey, aunque también se encuentra pollo y, en lugares autorizados, piezas de caza menor. De los pescados destacan la tilapia nativa, la trucha, la perca, el bacalao de roca, el pez loro y algunos mariscos como los langostinos gigantes, los cangrejos pequeños, las ostras y la langosta. En cuanto a las frutas, sobre todo el plátano, el coco, la manzana, la piña, la papaya, el mango, las batatas y los frutos del árbol del pan, se utilizan para elaborar ensaladas y como guarnición de otros platos. Entre los platos más típicos de la cocina de Kenia, destacan el *nyama choma* (carne asada, habitualmente de cabra, preparada sobre la hoguera), *el irio* (puré de verduras a base de guisantes, maíz y patatas, servido con un cocido de carne o salsa de tomate), las *kebabs*

de cabrito (salchichas de carne de ternera), el *githeri* (judías, patatas y verduras sin picar), el *matoke* (puré de plátano al vapor) y el *ugali* (bola de maíz cocido aromatizada con leche, mantequilla o queso, acompañado de trozos de carne y verdura). También se recomienda probar el *sambusa* (empanadillas rellenas de verdura o carne especiada con unas gotas de lima), los langostinos *pili pili* (langostinos con una salsa elaborada con mantequilla, chiles rojos, ajo, zumo de lima, coco rallado, cilantro fresco y pimentón). el *chapatis* (torta de harina de maíz parecida a las tortitas europeas) y el *mandazi* (bollo semidulce).
- ALOJAMIENTO: puede hacerse en los *lodges* y cámpings que hay dentro del Parque Nacional y también en los hoteles situados alrededor del mismo.
- DIRECCIONES ÚTILES:
www.masaimara.com
www.masaimaranationalpark.org

Mar Mediterráneo

Océano
Atlántico

XAUEN

Marruecos

MARRAKECH

Argelia

Mauritania

LOS ZOCOS Y LA PLAZA DE JEMAA-EL-FNA

Declarada en el 2001 Patrimonio de la Humanidad por la UNESCO, la plaza de Jemaa-El-Fna, cuyo nombre significa «asamblea de los muertos», en recuerdo de la época en que los criminales eran ejecutados en la plaza y sus cabezas quedaban expuestas para dar ejemplo, es una preciosa plaza medieval, lugar de encuentro de mercaderes, músicos, contadores de cuentos y encantadores de serpientes. Cantada en todos los idiomas, constituye un exponente vivo de lo que fueron las plazas medievales: un lugar de encuentro para todo el mundo. Un día en la plaza de Jemaa-El-Fna (bajo estas líneas) es un auténtico espectáculo. Por la mañana temprano, los vendedores de zumo de naranjas natural alternan con mujeres venidas del Antiatlas para vender sus cestos de mimbre, junto a narradores de historias, músicos, bailarines, echadores de la buenaventura, dentistas, curanderos, boticarios, vendedores de pócimas y escritores públicos por encargo, que se colocan delante de sus paraguas negros. A veces también están los *gnaoua*, tocadores de crótalos y acróbatas.

En suma, un universo que se vuelve particularmente fascinante con la caída de la tarde, cuando los saltimbanquis ceden su puesto a los figoneros y, poco a poco, las lámparas de acetileno comienzan a encenderse, quedando la plaza iluminada con mil y una luces. Es el momento del gran espectáculo, de deambular por la plaza de sorpresa en sorpresa y descubrir la magia de este lugar, pues según dijo el escritor Paul Bowles: «Sin la plaza de Jemaa-El-Fna, Marrakech sería una ciudad cualquiera».

La plaza de Jemaa-El-Fna sirve de punto de partida para adentrarse en el increíble mundo de los zocos de Marrakech, uno de los más grandes del país, en los que hay que dejarse llevar más por las sensaciones que por el plano de las calles, pues los olores, voces, ruidos y colores dirigen al visitante tanto o más que un plano de la ciudad. Situados a los lados de dos callejuelas, Suk el-Kbir (a la derecha) y Suk Attarine (a la izquierda), el zoco de las Telas es el primero que se encuentra al bifurcarse las dos calles anteriores en la calle Suk Smarine.

Pasado este zoco, a la derecha aparece una callejuela abarrotada de especieros y es entonces cuando el olfato se embriaga con los olores del azafrán, del comino, del jengibre, de la verbena, del clavo, de las flores de naranjo, de los sacos de almendras y garbanzos, de los cestos de dátiles y de las toneladas de aceitunas. Pero junto a los especieros también están los vidrieros y los boticarios, en cuyas estanterías se desbordan los tarros de alheña, de gazul, de extractos de rosas, de jazmín, de ámbar, de almizcle o de khol. Recorriendo la embriagadora calle se llega hasta la plaza Rahba Kedima y, una vez pasado el primer acceso a la plaza, un

callejón lleva hasta el zoco de Laghzal, dedicado a las lanas. Rodeando la plaza hay varios puestos de alfombras, pieles de carnero y vendedores de especias. Al nordeste, una pequeña calle va hasta el zoco de Zrabia, que hasta 1912 fue el mercado de esclavos y que hoy es donde se celebran las subastas de caftanes y tapices bereberes.

Prosiguiendo por Suk el-Kbir, a la derecha está el zoco de los Joyeros, tras el cual aparece, a la izquierda, la antigua Kaysaria, que tiempo atrás servía de depósito de las mercancías más valiosas. Es el viejo corazón del barrio, formado por numerosos pasajes cerrados con puertas monumentales e iluminados por claraboyas abiertas en los techos de madera de cedro.

Rodeando la Kaysaria, a la derecha sale una calle, con tiendecitas de babuchas, que conduce hasta el zoco del Cobre, donde los latoneros martillean el metal con pequeños martillos, mientras en el vecino Suk Chuari, el zoco de los Burros, las manos hábiles de los artesanos trenzan las fibras de palma enana para realizar cestos y alforjas, junto a los ebanistas que trabajan la madera de nogal o limonero. Un poco más allá, en el zoco de los Tintoreros, las madejas colgadas como si fueran guirnaldas de fiesta componen una singular escenografía que continuamente está cambiando.

- **Continente:** África.
- **País:** Marruecos.
- **Ubicación:** en el sur de Marruecos, junto a las estribaciones de las montañas del Atlas.
- **Clima:** seco y cálido, la temperatura media anual ronda los 22 °C, oscilando entre los 12 °C del mes de enero y los 28 °C de julio y agosto. Suele haber unas ocho horas diarias de sol, apenas llueve y las escasas precipitaciones se reparten entre los meses de octubre a abril.
- **Cómo llegar:** en avión hasta el aeropuerto de Ménara, a 7 km de la Marrakech. También se puede acceder en tren o por carretera desde Tánger.
- **Peculiaridad:** a las afueras de la ciudad, en dirección Casablanca, se extiende el Palmeral que dio origen a la ciudad de Marrakech. Es un recorrido de 22 km que se puede hacer en coche o en calesa, y que alberga más de 180.000 palmeras datileras, extendidas en una superficie de 13.000 hectáreas verdes. Al parecer, según cuenta la leyenda, por las noches los guerreros de Yusef Ben Tashfin comían dátiles traídos de otros oasis y, al tirar los huesos, estos caían en los agujeros que habían hecho las lanzas al clavarlas en la tierra, germinando tiempo después.
- **Gastronomía:** entre los platos de la sabrosa cocina marroquí, destacan las brochetas o pinchos morunos, el tradicional cuscús, el *mechuí* (cordero asado), la *pastilla* (hojaldre relleno de pichón y almendras) y el *tajine* (ragú de carne, de pollo, de pescado y legumbres estofadas). Los dulces marroquíes son exquisitos. Sobresalen los *beghrir* (pastelillos de nido de abeja, parecidos a los creps, servidos con miel y mantequilla fundida) y los *shebbakia* (pasteles fritos en aceite y recubiertos de miel).
- **Direcciones útiles:** www.turismomarruecos.net y www.guiademarruecos.com

LA CIUDAD SANTA

Situada a 600 m de altitud sobre el nivel del mar, la ciudad santa de Chefchaouen o Xauen, fundada en 1471, sobre territorio sagrado, por un descendiente de Mahoma, se extiende a los pies de dos montañas, Tissuka y Meggu, que le han dado su nombre (por su forma de xauen o cuerno). Considerada como una de las ciudades más pintorescas de Marruecos y, sin duda, la más bonita del Rif, Xauen es conocida también como la «ciudad azul», por sus típicas casas de una planta, escalonadas con tejados de tejas redondas y un patio interior a la sombra de un árbol frutal, encaladas de blanco y con los dinteles de sus puertas pintados de azul claro para ahuyentar a los mosquitos. Xauen, una ciudad montañosa que parece anclada en el pasado, cuya gente, en su mayoría campesinos, es abierta y agradable, es una bella y acogedora villa de callejuelas pavimentadas con guijarros, rincones pintorescos, plazas tranquilas y sombreadas, y acogedores cafés donde tomar un té y descansar tranquilamente, pero que además tiene una veintena de mezquitas, oratorios y santuarios (el más célebre está dedicado a Mulay Ali Ben Rashid, patrón de la ciudad), por lo que está considerada como una «ciudad santa». No en vano, cada barrio tiene cuatro escuelas coránicas, cuatro mezquitas y cuatro *hammans* o baños públicos (aunque en la Medina está el *hamman* más antiguo de la ciudad, normalmente todos los habitantes van a lavarse al *hamman* de su barrio: los hombres de 14 a 17 horas y las mujeres de 18 a 24 horas). La plaza de Uta-El-Hammam es el centro neurálgico de Xauen. Presidida por una torre que ha inspirado numerosas historias y leyendas, era donde antiguamente los vendedores de harina y los campesinos bereberes ponían sus puestos. Hoy día está rodeada de restaurantes y terrazas, donde se puede disfrutar tranquilamente de un café o té verde (la bebida nacional marroquí).

A la derecha de la plaza se puede admirar el Yamma el Kebir (la Gran Mezquita, del siglo XV), que destaca por la forma octogonal de su minarete de estilo andalusí y, frente a ella, los restos de la Kasbah, el pulmón verde y sombreado de la ciudad, con sus torres rojas y almenadas que dominan la Medina, que dio origen a la ciudad. En su interior hay encantadores jardines de estilo andaluz y un pequeño e interesante museo, en el que destacan la colección de instrumentos musicales tradicionales y los espléndidos palanquines de madera pintada. La plaza del Mercado es tanto o más representativa que la plaza de Uta-El-Hamman, pues en ella se

celebra, cada lunes y jueves, el mercado principal de Xauen, una de las grandes atracciones de la ciudad, tanto por los numerosos rifeños (bereberes y de Xauen) que acuden a vender e intercambiar sus mercancías como por su colorido y por la amplia variedad y calidad de los productos que allí se exponen. Otra de las plazas más singulares de Xauen es la de Mohammed V, una plazuela circular con un elegante jardín (con palmeras datileras, rosales, naranjos y adelfas), con bancos de cerámica y hierro forjado.

- CONTINENTE: África.
- PAÍS: Marruecos.
- UBICACIÓN: en el norte de Marruecos, en el Rif, a 60 km al Sur de Tetuán y a 115 km de Tánger.
- CLIMA: el clima del Rif es húmedo y soleado. Durante los meses de noviembre a marzo, llueve y nieva bastante en las montañas y el cielo suele estar nublado.
- CÓMO LLEGAR: en avión o en barco hasta Tánger y, desde allí hasta Xauen, por carretera.
- PECULIARIDAD: en los alrededores de Xauen se encuentra el Parque Nacional de Talassemtane, que cuenta con los únicos bosques de abetos del país y está considerado uno de los paisajes de montaña más hermosos que existen en Marruecos.
- GASTRONOMÍA: el plato tradicional de Xauen es la *bessará* (puré de habas con pan, aceite de oliva y huevos), junto con el cuscús (sémola guisada con carne de cordero o de pollo, o a veces pescado, verduras y uvas, aderezado con una salsa muy picante y especiada). Y no hay que dejar de degustar los exquisitos postres y dulces a base de miel, frutos secos y hojaldre.
- DIRECCIONES ÚTILES: www.guiademarruecos.com y www.chauen.info

SEYCHELLES

Somalia

Kenia

Océano Índico

Tanzania

SEYCHELLES

Mozambique

Madagascar

EL PARAÍSO EN LA TIERRA

A quienes busquen un paraíso tropical que conserve intacta toda su belleza natural, las Seychelles no les defraudarán. Además de playas de arena fina bordeadas por hileras de palmeras y de un fondo marino realmente espectacular, las islas cuentan con numerosos bosques con abundante flora y fauna.

Este archipiélago, situado en el océano Índico, está compuesto por 115 islas, de las cuales están habitadas sólo 33. Las tres islas centrales, Mahé, Praslin y La Digue, están formadas por rocas graníticas, mientras que las de la periferia constituyen un grupo de atolones coralinos. Quien tiene la fortuna de visitar alguna de estas islas realmente se da cuenta de lo espectacular del paisaje. De hecho, de los 455 kilómetros de extensión del archipiélago, el 46 por ciento ha sido declarado Parque Nacional. Las Seychelles constituyen un auténtico refugio para la flora y la fauna, en particular para aves y peces tropicales.

Victoria, en la isla de Mahé, constituye una de las capitales más pequeñas del mundo y el único puerto importante de Seychelles. El Jardín Botánico es una de las principales atracciones de la ciudad, sobre todo para quienes disfruten dando agradables paseos a la sombra, entre una gran variedad de árboles y un precioso jardín de orquídeas. También es digno de ver el Museo de Historia Natural. Además de fósiles, se encuentran los restos de un barco que en 1570 se hundió en las islas del Almirante y una muestra de artefactos para practicar el *gris gris* o magia negra.

Una de las zonas más espectaculares de las Seychelles es el Parque Nacional Marino de Ste. Anne. Seis islas están situadas dentro de los límites del parque, a unos pocos kilómetros de Victoria. Moyenne, conocida por sus «tesoros escondidos y fantasmas», tal vez sea la isla más interesante. El visitante puede dar un agradable paseo alrededor de ella por un camino marcado y admirar numerosas plantas y animales, entre los que se incluyen tortugas gigantes. En la isla de Praslin (arriba, a la derecha), el valle de Mai posee la mayor concentración de palmeras productoras de «coco de mer», con casi 4.000 ejemplares: se trata del fruto más pesado de toda la Tierra. El bosque prehistórico de este valle forma parte del Patrimonio de la Humanidad. Entre las palmeras de la zona, se encuentran especies de palmitos, plátanos, palmeras de abanico y otras variedades endémicas.

La isla Cousin, situada a unos 2 km de la costa suroeste de Praslin, constituye una reserva natural desde 1968. Sirve de refugio a muchas especies en peligro de extinción y como lugar de cría para aves marinas y tortugas. Resulta una experiencia increíble adentrarse en su espeso bosque, repleto de pájaros que pueblan todas las ramas, aparentemente ajenos a los seres humanos.

A unos 20 km de Mahé se encuentra Silhouette, una isla granítica de tamaño considerable que se eleva de manera abrupta desde las playas hasta tres picos de gran altura. Los visitantes la han descrito como un lugar inquietante y sobrecogedor: resulta sombría y misteriosa, sobre todo a la caída de la tarde. Antiguamente, corría el rumor de que las colinas escondieron tesoros de piratas; sea cierto o no, la isla cuenta con algunas cuevas interesantes.

El territorio de Aldabra forma uno de los mayores atolones coralinos del mundo y posee una enorme laguna con régimen de mareas, repleta de tiburones tigre y mantas. Aldabra constituye el hábitat autóctono de la tortuga gigante terrestre. Existen unos 200.000 ejemplares en el atolón, así como miles de aves marinas, entre las que destaca el ave de cuello blanco, la única especie de pájaro no volador que subsiste en el océano Índico. En su día, la isla Assomption, 27 km al Sur de Aldabra, constituyó una importante fuente de guano, pero los encargados de explotar la isla también la despojaron de vegetación, de modo que hacia la década de 1920 las plantas, los animales y las aves habían dejado de habitarla. No obstante, la zona submarina se encuentra en una situación bien diferente: Jacques Cousteau rodó allí la mayor parte de su documental *El mundo del silencio* y afirmó que nunca

había visto un lugar del mundo con aguas tan claras y una vida tan diversa.

Pero, sin duda, el gran atractivo de las Seychelles son sus playas de arenas finas y aguas transparentes. Las islas constituyen un paraíso para los aficionados a la pesca de altura y los deportes náuticos, y están consideradas uno de los mejores lugares del mundo para la práctica del submarinismo.

Una de las mayores playas de las Seychelles y, seguramente, una de las más populares, es Beau Ballon (en Mahé). De arena consistente, limpia y casi sin rocas,

sus olas alcanzan a veces un tamaño considerable. Anse Soleil y Anse Petite Police, en la costa oeste de Mahé, se ubican en un emplazamiento muy aislado, pero el esfuerzo merece la pena: la zona cuenta con una playa bordeada por hileras de palmeras, rocas desde las que practicar el submarinismo o el buceo y algunas formas espléndidas de vida marina.

Y para quienes se entusiasmen con las olas, el espectáculo que producen las de Anse Intendance (Mahé) es impresionante. La mejor playa de Praslin y, de hecho, una de las mejores del país, es Anse Lazio, en el extremo norte de la isla.

La playa Anse Lazio cuenta con una espléndida arena blanca y fina, algunas rocas graníticas redondeadas y unas aguas de un mágico color turquesa, con olas muy animadas.

- CONTINENTE: África.
- PAÍS: República de las Seychelles.
- UBICACIÓN: en la parte oriental de África, en el océano Índico, al nordeste de Madagascar.
- CLIMA: su clima es tropical y muy húmedo, la humedad alcanza el 80%, y su temperatura oscila entre 24 y 31 °C. De noviembre a mayo son los meses más lluviosos, mientras que julio y agosto son meses más secos.
- CÓMO LLEGAR: en avión hasta Victoria. También hay numerosos cruceros que pasan por la capital.
- PECULIARIDAD: las Seychelles cuentan con cuatro parques nacionales marinos, donde se han identificado más de 150 especies de peces tropicales en los arrecifes. Entre las islas, abundan los delfines y las marsopas, así como los tiburones y las barracudas, aunque en menor medida. Los colonizadores franceses e ingleses consiguieron aniquilar las tortugas gigantes, originarias de las Seychelles, aunque en la isla Curieuse sobrevive una colonia en libertad. Las reservas de las islas Cousin y Bird se disputan el título de «hogar de la mayor tortuga del mundo».
- GASTRONOMÍA: son famosas por su buena cocina, fusión de las diferentes culturas de la isla. Pescado, arroz, frutas, verduras, hierbas y especias constituyen los ingredientes básicos. Entre los platos típicos destacan: la *daube* (salsa de sabor dulce), la *rougaille* (salsa de tomate que se come con pescado o salchichas), el *carii coco* (curry suave de carne o pescado con crema de coco), el *tektek* (crustáceo que se cocina en una sopa de cebolla, ajos, jengibre y perejil), el *palourd* (tiene el aspecto de una vieira pequeña y se toma como aperitivo con mantequilla de ajo aromática) y, sobre todo, un puchero con salsa de chile conocido como «fuego infernal».
- DIRECCIONES ÚTILES: www.seychelles.org y www.seychelles.travel

MONTE KILIMANJARO

LA NIEVE DE ÁFRICA

Situado a sólo 300 km al Sur del Ecuador, el Kilimanjaro (5.895 m) es la montaña más alta de África (el macizo del monte Kilimanjaro descansa sobre una base ovalada que mide entre 40 y 60 km de diámetro y se alza casi a 5.000 metros por encima de las llanuras que le rodean) y el pico aislado más alto del mundo.

En este macizo de origen volcánico se abren tres cráteres: Shira (situado a 3.962 m de altitud), Mawenzi (5.149 m) y Kibo (5.895 m); ocupa en su totalidad una superficie de 388.500 hectáreas, lo que le

Abajo: vista desde las laderas del pico Mawenzi, a 5.149 m de altitud.

convierte en uno de los volcanes más grandes del mundo. El cráter central del Kibo, de 2 km de anchura y 300 m de profundidad, presenta una actividad volcánica continua y está cubierto por una capa de hielo en la que se abren varios cráteres.

Pero su inmensidad no es su único atractivo, pues su mismo nombre, Kilimanjaro, es un misterio: puede significar «montaña luminosa», «montaña grandiosa» o «montaña caravana». Los habitantes del lugar, los wachagga, no tienen un nombre para el macizo completo: llaman Kipoo o Kibo al pico nevado y cumbre de África que se yergue sobre el macizo.

La característica más singular del Parque Nacional Monte Kilimanjaro, declarado Reserva Natural por el gobierno alemán en

1921, es la diversidad de los cinco ecosistemas botánicos que se suceden desde el Marangu Gare (a 1.830 m de altitud), donde comienza el área protegida, hasta la cima del Kibo. En ese inmenso espacio se dan el bosque de montaña, la estepa, la estepa de alta montaña, los pantanos alpinos y el desierto alpino.

Aunque el Kilimanjaro es uno de los montes más altos del planeta Tierra, es probablemente también uno de los más accesibles, pues además de las rutas más difíciles para montañeros y alpinistas experimentados, hay seis rutas para hacer senderismo, que incluyen desde senderos panorámicos a excursiones a pie durante un día o, incluso, para pasar la noche en la meseta de Shira, que puede realizarlos cualquier visitante que se sienta atraído por la naturaleza.

A los pies del macizo del Kilimanjaro se extienden llanuras cultivadas y también cubiertas de hierba. En los niveles más bajos del monte, crece bosque tropical, con alcanforeros y cedros; en la zona media hay prados alpinos; ya arriba, en la cumbre, el paisaje es prácticamente lunar, con nieve en el pico todo el año. En la zona boscosa habitan búfalos, leopardos, antílopes, cebras, elefantes y monos.

- CONTINENTE: África.
- PAÍS: Tanzania.
- UBICACIÓN: en la zona septentrional de Tanzania, cerca de la frontera con Kenia.
- CLIMA: la mejor época para ir, pues los días son más largos y cálidos, es de diciembre a febrero, y también durante la estación seca (aunque los días son más fríos), que va de julio a septiembre.
- CÓMO LLEGAR: en avión hasta el aeropuerto Kilimanjaro (a 50 km de Moshi, a los pies del Kilimanjaro).
- PECULIARIDAD: recostado en la base de Monte Kilimanjaro, la ciudad de Moshi no sólo es el punto de acceso al Parque Monte Kilimanjaro sino también el mayor centro de producción de café del país, pues todos los alrededores y, sobre todo, las laderas más bajas están cubiertas por plantaciones enormes del café.
- GASTRONOMÍA: uno de los platos más típicos de la gastronomía de Tanzania es el *uguli* (harina de maíz servida con salsa de carne, de pescado o de habas). En cuanto a la repostería, es delicioso el *halua* (dulce de almendras).
- ALOJAMIENTO: hay refugios y campings de montaña en el propio Parque Nacional Monte Kilimanjaro y también existen hoteles en las cercanías del recinto.
- DIRECCIONES ÚTILES: www.tanzaniatourism.com y www.elkilimanjaro.com

ÁFRICA
ZIMBABUE | # VICTORIA

Zambia

CATARATAS
VICTORIA

Mozambique

Zimbabue

Botswana

República de
Sudáfrica

Océano Índico

LAS CATARATAS

El Parque Nacional de las Cataratas Victoria (190 km²) fue creado en 1931 por las autoridades coloniales británicas de la entonces Rhodesia del Sur (Zimbabue en la actualidad), con la intención de proteger una de las cataratas más grandes del mundo, cuyo nombre, en honor de la reina Victoria I, se lo puso el misionero y explorador escocés David Livingstone, quien en 1855 viajó por la región. Delimitan la frontera entre Zimbabue y Zambia.

Las Cataratas Victoria, llamadas también por los oriundos Mosi-Oa-Tunya («el humo que truena»), que es también el nombre del Parque Nacional de Zambia que comparte frontera con las cataratas, se hallan en África Centromeridional y se

forman en el río Zambeze, a su paso por una garganta que establece la frontera entre Zimbabue y Zambia (antigua Rhodesia del Norte). Formadas hace casi dos millones de años por la elevación de la orilla izquierda del río Zambeze, las Cataratas Victoria constituyen la cortina de agua más grande del mundo, con una anchura de casi 1,6 km, una altura de 61 m y un salto de 122 m. Además, durante la crecida del río Zambeze, entre febrero y marzo, se produce la más caudalosa cortina de agua del mundo, con 500 millones de litros por minuto, que se precipitan entre las paredes de basalto, en una sucesión de siete gargantas y de rápidos que se corresponden con la posiciones ocupadas por la cascada en épocas remotas.

Las aguas del Zambeze, al caer, ofrecen un fantástico e impresionante espectáculo por el enorme ruido que hacen, además del humo y el vapor que sueltan y que son los causantes de los numerosos arco iris que se forman, los cuales contribuyen a hacer aún más increíble este bellísimo paraje.

Fueron los indígenas Kololo los que les pusieron a las cataratas el nombre de «el humo que truena» porque el agua pulverizada se asemeja a una cortina de humo y el estruendo se oye a más de 20 kilómetros. Para admirar las cataratas Victoria se puede caminar por un sendero creado en la orilla de enfrente, que cuenta con varios miradores. Los más impactantes son el de la Catarata del Diablo, donde se encuentra un monumento a Livingstone y una pequeña isla que lleva su nombre, el del Arco Iris y el del *Danger Point*, desde donde se aprecian probablemente las mejores vistas. Otra opción para disfrutar de las aguas del río Zambeze es realizar *rafting* río abajo, dar un paseo en barco o sobrevolar las cataratas en avioneta, ultraligero o en un safari aéreo.

En el bosque que rodea las cataratas hay babuinos, monos, leopardos, cocodrilos y jabalíes.

- **CONTINENTE:** África.
- **PAÍS:** Zimbabue.
- **UBICACIÓN:** en el norte de Zimbabue, junto a la frontera con Zambia.
- **CLIMA:** el clima de Zimbabue es tropical con temperaturas templadas gracias a la altitud del país, aunque en algunas poblaciones durante la noche, en la estación seca, son frecuentes las heladas. Generalmente, los días son brillantes y soleados, y las noches claras y frescas. De abril a mayo, el clima es suave con alguna lluvia refrescante. Los meses de mayo a octubre corresponden a la estación seca y las lluvias hacen su aparición de noviembre a marzo aunque enero y febrero resultan especialmente lluviosos.
- **CÓMO LLEGAR:** en avión hasta Harare y desde allí se puede tomar un vuelo interno hasta las cataratas. Si se viaja por cuenta propia, antes de visitar cualquiera de los parques de Zimbabue es mejor acudir al National Parks Central Booking Office, en Harare, donde se ofrece información y se encargan de reservar alojamiento.
- **PECULIARIDAD:** durante la noche, las cataratas ofrecen un espectáculo único: el arco iris de luna. Al mezclarse la luz de la luna con el vapor del agua, se crea un halo luminoso increíblemente bello.
- **GASTRONOMÍA:** la protagonista de la cocina de Zimbabue es la carne de caza preparada a la parrilla, en guisos o estofada. Es habitual comer carne de búfalo, cocodrilo, cebra o jirafa. Son platos típicos el *porridge* (puré de carne con salsa y vegetales), el biltong (plato de carnes secas), el *sadza* (gachas de avena muy espesas) o la cola de cocodrilo con salsa de queso. También son muy populares las sopas, como la *nhedzi* (de setas salvajes) o la *muboora* (con hojas de calabaza).
- **DIRECCIONES ÚTILES:** https://victoriafallstourism.org

El Parque Nacional de las Cataratas Victoria alberga una rica variedad de flora entre la que se encuentran palmeras, ébano, caoba, ficus y una especie de lirio.

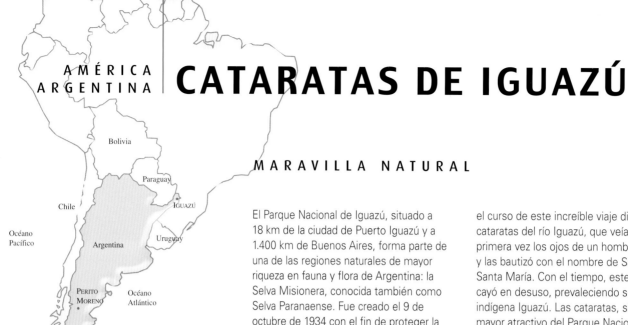

CATARATAS DE IGUAZÚ

MARAVILLA NATURAL

El Parque Nacional de Iguazú, situado a 18 km de la ciudad de Puerto Iguazú y a 1.400 km de Buenos Aires, forma parte de una de las regiones naturales de mayor riqueza en fauna y flora de Argentina: la Selva Misionera, conocida también como Selva Paranaense. Fue creado el 9 de octubre de 1934 con el fin de proteger la exuberante selva subtropical que rodea las cataratas de Iguazú, una de las grandes maravillas naturales del mundo.

Originariamente, una prolongación de la Selva Paranaense cubría toda la provincia de Misiones. Sin embargo, el avance de la civilización provocó devastadoras deforestaciones, reduciéndola actualmente a un pequeño sector que es ocupado, en su extremo noroeste, por el Parque Nacional Iguazú, uno de los mas importantes reductos de la pluviselva subtropical de Argentina y que constituye, sin lugar a dudas, uno de los ambientes naturales más atractivos del planeta.

El Parque Nacional posee una de las mayores reservas forestales de América del Sur y está considerado uno de los últimos lugares de protección ambiental del Paraná. Posteriormente, en el año 1984, fue declarado Patrimonio Natural de la Humanidad por la UNESCO. Don Alvar Núñez Cabeza de Vaca, nombrado Segundo Adelantado del Río de la Plata, realizó en 1541 una alucinante travesía, partiendo desde la costa atlántica del estado brasileño de Santa Catalina y llegando hasta Asunción del Paraguay. En

el curso de este increíble viaje dio con las cataratas del río Iguazú, que veían por primera vez los ojos de un hombre blanco, y las bautizó con el nombre de Salto de Santa María. Con el tiempo, este nombre cayó en desuso, prevaleciendo su nombre indígena Iguazú. Las cataratas, sin duda el mayor atractivo del Parque Nacional, se producen gracias al río Iguazú, que se abre en 275 saltos, arrojando su imponente caudal desde 70 m de altura y retomando de nuevo su cauce a lo largo de 2,7 km. Al estrellarse contra el fondo, las aguas se vaporizan en una finísima llovizna que asciende y, que bajo el sol, crea múltiples arco iris.

A esta espectacular característica se debe su nombre, Iguazú, que significa «aguas grandes» en la lengua de los guaraníes, indígenas que habitaban esta región antes de la llegada del hombre blanco. Nacido en la Serra Do Mar, en Brasil, a 1.300 metros de altura y a corta distancia de la costa atlántica, el río Iguazú, cuyo volumen

medio es de 1,2 millones de metros cúbicos por segundo, aunque en la época de crecida este número llega a triplicarse y durante el período de sequía los hilos de agua dejan al desnudo las rocas, esculpidas por una secuencia de erupciones volcánicas ocurrida hace aproximadamente 120 millones de años, fluye al oeste en un curso sinuoso de mas de 500 km de longitud, desembocando en el Paraná.

A lo largo de su curso superior (antes de producir las cataratas) forma varios saltos y numerosas «correderas», que alterna con amplios y profundos remansos, denominados «canchas», en los que la corriente, tan violenta anteriormente, parece detenerse. Enmarcado por costas bajas, el Iguazú superior tiene un ancho variable que va desde los 500 hasta los 1.000 metros en su mayor parte y en su recorrido hay varias islas pequeñas y una de más de 1 km de longitud, la isla de San Agustín.

A partir de esta última, el río se ensancha hasta 1.500 metros y tuerce hacia el sur, para luego retomar hacia el norte formando una amplia «U» que contiene la gran falla que da lugar a un abrupto desnivel en el terreno y, por ende, a las cataratas. En su gran curva, una proliferación de escollos,

islotes y alargadas islas fragmentan el río en numerosos brazos. Al llegar al barranco, cada uno de ellos da lugar a un salto, cuyo conjunto constituye un abanico que son las Cataratas del Iguazú.

De los 275 saltos o caídas de agua que componen las cataratas del Iguazú, el más espectacular es el llamado Garganta del Diablo o Salto Unión, de 80 metros de altura. Los otros saltos llevan nombres tales como Belgrano, Rivadavia, los Tres Mosqueteros, los Dos Mosqueteros, Adán y Eva, Alvar Nuñez, Lanusse, las Dos Hermanas, Bossetti, San Martín, Escondido, Ramírez, Salto Chico, etc.

De la totalidad de la región del Iguazú (185.000 hectáreas en Brasil y 55.000 hectáreas en Argentina) dos tercios de los saltos se encuentran en territorio argentino, y aunque desde la frontera brasileña se obtiene una excelente vista panorámica del conjunto de las cataratas, para sentir la proximidad de los saltos y observar la belleza de la flora y la fauna lo más aconsejable es recorrer las pasarelas del lado argentino, para lo cual existen dos circuitos: el inferior, desde el pie de los saltos, con una longitud de 1.600 metros; y el superior o desde arriba, con una longitud de 1.200 metros. Desde el Centro de Visitantes se accede a los dos circuitos a

- CONTINENTE: América.
- PAÍS: Argentina.
- UBICACIÓN: el Parque Nacional está ubicado en el extremo noroeste de la provincia de Misiones, en el Departamento de Iguazú, a 18 km de la ciudad de Puerto Iguazú y a 1.400 km de Buenos Aires.
- CLIMA: el parque tiene un clima subtropical húmedo, privilegiado debido a su exuberante naturaleza, con una temperatura media de 15 °C en junio y julio, y de 25 °C en diciembre y enero. Las lluvias alcanzan los 2.000 mm anuales y la humedad relativa oscila entre el 75% y el 90%. La región sufre la influencia de los ríos Iguazú y Paraná y también del lago de la represa hidroeléctrica de Itaipú, responsables del aumento de la humedad en esta área. Los vientos predominantes son del norte, este y noreste, con una media anual de 21 km/h.
- CÓMO LLEGAR: en avión hasta el aeropuerto de Puerto de Iguazú, situado a 25 km al sureste de la ciudad
- PECULIARIDAD: durante las noches de plenilunio es posible recorrer la pasarela de la Garganta del Diablo y observar un espectáculo tan deslumbrante como único: el nítido arco iris que se forma por la luz de la luna, posado en la refrescante bruma de las cataratas.
- GASTRONOMÍA: la provincia de Misiones se caracteriza por ser la tierra por excelencia del mate, el té y los frutos tropicales. Pero además, aquí, como en el resto de Argentina, se pueden degustar exquisitos platos típicos como el asado, la carbonada, el locro, las empanadas o la sopa paraguaya, además de la cocina que comparten con los países vecinos, en la que destacan la tortilla de mandioca, la *feijao preto*, los chipá (pequeños pancitos de queso), el budín de *chuchú*, el maíz pororó, el budín de batata y banana y el «dulce de mamón».
- ALOJAMIENTO: en el propio Parque Nacional de Iguazú y en la ciudad de Puerto de Iguazú.
- DIRECCIONES ÚTILES: www.argentour.com, www.welcomeargentina.com y www.iguazuargentina.com

través del tren o bien por el sendero verde. Desde el circuito inferior es posible acceder al bote que realiza el cruce del río y lleva a la isla San Martín. Senderos, escalinatas, puentes, pasarelas y balcones permiten recorrer a pie la totalidad del desarrollo de las cataratas, acercándose a los distintos saltos. Además, durante el recorrido por el parque el visitante encontrará diversos carteles informativos que le indicarán los distintos tipos de paseos y servicios que se encuentran a su disposición y las normas de conducta exigidas para ayudar a reducir el efecto que causa el hombre sobre la naturaleza. También hay una oficina de información, sala de audiovisuales y un museo.

Lo mejor es comenzar el recorrido por el circuito inferior, para observar desde abajo y rodeado por el marco imponente de la selva la caída de agua de los saltos. A continuación, pasaremos a realizar el circuito superior, que discurre por la cresta de los paredones, para poder disfrutar de las imponentes vistas panorámicas. Por último, como broche de nuestra visita a las cataratas, tras un corto recorrido en vehículo hasta Puerto Canoas y desde allí en bote, nos acercaremos hasta la Garganta del Diablo, una experiencia realmente inolvidable.

Aunque el parque es mundialmente conocido por la belleza y majestuosidad de las cataratas del río Iguazú, esta característica de su paisaje constituye una pequeña parte de la enorme importancia biológica de este área natural, que contiene una completísima muestra de la flora y la fauna que tiempo atrás ocupara la mayor parte de la provincia de Misiones. Además, la gran diversidad de ambientes permite la existencia de una variadísima vida animal y vegetal que puede agruparse según la zona que ocupan. Los propios saltos de agua albergan una vegetación especialmente adaptada a esa constante humedad y al golpe terrible de las aguas.

Aves como el vencejo de cascada nidifica y reposa sobre los verticales paredones rocosos junto o detrás de las caídas de agua, mientras que las enormes bandadas de jotes de cabeza negra revolotean sobre las cataratas aprovechando el empuje de las masas de aire ascendente desplazadas por el agua en constante movimiento. Animales de hábitos acuáticos como el yacaré overo o de hocico ancho o el ya casi desaparecido lobo gargantilla habitan los cursos de ríos y riachuelos.

Como anteriormente hemos mencionado, el Parque Nacional de Iguazú cobija en su interior, además de las cataratas, un maravilloso santuario natural: la selva. A través de los senderos Macuco y Yacaratiá, entre otros, podemos descubrir un increíble mundo, desconocido para el ciudadano común.

A pocos metros del Centro de Investigaciones, se encuentra el sendero Macuco. Este sendero peatonal tiene 3 km de longitud y diversos grados de dificultad. Al final del sendero se encuentra el Salto Arrechea, que posee una pequeña playa, aunque no esta permitido bañarse.

A lo largo del sendero, cuyo recorrido viene a durar unas dos horas, existen estaciones de descanso, y al inicio del mismo hay un mapa con los grados de dificultad del circuito.

Se han registrado 448 especies de aves, 80 de mamíferos y un número mayor de peces, batracios y reptiles, a lo que también hay que sumar una gran cantidad de lepidópteros (mariposas y polillas). Además, las cataratas han constituido una barrera entre el río superior e inferior durante muchos milenios, razón por la cual la fauna de peces ha evolucionado separadamente. La fauna del río inferior, constituida por surubís, pacús, sábalos y pirañas, nunca ha podido llegar al río superior donde chanchitas de colores, tarariras, dientudos y moncholos caracterizan a los habitantes de esa parte del río.

PERITO MORENO

PARQUE NACIONAL DE LOS GLACIARES

Con una extensión de 250 km², el glaciar Perito Moreno, una de las grandes maravillas de la naturaleza, es uno de los 47 glaciares del Campo de Hielo Patagónico, la superficie helada más grande de la Tierra a excepción de los casquetes polares, que en 1937 fue constituida como Parque Nacional de los Glaciares y, posteriormente, en 1981, fue declarado por la UNESCO Patrimonio Natural de la Humanidad con el objetivo de preservar el testimonio del periodo Cuaternario, en el que grandes masas de hielo blanco dominaban la geografía del planeta.

Herencia de las extensiones de hielo que cubrían el hemisferio sur durante la última glaciación, el Parque Nacional de los Glaciares ocupa más de 14.000 km² y cuenta con 356 glaciares, de entre los cuales los más importantes son el Perito Moreno, Marconi, Viedma, Moyano, Upsala (con una longitud de 50 km y una anchura de casi 10 km, es el de mayor tamaño), Agassiz, Bolado, Onelli, Peineta,

Spegazzini, Mayo, Ameghino y Frias, todos ellos pertenecientes a la cuenca atlántica. El glaciar Perito Moreno, que recibe el nombre del explorador argentino Francisco Pascasio «Perito» Moreno, es una de esas lenguas de hielo, y alimentada por el Campo de Hielo, su masa se halla en constante crecimiento. El glaciar se acerca al Canal de los Témpanos, un estrecho paso que une el Brazo Rico y el Brazo Sur a la cuenca principal del Lago Argentino que, con sus resplandecientes aguas blancas verdosas que cubren una extensión de 1.600 km², una longitud de 60 km y una anchura de 20 km, es el de mayor profundidad de Argentina y el tercer lago más grande de América del Sur. El color blanco verdoso de las aguas del lago se debe al contenido de un polvillo muy fino producto de la abrasión de los glaciares contra sus lechos rocosos, llamado leche glaciaria. El Lago Argentino tiene dos divisiones: Brazo Norte y Brazo Sur, y se navega por él desde Puerto Bandera para salir al encuentro de los inmensos glaciares Upsala y Spegazzini, sorteando

bloques de hielos flotantes y deteniéndose en Bahía Onelli, un lugar de belleza indescriptible. Como la mayor parte de los glaciares del mundo, las masas de hielo que caen sobre el Lago Argentino se encuentran en retroceso, lo que se constata en la cantidad cada vez mayor de bloques flotantes que se desprenden de los frentes. Uno de los grandes atractivos del lago es, sin duda, el Canal de los Témpanos, frente al glaciar Perito Moreno, lleno de bloques de hielos flotantes. Periódicamente el frente del Perito Moreno, de 5 km de lado y 60 m de altura, alcanza la orilla opuesta, obstruyendo el canal e impidiendo el intercambio entre las dos masas de agua, lo que provoca una elevación de las aguas en el Brazo Rico que puede llegar a alcanzar los 25 metros de altura. Al mismo tiempo, con el aumento de la presión, el glaciar comienza a fracturarse y el agua penetra en las grietas haciéndolo crujir con un ruido impresionante. Los trozos de hielo, del tamaño de coches, se desprenden de su cara y caen en las aguas del lago,

volviendo a salir a la superficie en forma de icebergs.

Durante el pasado siglo xx, este espectacular fenómeno se repitió cada 30 años aproximadamente, siendo la última vez en 2016. Uno de los lugares más impresionantes y emblemáticos del Parque Nacional de los Glaciares es la Boca del Perito Moreno. Justo allí, después de descender unos escalones, el viajero puede caminar a través de una pasarela de madera, situada a 300 metros de distancia de donde los fragmentos del Perito Moreno se desprenden y caen al lago, para poder admirar esta impresionante muestra de la naturaleza, que por su espectacularidad ha sido considerada la octava maravilla del mundo.

En 1877, al mismo tiempo que descubrió el glaciar Perito Moreno, el explorador argentino Francisco Pascasio «Perito» Moreno también encontró las Cuevas de Punta Walichu, rocas de piedra arenisca decoradas con pinturas de los primitivos indios, que utilizaban una mezcla elaborada con tierra, óxido de hierro, resina vegetal y grasa de guanaco. También fue «Perito» Moreno quien descubrió, en el sector norte del Parque, el Fitz Roy, de 3.441 metros de altura, llamado por los indios locales Chaltén (Pico de Fuego), pues estaban convencidos de que se trataba de un volcán. El Fitz Roy no sólo destaca por su altura sino también por su monumental aspecto al estar rodeado por las impresionantes cordilleras circundantes. El pueblo de El Calafate, situado sobre la bahía redonda del Lago Argentino y cuyo nombre proviene de un pequeño arbusto típico de la Patagonia austral, es la puerta de entrada al majestuoso mundo de los glaciares. Fundado en 1927, es un oasis de álamos, sauces y pinos al borde de la estepa patagónica. En pleno centro del pueblo se encuentra el Paseo de las Artesanías, con singulares tiendas de artesanías argentina y latinoamericana. Este paseo, inaugurado en octubre de 2000, fue realizado íntegramente con maderas y piedras de la zona.

- CONTINENTE: América.
- PAÍS: Argentina.
- UBICACIÓN: en la provincia de Santa Cruz, en el suroeste de Argentina, junto a las estribaciones de Los Andes.
- CLIMA: mientras en El Calafate el clima es seco, con sólo 300 mm anuales de precipitaciones, en el Parque Nacional de los Glaciares las lluvias son abundantes (1.500 mm anuales) y nieva también intensamente. La temperatura media máxima en diciembre es de 18 °C y la media mínima en julio es de -2 °C. La mejor época para visitar el Parque Nacional de los Glaciares es de diciembre a febrero, pues además de que la temperatura es más agradable amanece a las 5:30 horas y el sol no se pone hasta las 23:00 horas.
- CÓMO LLEGAR: en avión desde Buenos Aires a El Calafate (a unos 80 km al oeste) o hasta Río Gallegos (a 320 km al este), desde donde se puede visitar el Perito Moreno, al que se accede caminando o alternando las caminatas con etapas de navegación. Si el visitante llega con vehículo propio, debe transitar la Ruta Provincial N° 15, recorriendo desde El Calafate 80 km aproximadamente, en una hora y media de viaje. Otra modalidad muy atractiva de visitar el glaciar es el «minitrekking».
- PECULIARIDAD: miles de años atrás, gran parte del territorio estuvo cubierto por glaciares, que al avanzar erosionaron y dieron forma al paisaje, excavando en la montaña amplios valles de laderas abruptas y, al mismo tiempo, como gigantescas topadoras, fueron fragmentando y arrastrando gran cantidad de rocas, que se acumularon en el frente y en los flancos del glaciar, formando montículos denominados morrenas. Pero un posterior cambio climático redujo la superficie ocupada por el hielo hasta alcanzar su estado actual. Entonces, los fondos de los valles fueron ocupados por grandes lagos y sus laderas se cubrieron con frondosos bosques.
- GASTRONOMÍA: el cordero es fundamental en la gastronomía, sobre todo asado entero en las brasas. Otro de los platos más típicos y sabrosos es el «curanto araucano». En cuanto a los postres, son deliciosas la torta galesa y las crêpes del bosque.
- ALOJAMIENTO: en El Calafate, a 80 km al Oeste del Parque Nacional de los Glaciares.
- DIRECCIONES ÚTILES: www.elcalafate.tur.ar

RÍO DE JANEIRO

« CIUDAD MARAVILLOSA »

Al llegar a la Bahía de Guanabara, los primeros portugueses quedaron boquiabiertos delante de la belleza de este lugar paradisíaco de Brasil. A orillas de la bahía creció Río de Janeiro, conocida como la «Ciudad Maravillosa», mezcla explosiva de la cultura indígena, blanca y negra, en medio de un grandioso escenario natural. Nacida durante los primeros años de la colonia, Río de Janeiro siempre tuvo un papel importante en la vida política brasileña. Datos como que desde mediados del siglo XVIII hasta 1960 (año en que Brasilia pasó a ser la capital), fue la residencia de los emperadores de Brasil desde la Independencia hasta la proclamación de la República en 1889 y también la sede del gobierno durante la mayor parte del periodo republicano, nos dan una idea de las numerosas construcciones y museos de la ciudad, que revelan no sólo su historia sino la de todo el país.

En Río de Janeiro se yerguen imponentes edificios, como el Palacio de la Ilha Fiscal (construcción de estilo gótico, de finales del siglo XIX), o el Teatro Municipal, inspirado en la Ópera de París, la Confitería Colombo (de finales del siglo XIX, con su estilo *art nouveau*), la Biblioteca Nacional (considerada la mayor biblioteca de América Latina, reúne una colección de 15 millones de libros y periódicos), los Arcos de Lapa, el famoso estadio del Maracaná y la Plaza 15 de Noviembre (donde se encuentra el Paço Imperial, que sirvió de residencia para la familia real). También destaca la moderna catedral (construcción grandiosa de 86 metros de altura, con forma de cono y capacidad para

5.000 personas sentadas y 20.000 de pie) e importantes museos. Junto a las grandes y cosmopolitas explanadas, Río de Janeiro seduce también por el contraste de sus barrios más típicos como el barrio de Santa Tereza o el de Lapa, residencia de la antigua bohemia carioca, donde hoy día conviven los diferentes ritmos brasileros como la *samba* y el *chorinho* junto con la música moderna internacional y la clásica en los distintos centros culturales, discotecas y bares. Lapa es uno de los referentes del Río histórico, pues en él se encuentran los Arcos da Lapa, un antiguo acueducto del siglo XVIII con 64 metros de altura y 270 metros de largo, utilizado como viaducto por el tranvía que va al barrio de Santa Tereza.

Los cariocas dicen que las playas son el lugar más democrático de la ciudad, donde van y vienen cientos de personas de todas las edades, clases y razas en total libertad. Río de Janeiro cuenta con cerca de 90 kilómetros de playas. Algunas están escondidas, son casi primitivas y poco visitadas, a otras sólo se puede acceder a pie a través de senderos y, como no, están las famosas como Copacabana e Ipanema,

donde los cariocas toman la playa, no sólo durante el día, cuando caminan por las anchas veredas (llamadas *Calçadões*), andan en bicicleta, hacen gimnasia, se broncean bajo un sol intenso y se bañan en el mar, sino también por la noche, pues mucha gente sale a pasear por las veredas iluminadas para sentir la brisa que sopla del mar.

Además de sus bellas y famosas playas, como Copacabana e Ipanema, musas inspiradoras de las canciones de *bossa nova* que recorrieron el mundo, en Río también se puede disfrutar de la visión de algunos de los iconos turísticos más famosos del planeta, como las imágenes del tranvía que sube hasta el Pao de Azúcar, el enorme jardín del Aterro de Flamingo, un enorme jardín de 1.200.000 m² diseñado por el paisajista Burle Marx, en donde están el Museo de Arte Moderno y el Monumento a los Caídos, además de las áreas de esparcimiento.

La «Ciudad Maravillosa» también ha sido sede de importantes eventos mundiales, como la Copa del Mundial de Fútbol de 1950 y 2014 y los Juegos Olímpicos de 2016.

- CONTINENTE: América.
- PAÍS: Brasil.
- UBICACIÓN: en el sudeste de Brasil.
- CLIMA: durante el verano (de diciembre a marzo), el clima es cálido y húmedo, y abundan las precipitaciones. De mayo a septiembre, aunque la temperatura desciende continúa siendo agradable. La temperatura media anual es superior a los 20 °C.
- CÓMO LLEGAR: en avión a cualquiera de los dos aeropuertos de la ciudad: aeropuerto internacional de Rio de Janeiro Antônio Carlos Jobim y aeropuerto Santos Dumont.
- PECULIARIDAD: Río de Janeiro es una ciudad con eco, pues vibra por doquier y a todas horas. En esta prodigiosa ciudad se pueden escuchar desde la batucada de los surdos, tamboriles, panderetas y cuícas, que marcan el compás de las escuelas de samba en el Sambódromo durante la celebración de su famoso carnaval, considerado el «mayor espectáculo de la Tierra», a la explosión de un gol en el estadio Maracaná, donde 170.000 hinchas jalean a sus equipos, el romper de las olas en su bahía o las explosiones llenas de color de los fuegos artificiales en año nuevo en la playa de Copacabana, a donde acuden más de un millón de personas, vestidas de blanco, para dar la bienvenida, en una fiesta inolvidable, al nuevo año. Al mismo tiempo, en un homenaje a la paz, los adeptos del candomblé y practicantes de otras religiones, realizan sus ofrendas a Lemanjá, la reina de las aguas.
- GASTRONOMÍA: el plato carioca más típico es, sin duda, la *feijoada*, que consiste en un guiso de porotos negros con distintos cortes de cerdo y embutidos, acompañado de arroz, col, harina de mandioca y gajos de naranja, además de una salsa con pimienta roja. En cuanto a los dulces, los hay de leche, choclo, zapallo, compotas de frutas, tortas y tartas de harina de maíz, castañas, coco y mandioca, todos ellos deliciosos. Y, por supuesto, para terminar la comida, nada mejor que una deliciosa taza de café. Obviamente, el viajero tampoco puede irse de Río sin probar la *caipirinha*.
- DIRECCIONES ÚTILES:
www.visitbrasil.com y www. visit.rio

SALVADOR DE BAHÍA

BARRIO DE PELOURINHO

Cuando en 1501 los portugueses desembarcaron en este atracadero natural, de aguas impresionantemente azules y protegidas de los vientos y de la corriente, en sus márgenes fundaron la ciudad que tiempo después sería la primera capital de Brasil: San Salvador de la Bahía de Todos los Santos o, sencillamente, Salvador o Bahía, como popularmente la llaman los lugareños. Aunque Salvador es un mosaico homogéneo de las culturas europea, africana e indígena, los bahianos se sienten sobre todo orgullosamente negros y lo demuestran tanto en su música y danza como en sus ritos y fiestas, vestimentas, gastronomía, creencias y religiosidad. La herencia étnica y cultural africana, más acentuada en Salvador que en cualquier otra capital de Brasil, envuelve a la ciudad en un clima permanente de alegría y magia, hasta el punto de afirmar

que «cuando el bahiano no está de fiesta, se está preparando para ella». De hecho, en Salvador y más concretamente en el Barrio del Pelourinho, se da cita cada año uno de los mejores carnavales de todo el país y pocos lugares hay en el mundo donde se cante y baile más que en Salvador.

Aunque algunos creen que el centro histórico de Salvador se restringe únicamente al Pelourinho, lo cierto es que el área que lo determina es mucho mayor y abarca los primeros límites de la ciudad fundada por Thomé de Souza, desde la plaza Castro Alves hasta Santo Antônio Além do Carmo, dividiéndose en tres áreas principales: de la plaza Municipal al Largo de São Francisco, Pelourinho y Largo do Carmo, finalizando en el Largo de Santo Antônio Além do Carmo. Considerado por la UNESCO Patrimonio Cultural de la

Humanidad y con 600 edificaciones de los siglos XVII, XVIII y XIX, totalmente restauradas, el Barrio del Pelourinho, en la parte alta de la ciudad, aloja el mayor complejo arquitectónico barroco de América. Bahía fue el primer mercado de esclavos en el Nuevo Mundo, pues ya en 1558 importaba negros africanos para trabajar en las plantaciones de azúcar. El nombre del barrio recuerda una explanada donde, amarrados a una columna de piedras (el pelourinho), esclavos y criminales eran castigados públicamente. Antiguamente, el Pelourinho, con sus imponentes caserones, estaba habitado por las autoridades del Gobierno, los ricos señores propietarios de las plantaciones de azúcar y por los propios comerciantes. En la actualidad, en el Pelô, como es conocido cariñosamente por los vecinos, las voces de los negros acompañan el ritmo marcado

de Olodum, agrupación de música y danza afro que ensaya en las laderas del barrio, uniéndose a los cantos entonados por los capoeiristas y al son de músicos que se presentan en la calle o en los bares. Para llegar hasta el Barrio del Pelourinho hay que tomar el popular Elevador Lacerda, que sale de la Ciudad Baja, al nivel del mar. Tanto a la entrada como a la salida del Elevador, el visitante puede disfrutar de una maravillosa vista del litoral. Una vez en el Pelourinho, «hay que gastar suela», como dicen los bahianos, y recorrer cada uno de sus rincones, edificios, museos e iglesias, haciendo un alto obligado en la basílica de San Salvador, que mantiene un museo propio de arte sacro (entre sus piezas más importantes está un busto de Sao Francisco Xavier que data de 1686) y en la iglesia da Ordem Terceira do Carmo, considerada una de las edificaciones más bonitas y representativas del estilo barroco. También es interesante la iglesia de Nossa Senhora dos Prefos.

Para disfrutar de una vista realmente espectacular de la bahía de Todos Los Santos hay que subir a la Colina Sagrada, donde además se puede pedir la bendición al patrono de la ciudad, Nosso Senhor do Bonfim, y comprar la Medida del Bonfim, una cinta que, según la tradición, si se lleva atada a la muñeca se realizan los deseos. Merced a una promesa del capitán Teodózio Rodrigues de Faria, en 1745 se creó la Hermandad de devoción a Nosso Senhor do Bonfim. La imagen del santo, hecha bajo encargo en Setúbal (Portugal), llegó a Brasil en 1740 y se colocó primero en la iglesia de Nossa Senhora da Penha, en Ribeira, hasta que se terminó la construcción de la iglesia de Nosso Senhor do Bonfim. La tradición de atarse una cinta en la muñeca con tres nudos, repitiendo en cada uno de ellos un deseo, es un rito sagrado tanto para los católicos como para los practicantes del candomblé, que llamaron al Señor del Bonfin de Oxalá, el dios mayor de la religión africana. El segundo jueves de enero después del Día de Reyes, una procesión de «bahianas de acarajé» acompañadas por el pueblo sale en una caminata de 8 km de la iglesia de Nossa Senhora de la Conceição da Praia en dirección a la Iglesia de Bonfim. Típicamente vestidas y llevando jarras blancas con flores y agua, las bahianas lavan el atrio y las escalinatas del templo en medio a cánticos y oraciones.

- CONTINENTE: América.
- PAÍS: Brasil.
- UBICACIÓN: centro histórico de la ciudad de Salvador, en la llamada Ciudad Alta, en el estado de Bahía, en el nordeste de Brasil.
- CLIMA: Salvador es una ciudad de clima cálido y húmedo, típicamente tropical, soleado y con una temperatura media de 25 °C.
- PECULIARIDAD: el conjunto arquitectónico del Pelourinho, ubicado en el sitio más alto de la ciudad de San Salvador de la Bahía de Todos los Santos, se compone de más de mil sobrados, mansiones, palacetes, iglesias y conventos orientados hacia el sur, cuya arquitectura se remite al modelo ibérico de construcciones con grandes salones orientados hacia poniente y amplios espacios en los fondos con jardines. La albañilería está compuesta por piedras de lioz y sus terminaciones están realizadas con azulejos portugueses.

- GASTRONOMÍA: la cocina de la región del nordeste es una mezcla de cocina africana y portuguesa. Los principales ingredientes de muchos platos son el arroz, las habas, la crema de coco, el cilantro y harinas de yuca y de mandioca. Estos ingredientes suelen mezclarse con carnes y pescados que luego se ofrecen en los pratos feitos (menú del día) que ofrecen muchos restaurantes. Entre las recetas más típicas está la feijoada (un estofado de judías con carne), el caruru (que se hace con verduras y gambas) y la moqueca (un guiso de marisco con leche de coco). En la región del nordeste destacan las frutas, muchas de ellas autóctonas, que se toman, además, de frescas, en zumos tropicales.
- DIRECCIONES ÚTILES:
www.embratur.gov.br,
www.visitbrasil.com y
www.viajeabrasil.com

ESCULTURAS NATURALES

En la bahía de Fundy, que separa las provincias canadienses de New Brunswick y Nueva Escocia, se dan las mareas más altas del mundo, pues llegan a alcanzar hasta 18 metros de altitud en algunos puntos. Cuando las aguas de la marea llegan al río Saint John, en New Brunswick, y fluyen corriente arriba, crean las famosas cataratas de Saint John Reversing (estos rápidos aparecen dos veces cada 24 horas). Creado por la atracción del sol y de la luna, el flujo de las mareas en la bahía de Fundy es realmente impresionante, pues no tenemos más que imaginarnos 115.000.000.000 de toneladas de agua (una masa de agua igual a la de todos los ríos del planeta juntos) entrando y saliendo de la bahía dos veces al día. Este fenómeno de la naturaleza convierte a la bahía de Fundy en una atracción ecológica única e inolvidable.

Las Rocas Hopewell, ubicadas en la bahía de Fundy (que tiene alrededor de 275 km de longitud y 80 km de anchura), son el rasgo geológico más famoso de la provincia canadiense de New Brunswick y una de las maravillas marinas del mundo. Estas fascinantes esculturas naturales, talladas por el efecto erosionante de más de 115.000 millones de toneladas de agua, fluyen dos veces al día en la bahía de Fundy, cuando sus famosas mareas disminuyen a su nivel más bajo.

Las Rocas de Hopewell son conocidas popularmente como «macetas de flores», debido a su forma y al hecho de que en ellas brotan ecosistemas completos en miniatura con árboles, pasto y animales. En estas macetas gigantes, que se han venido formando desde hace millones de años, se puede escuchar el increíble eco del océano al mismo tiempo que el canto de cientos de miles de pájaros marinos que revolotean alrededor. Durante la marea baja, se puede caminar sobre el piso

oceánico ante el panorama asombroso de las rocas esculpidas por el mar, pero si el visitante vuelve unas horas más tarde, en canoa o kayak, podrá ver cómo esas rocas se han convertido en pequeños islotes cubiertos de árboles

Si queremos disfrutar al máximo de la visión de las Rocas de Hopewell, lo mejor es realizar el Sendero de Fundy, una impresionante caminata por pistas y

escaleras, atravesando acantilados y playas vírgenes, para admirar en toda su magnitud estas formaciones rocosas. Además, en el Centro Interactivo del Parque de las Rocas se ofrecen proyecciones multimedia sobre el inusual ecosistema de Fundy, la formación de estas rocas y la vida de los habitantes originales Mi'kmaq y de los colonos europeos.

Respecto a la vegetación, las coníferas y caducifolias son las especies arbóreas predominantes en New Brunswick. El movimiento continuo de las aguas, ricas en nutrientes, permite la proliferación del plancton marino que da de comer a las 15 especies de ballenas que visitan cada año la bahía de Fundy. Además, cerca de 34 especies de aves costeras viven en las zonas de las mareas y en las tierras húmedas de la bahía.

- CONTINENTE: América.
- PAÍS: Canadá.
- UBICACIÓN: en la bahía de Fundy, situada entre las provincias de New Brunswick y Nueva Escocia, en el este de Canadá.
- CLIMA: el clima no es muy extremo debido a las corrientes atlánticas, pero la niebla marina es a veces bastante persistente en la costa.
- CÓMO LLEGAR: el aeropuerto más cercano es el de Moncton (New Brunswick), que está aproximadamente a una hora del Parque de Las Rocas de Hopewell.
- PECULIARIDAD: muy cerca de la bahía de Fundy se encuentra Saint John, una de las ciudades históricas de Canadá, concretamente la primera, que fue fundada en 1785. Saint John es conocida, además de por las famosas mareas de la bahía de Fundy, por sus edificios de estilo victoriano y las tiendas de anticuarios.
- GASTRONOMÍA: además del marisco de la bahía de Fundy, New Brunswick es conocida por sus verduras cocidas o al vapor, generalmente acompañadas de mantequilla. También es exquisito el pastel de *rappie*, elaborado con patatas asadas y cerdo salado.
- ALOJAMIENTO: en Saint John.
- DIRECCIONES ÚTILES: www.saintjohn.ca, www.fundytrailparkway.com y www.thehopewellrocks.ca

LA VIEJA CIUDAD AMURALLADA

Considerada como la cuna de la civilización francesa en América, su casco antiguo fue declarado en 1985, Patrimonio Histórico y Cultural de la Humanidad por la UNESCO. Única ciudad fortificada al norte de México, Quebec nos invita desde sus imponentes murallas a adentrarnos en la historia. Situada en la orilla izquierda del río San Lorenzo, en el inicio de un amplio estuario, en su confluencia con el río Saint Charles, la ciudad está formada por un núcleo más antiguo, el Upper Town, sobre unas colinas que dominan el río, y a sus pies se encuentran las instalaciones portuarias y la moderna ciudad de negocios. Quebec se levanta en el lugar en que se encontraba un antiguo poblado indio, que fue visitado por J. Cartier hacia 1534, pero el primer asentamiento blanco se remonta a 1608, año en que Samuel Champlain guió a un grupo de colonos franceses y estableció un puesto de comercio de pieles al pie de esta ciudadela natural (en aquella época, las instituciones religiosas y políticas se instalaron en las fortificaciones de la parte superior de la ciudad, mientras que los mercaderes y artesanos ocuparon la parte baja, al borde del río). Capital de Nueva Francia desde 1663, fue durante muchos años disputada entre franceses e ingleses, siendo definitivamente adjudicada a la Corona de Inglaterra en 1759. Por último,

en 1867 se constituyó la Confederación Canadiense. Podemos comenzar la visita por esta preciosa ciudad en el Parque de la Artillería, cerca de la puerta Saint-Jean, una de las cuatro puertas de la fortificación. El Parque de la Artillería comprende, entre otros edificios, un imponente reducto que data de la época francesa. Tras las viejas fachadas de la ciudad antigua se encuentran varios museos, entre los que destacan el Museo de la América Francesa, situado dentro del Seminario, el Museo de las Ursulinas y el de las Agustinas, además de la basílica Notre-Dame-de-Quebec, rica en obras de arte, donde se puede ver un magnífico espectáculo de luz y sonido.

A continuación, podemos bajar hasta la Plaza Royale, en la parte inferior de la ciudad, cuyo origen se remonta a los primeros tiempos de la colonia. Toda esta zona, al igual que el barrio vecino de Petit-Champlain, muestra una gran actividad a pesar de su antigüedad. En el Viejo Puerto se puede realizar un pequeño crucero por el río. Si preferimos dirigirnos a la Ciudadela, que domina la ciudad, tendremos que pasar por delante del castillo Frontenac, con sus torretas y techos puntiagudos de inspiración medieval (uno de los edificios más fotografiados del mundo), y también por la

terraza Dufferin, donde se puede disfrutar de una incomparable vista del río San Lorenzo. Continuando con nuestro recorrido, llegaremos a los Llanos de Abraham, conocidos también con el nombre de Parque del Campo de Batalla. En esta amplia zona, hoy día ajardinada, se enfrentaron las tropas francesas e inglesas en 1759 (uno de los acontecimientos militares de mayor importancia en la historia de América). Aquí se encuentra el Museo de Quebec, que posee una importante colección de arte quebequense. En las afueras de Quebec, se encuentra el Parque de la Chute-Montmorency, cuyas impresionantes cataratas (imagen derecha, arriba), superan en 30 metros de altura a las de Niágara. Las cataratas se pueden observar desde el teleférico, el puente o el mirador del parque. Desde allí se puede continuar hacia la isla de Orleans o hasta la basílica de Sainte-Anne-de-Beaupré, a la que acuden cada año más de un millón y medio de peregrinos y visitantes. Un poco más lejos, se encuentran el Parque de Mont-Sainte-Anne, famoso por el esquí y sus diversas actividades al aire libre, y la Reserva Nacional de Animales de Cap-Tourmente, refugio temporal de cientos de

miles de ánsares nivales. Una de las vistas más impresionantes de la ciudad de Quebec es la que se puede obtener desde la orilla sur del río, realizando una excursión por el mismo en el transbordador que sale de Lévis. En Charny, el río Chaudière termina en lo alto de un acantilado de 120 metros de altura, formando así el Parque Chutes-de-la-Chaudière. Otras visitas singulares son las que se puede realizar, al norte de la ciudad de Quebec, en el pueblo hurón de Wendake o, un poco más allá, en el Parque de la Jacques-Cartier o en la Reserva de Animales de los Laurentinos.

- CONTINENTE: América.
- PAÍS: Canadá.
- UBICACIÓN: capital de la provincia de Quebec y también de Canadá, está situada al este del país, a orillas del río San Lorenzo.
- CLIMA: es continental; de noviembre a marzo hace mucho frío y los meses de julio y agosto son calurosos.
- CÓMO LLEGAR: en avión y en barco, y por carretera o en tren desde Estados Unidos.
- PECULIARIDAD: la provincia de Quebec, en cuyo territorio cabe tres veces España, goza de una sorprendente variedad de paisajes: dos importantes cordilleras, los Laurentinos y los Apalaches, e inmensas extensiones boscosas de taiga y de tundra, salpicadas por más de un millón de lagos y decenas de miles de ríos.
- GASTRONOMÍA: los primeros habitantes de Quebec, en su mayoría campesinos, preparaban comidas consistentes para afrontar mejor los rigores cotidianos. A lo largo de los siglos, se desarrolló una cocina familiar, de tradición francesa, en la que se integraron los pescados, la carne de caza, las hortalizas y las frutas autóctonas, dando como resultado platos tan sabrosos como la torta de carne de cerdo, el *cipaille* (pastel de carne), las habas con tocino, el asado de cerdo, los chicharrones, la tarta de azúcar y las galletas de trigo negro. Poco importa el lugar de Quebec donde el viajero vaya, pues en cada zona hay una especialidad exquisita: en Montérégie, cuyo territorio está cubierto de árboles frutales en un 30%, se fabrica una gran variedad de sidras, en Bas-Saint-Laurent se conserva el arte de ahumar el salmón, la trucha, el esturión y la anguila; en las islas de la Madeleine se prepara un sabroso *pot-en-pot* (preparación de mariscos o pescados y de pastel de patatas), en Saguenay-Lac-Saint-Jean tienen la famosa *tourtière* (torta de carne de cerdo) y una exquisita sopa de habas, en Charlevoix son riquísimos los quesos, en Gaspésie aderezan deliciosamente el paté de salmón, en Côte-Nord se pueden degustar el camarón nórdico, el cangrejo de las nieves y la pechina Princesse, y en Mauricie hay que probar la carne de bisonte y avestruz que se crían allí.
- DIRECCIONES ÚTILES: www.quebecoriginal.com, www.quebecregion.com y www.tourismecentreduquebec.com

LA ISLA DE PASCUA

como materia prima para construcciones, combustible, elaboración de imágenes rituales y probablemente para el transporte de los moais. Hoy día sólo es posible ver algunas de estas especies arbóreas como el makoi y algunos helechos en el interior del cráter de Rano Kau, además de plantaciones de especies exóticas como eucaliptus, miro tahiti y cocoteros. En la actualidad, como la tierra es muy fértil, se cultivan patatas, caña de azúcar, raíces de taro, tabaco y frutas tropicales.

Mito y realidad se confunden en la Isla de Pascua, denominada también Rapa Nui (en polinesio) y conocida popularmente por sus habitantes como Te Pito o Te Henua, el «ombligo del mundo», por ser el punto geográfico más lejano de la Tierra. La Isla de Pascua, concretamente el Parque Nacional Rapa Nui (que ocupa un 40% de la isla) y que fue declarado en 1995 por la UNESCO Patrimonio de la Humanidad, es una isla volcánica, de forma triangular y 180 km² de superficie, que se levanta sobre una gran plataforma submarina, la cual se estima que surgió por la sucesiva emergencia de tres volcanes:

Poike, Rano Kau y Maunga Terevaka, en la actualidad inactivos, ubicados en cada uno de sus vértices.

El volcán Maunga Terevaka es el más joven de los tres (se estima que tiene 300.000 años) y su cráter principal es el Rano Aroi, con 200 metros de diámetro y una laguna interior. El Terevaka es el punto más alto de la isla, con 511 metros sobre el nivel del mar. El volcán Poike fue el primer volcán en hacer erupción alrededor de 3 millones de años atrás, dando origen a una península cónica. Con 370 metros de altura y un cráter seco, el Pua Katiki tiene alrededor de 150 metros de diámetro y entre 10 y 15 metros de profundidad. El volcán Rano Kau fue el segundo en hacer erupción, unos 2,5 millones de años atrás. Tiene 300 metros de altura y se caracteriza por su enorme cráter de 1,6 kilómetros de diámetro, al fondo del cual se encuentra una laguna de agua fresca de 11 metros de profundidad. Cuando el 5 de abril de 1722, día de Pascua de Resurrección (de ahí el nombre de la isla), el explorador holandés Jakob Roggeveen arribó a la Isla de Pascua encontró una tribu que vivía en casas de madera con precarios techos de vegetación. Estos habitantes utilizaban primitivos utensilios de piedra, aunque desde la costa las imponentes estatuas habían sugerido la presencia de una civilización mucho más avanzada. Varios arqueólogos sostienen que los lapitas,

Al ser una isla de origen volcánico, con un relieve sinuoso y árido, la vegetación es escasa y abundan las praderas relativamente densas. Con la llegada de los primeros colonizadores polinesios, se incorporaron especies leñosas como el toromiro, el sándalo y una palma de coquitos similar a la palma chilena. Estas maderas fueron utilizadas

Perú

Océano
Pacífico

Bolivia

ISLA DE PASCUA

Argentina

Chile

procedentes de Nueva Guinea, se asentaron en las islas Fidji, hacia el 1000 a.C., gracias a sus habilidades para orientarse mediante las estrellas.

Cuatrocientos años después se dirigieron hacia el oeste buscando las islas situadas «por encima del viento». Probablemente, hacia el 389 d.C., el hijo de un caudillo de las islas Tuatomu, al parecer el rey polinesio Hotu Matu'a, tras una disputa, se hizo a la mar con un grupo de fieles seguidores y, finalmente, después de muchos avatares, llegó a Rapa Nui o Mata Kiterage (los «ojos que miran al cielo»), es decir, a lo que hoy conocemos como Isla de Pascua. Así pues, los polinesios, serían los aborígenes de esta misteriosa isla. La mayor atracción de la Isla de Pascua son los moais, gigantescas esculturas de piedras esculpidas en toba porosa, piedras de origen volcánico.

Los moais pesan entre 8 y 12 toneladas cada uno y hay cerca 1.000, de los cuales 394 están abandonados. Estas estatuas se ubicaban en un recinto o plaza rectangular, que tenía en un extremo una plataforma principal (también rectangular), el *ahu*, que servía como altar dedicado a los dioses y ancestros. Los *ahus* suelen encontrarse en riscos desde donde se divisa el mar y están construidos con bloques de piedra unidos sin argamasa. Sobre las plataformas suele haber de cuatro a seis moais, aunque en uno de los *ahus*, el Tongariki, hay 15, y bajo muchos de ellos se han encontrado cámaras con tumbas individuales o colectivas. Los moais representaban a los dioses o ancestros (también se cree que algunas pudieron ser retratos en vida de miembros destacados de la comunidad) y las plataformas se construían lo más cerca posible del mar, aunque las estatuas miran hacia el suelo.

La fauna de la Isla de Pascua está compuesta por mamíferos introducidos por los colonos y aves terrestres como el tiuque, el gorrión, la diuca o la perdiz (vi-vi), o domésticas como la mao (gallina), traída por el rey polinesio Hotu Matua. Entre las aves marinas que vienen a anidar a los acantilados o islotes abundan el makohe, el kena sula dactylatra, el kima y el manutara (asociado con el culto del hombre pájaro). En cuanto a la fauna marina, además de la sabrosa langosta, existen alrededor de 126 especies de peces.

- CONTINENTE: América.
- PAÍS: Chile.
- UBICACIÓN: la isla está situada en medio del Océano Pacífico Sur, en su parte oriental, entre el continente americano y la Polinesia, a una distancia de 3.700 km de la costa de Chile continental, frente al puerto de Caldera. Pertenece al departamento de Valparaíso y su capital es el poblado de Hanga Roa.
- CLIMA: marítimo de características subtropicales. La temperatura media anual es de 20 °C, siendo agosto el mes más frío y febrero el más cálido. Aunque llueve durante todo el año, las lluvias son más abundantes durante el mes de mayo.
- CÓMO LLEGAR: en avión, desde Santiago de Chile (el vuelo dura cinco horas), al Aeropuerto de Mataveri.
- PECULIARIDAD: un sitio de singular interés es la aldea ceremonial de Orongo, centro del ritual del «hombre pájaro» o Tangata Manu, que se celebra allí cada año. Esta ceremonia al parecer surgió como respuesta a los conflictos sociales que existían en la cultura Rapa Nui. Según la tradición, el dios creador Make Make entregaba el poder a quien volviera con el huevo del manutara, ave migratoria que llegaba en esas fechas a anidar en los islotes que se ubican frente al cráter de Rano Kau. La gente se reunía en la aldea ceremonial de Orongo y los guerreros de cada grupo disputaban el cargo para su linaje. El ganador elegido asumía un carácter sagrado, debiendo vivir solo y aislado; mientras su grupo adquiría un poder despótico sobre el resto de la población, que incluía sacrificios humanos a los dioses para así augurar el bienestar para ese año.
- GASTRONOMÍA: la cocina de Rapa Nui está basada fundamentalmente en pescados, mariscos y productos agrícolas (en la isla hay más de 15 variedades de plátanos, piñas y guayabas). Entre sus manjares marinos destacan la langosta, el pez sierra, el atún, la koreha (anguila), el heke (pulpo), el titeve (pez erizo) y el pipi (caracol marino). El *curanto*, sabrosa combinación de carne de cerdo y aves de corral con pescados y mariscos, además de camote, taro y otros ingredientes tradicionales, es el plato tradicional de la isla. Se cocina en un hoyo cubierto de piedras volcánicas y va acompañado de *po'e*, una mezcla de taro, plátanos, harina y azúcar que se envuelve en hojas de plátanos para luego cocer en el *umu ta'o*, el hoyo donde se cocina el *curanto*.
- ALOJAMIENTO: Hanga-Roa, la capital de la isla.
- DIRECCIONES ÚTILES: www.chile.travel/isladepascua

La característica principal de los moais es que no tienen piernas y sus antebrazos aparecen sólo sugeridos como un relieve por delante del estómago. Además, en toda la isla no hay dos estatuas iguales. La parte más trabajada de estas estatuas es la cara, que se caracteriza por tener la boca, nariz y cejas bastante grandes. La frente es también muy notoria, la parte de atrás de la cabeza es plana y a ambos lados de la cara tienen dos orejas alargadas. Aunque cuando los primeros europeos llegaron a la isla los moais estaban en pie, 50 años más tarde estaban todos desmoronados. En la actualidad, se han restaurado varios, se les ha puesto en sus plataformas y se les han restituido los ojos y las piedras que coronaban la cabeza. En el volcán Rano Raraku fue de donde surgieron casi todos los moais de la isla. En él hay más de 300 moais a medio construir, uno de los cuales alcanza la altura de un edificio de siete pisos. En el interior del cráter hay una laguna de totora y más moais. Además, hay ocho hoyos circulares perfectos, que representan otro misterio en la isla, y desde el volcán nace una senda, aún hoy día visible, conocida como el Camino de los Moais, a lo largo de la cual se transportaban los moais ya terminados.

Unos de los *ahus* más importantes es el Ahu Akahanga, que mide 81 m de largo por 3,25 m de ancho. Su importancia se debe a que en este lugar donde fue inhumado y enterrado el rey Hotu Matu'a. Su plataforma está decorada con piedras rojas y ornamentada con petroglifos desgastados por la erosión. Contiene 13 moais, de 5 a 7 metros, tumbados y algunos rotos, con sus *pukao* dispersos. El Ahua A Kivi es un conjunto de siete moais, que testimonian el conocimiento que los pascuenses tenían de la astronomía, ya que por entre ellos pasan los rayos del sol cada 21 de diciembre, durante el solsticio de verano. Este conjunto arqueológico fue el primero que se restauró científicamente en la década de 1960 y, según la leyenda, los siete moais corresponden a los siete primeros exploradores enviados a reconocer la isla por el rey Hotu Matu'a. En este sector también se encuentra la Cueva de Te Pahu (Cueva de los Plátanos), con

una profundidad de 150 metros. Cerca también está, siguiendo la ruta costera, la Cueva de las Dos Ventanas, en la que tras 50 metros de paseo se sale a un acantilado sobre el mar.

El centro arqueológico de Vinapu es un conjunto de dos *ahus* en ruinas, uno de los cuales tiene un especial significado porque el tallado de sus muros de piedra es similar a los de Machu Picchu.

Los moais que estaban en este lugar fueron derribados y uno de ellos permanece de cara al cielo, semienterrado. Tahai es el centro arqueológico más cercano a la capital de la isla, Hanga Roa, y también el mejor restaurado. Está formado por tres *ahus*. En uno de ellos, el Vai Uri, se encuentran los fundamentos de una Hare Paenga, una casa con forma de bote boca abajo. Al norte de este grupo, está el Kote Riku, un moai solitario que tiene puesto un *pijau*, sombrero de piedra rojiza. Otra manifestación importante y singular de la cultura Rapa Nui es el arte rupestre que se

desarrolló a través de dos modalidades: petroglifos y pinturas. En la isla existen alrededor de 1.000 sitios de arte rupestre con aproximadamente 5.000 motivos registrados, y se han establecido 12 agrupaciones de motivos entre los que destacan las figuras antropomorfas y rasgos antropomorfos aislados, aves, especies marinas y terrestres, objetos ceremoniales, embarcaciones, etc.

El motivo más destacado en los petroglifos corresponde a la representación del hombre pájaro o Tangata Manu presente especialmente en las rocas de Mata Ngarau, en la aldea ceremonial de Orongo, junto al volcán Rano Kau. Las pinturas son más escasas en la isla, encontrándose en lugares como Motu Nui (uno de los islotes frente a Orongo), en paredes interiores de algunas casas de Orongo y en la caverna Ana Kai Tangata (en el techo de esta caverna de 3 m de altura hay diversas pinturas que representan al hombre pájaro) y en otras cavernas ubicadas en la costa norte.

CARTAGENA DE INDIAS

ISLAS DEL ROSARIO

CARTAGENA
DE INDIAS

Panamá

Venezuela

Colombia

Ecuador

Perú

Brasil

Océano
Pacífico

de romanticismo, historia y belleza arquitectónica, que se descubren en cada uno de los singulares rincones de esta hermosa ciudad.

Fundada el 1 de junio de 1533 por el español don Pedro de Heredia, en el sitio que los antiguos aborígenes llamaban Calamar, Cartagena fue uno de los puertos más importantes del Reino de España. La ciudad fue fortificada durante los siglos XVII y XVIII con sólidas murallas y castillos para defenderla de piratas, corsarios y ejércitos que buscaban el saqueo de las riquezas acumuladas por el comercio de valiosas mercancías y esclavos. De hecho, su bahía albergaba los galeones dispuestos para partir hacia España con la plata procedente del Virreinato del Perú. El imperio defensor de la fe católica también estableció en Cartagena de Indias la sede del Tribunal del Santo Oficio de la Inquisición. Diez años duró el proceso de su independencia absoluta de la corona española desde su proclamación, el 11 de noviembre de 1811. Su firme resistencia al prolongado sitio, que sufrió en el año 1815 por defender la independencia, la hizo acreedora del título «Cartagena de Indias, Ciudad Heroica».

El centro histórico de la ciudad amurallada ocupa un área de 100 km². En su parte civil están los barrios de Centro, San Diego y Getsemaní, pero también consta de un distrito militar que el visitante no debe perderse, pues resulta obligado pasear por los 11 kilómetros de sus murallas (fueron mandadas construir por los reyes de España para defenderse de los ataques de los piratas), que en algunos lugares tienen 12 metros de ancho, descubrir sus puertas y construcciones y, por supuesto, visitar los castillos de San Fernando de Bocachica (en el poblado de Bocachica se pueden degustar sabrosos platos típicos de pescado) y San Felipe de Barajas, así como los fuertes de Pastelillo, Manzanillo y Santa Cruz de Castillo Grande.

Sin duda alguna, uno de los mayores atractivos de Cartagena de Indias es su arquitectura, fiel testimonio de las etapas de la conquista y colonial, en la que destacan sobre todo las construcciones religiosas y militares. En materia religiosa, la arquitectura de la zona histórica de

Abrazada por el mar Caribe y ubicada en una de las bahías más hermosas del continente americano, Cartagena de Indias fue declarada Patrimonio Nacional de Colombia el 30 de diciembre de 1959 y, posteriormente, la UNESCO la incluyó dentro del Patrimonio Cultural de la Humanidad en 1986. Cartagena de Indias, conocida también como la «Ciudad Amurallada» o «La Heroica», es sinónimo

Cartagena ofrece 12 edificaciones notables, entre iglesias y conventos: la catedral, cuya construcción se inició en 1575; la iglesia de San Pedro Claver, terminada en 1735 con el nombre de San Ignacio y restaurada y bautizada en 1888 con el nombre de San Pedro Claver; la iglesia y convento de Santo Domingo (las dos edificaciones más antiguas de la ciudad, pues fueron construidas entre 1559 y 1570); la iglesia de Santo Toribio de Mogrovejo; la iglesia y convento de Santa Clara de Asís; la capilla de San Roque en Getsemaní, la iglesia de la Santísima Trinidad, construida sobre una de las plazas que conservan un auténtico ambiente colonial; el convento de la Popa, localizado en el cerro del mismo nombre; el convento e iglesia de San Francisco, la capilla de Santa Teresa, el convento de Carmelitas y el convento e iglesia de San Diego. La arquitectura militar de «La Heroica» tiene su origen en los continuos ataques piratas a la ciudad, lo que motivó al rey Felipe II a ordenar la fortificación de la ciudad con la construcción de las murallas que tardaron un siglo en ser construidas. Las murallas que rodean Cartagena contenían cerca de 27 baluartes entre la ciudad y el Abarral de Getsemaní, que hoy día ya no existen. Aún así, se conservan dos castillos construidos para su defensa: el de San Fernando en Bocachica y el de San Felipe de Barajas. La arquitectura civil cartagenera está formada por un bello y armonioso conjunto de casas coloniales, entre las que destacan la de la Inquisición, el Real Consulado de Aduanas y Salina en la calle del Sargento Mayor; la casa del Marqués de Valdehoyos en la calle

Arriba: el castillo de San Felipe de Barajas. Abajo: la Torre del Reloj de la muralla.

de la Factoría; la del Conde de Pestagua en la calle de Santo Domingo y, sobre todo, la que fuera la casa del ex presidente de la República y cartagenero de nacimiento,

Rafael Núñez, en la que vivió y murió, situada en el barrio de El Cabrero.
A dos horas de Cartagena es posible encontrarse con un verdadero paraíso, las

(bosque tropical que se desarrolla en la franja entre el mar y la tierra en ambientes poco profundos e inundados de agua salobre o completamente salada) que las rodean y los bosques tropicales muy secos del interior.

En el Parque Nacional del Rosario se desarrollan cinco de las siete especies de manglar que se encuentran en el Atlántico americano: mangle rojo (Rizophora mangle); mangle blanco o bobo (Laguncularia racemosa), mangle negro o prieto (Avicenia germinans) y mangle zaragoza (Conocarpus erectus). En el interior de las islas, en las zonas de bosque tropical muy seco, se desarrollan especies de árboles que resisten suelos duros y pobres en nutrientes y altos niveles de sequedad como el matarratón, el higuito, la majagua, el totumo, el indio en cuero, el guásimo y el salazar. Los habitantes de las islas utilizan algunas especies con fines medicinales, como el matarratón y el totumo, o alimenticios como el hobo y el níspero.

islas del Rosario, un pequeño archipiélago localizado al sur de la Bahía de Cartagena, que cuenta con aguas cristalinas y un hermoso fondo coralino. Declaradas Parque Nacional Natural Corales del Rosario (están situadas en el mar Caribe, a 45 km de la bahía de Cartagena), para proteger uno de los arrecifes coralinos más importantes de la costa caribeña colombiana, las islas del Rosario son un archipiélago compuesto por 27 islas. El Parque, uno de los 46 Parques Nacionales Naturales de Colombia, tiene una extensión de 120.000 hectáreas, desde la línea de marea más alta hasta el beril de los 50 metros de profundidad, y comprende la plataforma submarina y los arrecifes de coral al occidente de la isla de Barú (delimitada por la bahía de Cartagena, el canal del Dique y el mar Caribe, sus playas se han ganado el título de ser las más bellas del mundo), los arrecifes de los archipiélagos de Nuestra Señora del Rosario y de San Bernardo y la plataforma submarina entre estos dos archipiélagos, además de las islas de Tesoro, Rosario, Múcura y Maravilla.

Las 27 islas, cayos e islotes que conforman las Islas del Rosario se formaron hace aproximadamente 5.000 años, debido a la actividad de antiguos volcanes de lodo que fueron levantando el lecho submarino hasta que se dieron condiciones favorables para el crecimiento de algas calcáreas que desarrollaron el arrecife coralino. Con las últimas glaciaciones, bajó el nivel del mar y salieron a flote algunas áreas del arrecife, formando las islas que, poco a poco, fueron colonizadas por manglares y vegetación terrestre transportada desde el continente por las corrientes, los vientos y las aves. Con el paso de los siglos, se consolidaron los tres ecosistemas característicos de las islas: las lagunas costeras (cuerpos de agua salobre que se constituyen en sala cuna de las especies marinas que viven en el Parque Nacional como peces, cangrejos, camarones, caracoles, medusas, y en sitio de descanso y alimentación de aves migratorias como la tanga y el pato barraquete), los manglares

- CONTINENTE: América.
- PAÍS: Colombia.
- UBICACIÓN: Cartagena está ubicada en el Norte de Colombia, a orillas del Mar Caribe, y es la capital del departamento de Bolívar. Las islas del Rosario, que conforman el Parque Nacional Natural Corales del Rosario, se encuentran en el Mar Caribe, a 45 km de la bahía de Cartagena.
- CLIMA: la temperatura media anual es de 28 °C, con un periodo seco de diciembre a marzo y otro de lluvias de agosto a noviembre.
- CÓMO LLEGAR: para ir a las islas del Rosario se puede ir desde Cartagena por vía terrestre a Mamonal, pasando por Pasacaballos, donde se toma un *ferry* para atravesar el canal del Dique. También se va en lancha rápida desde Cartagena hasta San Bernardo o Rosario.
- PECULIARIDAD: se cree que el hombre llegó por primera vez al archipiélago de islas del Rosario en tiempos precolombinos. Según las crónicas de los conquistadores, sus antiguos pobladores de la cultura de los mocanaes, de la familia Karib, basaban su subsistencia en la recolección de moluscos y la pesca. Sin embargo, pese a las crónicas, no existen

evidencias de que las islas fueran habitadas de forma permanente antes del siglo XX, cuando a partir de 1950 algunos pescadores de la isla Barú decidieron establecerse en el archipiélago para dedicarse a la pesca y al cultivo del coco. Posteriormente, a partir de 1970, se fueron instalando en ellas familias pudientes de Cartagena y del interior del país, quienes construyeron sus casas de recreo. De esta forma, las islas empezaron a ser conocidas como un sitio turístico de gran importancia.

- GASTRONOMÍA: entre los platos de la cocina cartagenera destacan los elaborados con pescados y mariscos, acompañados en ocasiones con arroz de coco y patacones o plátano en tentación. También son

sabrosísimos el sancocho, la sopa de mondongo, los fritos típicos (como la arepa de huevo, las empanaditas de carne, las carimañolas de yuca o los buñuelos de frijol o maíz), los chicharrones con bollo de mazorca (maíz verde) o bollo limpio (maíz seco), el higadete (sopa de hígado y plátano) y los palitos fritos de yuca con suero. En cuanto a la repostería tradicional, hay una gran variedad de dulces de coco, piña, papaya, guayaba o ajonjolí. Junto con los jugos naturales, también son muy típicos las chichas de corozo y peto cartagenero, elaborado con leche, maíz y canela.

- DIRECCIONES ÚTILES: www.cartagenadeindias.com.co y www.turismocolombia.com

Cabañas en la playa de Barú, cerca de Cartagena de Indias. Arriba, en esta página: vista de la catedral de Cartagena entre los típicos balcones de la ciudad.

IRAZÚ

Mar Caribe

Nicaragua

IRAZÚ

Costa Rica

ISLA DE COCO

Panamá

Océano
Pacífico

EL VOLCÁN

Irazú es parada obligada para todo aquel que visite Costa Rica. Ubicado en la Cordillera Volcánica Central, con una extensión de 2.309 hectáreas, fue declarado Parque Nacional en 1955.

El origen del nombre del volcán se debe a una población indígena que existió en las faldas del volcán, llamada Iztarú, que significa la «montaña del trueno y el temblor». Con el paso de los años y como resultado de la evolución del idioma, Iztarú derivó en Irazú.

El volcán Irazú, una de las áreas más visitadas de Costa Rica, está hecho de material volcánico, en capas de 3.432 metros de altitud, con una irregular forma de subcono, con violentas erupciones y cinco diferentes cráteres, algunos de los cuales albergan hermosas lagunas. El más importante es el cráter Principal, casi circular, con paredes inclinadas y de 1.050 metros de diámetro y 300 metros de profundidad. Los otros cráteres son el cráter Diego de la Hoya, con 600 metros de diámetro y 100 metros de profundidad, el de Playa Hermosa, el de La Laguna y el Piroclástico. Un camino lleva a los visitantes directamente a su humeante cráter, que tiene semejanza con un cráter lunar, lleno de agua verde sulfurosa, y desde la cumbre y durante un día claro, es posible ver los océanos Atlántico y Pacífico. Sin embargo, los días despejados en la cumbre son muy raros, ya que la mayor parte del tiempo permanece cubierta de nubes.

En las partes más altas crece una flora muy húmeda, característica de las zonas ubicadas entre los 3.300 metros y los 4.000 metros sobre el nivel del mar. Es el único lugar en la Cordillera Volcánica Central que presenta este tipo de vida, con especies como el arrayan y el arracachillo.

Hay muchas especies de aves, entre las que destacan el junco volcanero, el carpintero careto, el yigüirro, el jilguero, la lechucita parda, el trepador rojizo, la zacatera, el pitorreal y varias especies de colibríes, y algunos mamíferos como conejos, coyotes, armadillos, puercoespines, comadrejas, cauceles y ardillas rojas.

Este volcán activo, con un gran historial de erupciones y ciclos eruptivos, es un área de gran importancia hidrológica, pues muchos ríos nacen aquí y además alimentan a otros como el Chirripó, el Reventazón, el Sarapiquí y el Grande de Tárcoles.

Vista aérea del Parque Nacional Volcán de Irazú. La altura máxima es de 3.422 metros sobre el nivel del mar.

- CONTINENTE: América.
- PAÍS: Costa Rica.
- UBICACIÓN: en la Cordillera Volcánica Central, en la provincia de Cartago, a 31 km al noreste de la ciudad de Cartago (hasta 1823 fue la capital del país y en la actualidad continúa siendo el centro religioso de Costa Rica) y a 52 km de la capital, San José.
- CLIMA: es muy húmedo y frío, con una estación seca corta (de diciembre a abril) y una lluviosa (de mayo a noviembre). Es habitual que las mañanas sean despejadas y que la nubosidad aumente en el transcurso del día.
- CÓMO LLEGAR: por carretera, desde San José o Cartago.
- PECULIARIDAD: este volcán adquirió fama mundial cuando, en 1963, el día en que el presidente norteamericano John F. Kennedy llegó a Costa Rica, comenzó a lanzar cenizas. La erupción, que duró hasta 1965, cubrió con cenizas la capital, San José, y la mayor parte de las tierras altas centrales del país,.
- GASTRONOMÍA: los frijoles y el maíz son la base de la dieta costarricense. Los desayunos son muy completos, a base de «gallo pinto», una combinación de arroz y frijoles negros con huevos fritos o tortilla de maíz. Un guiso muy tradicional es el «casado», hecho con frijoles, arroz y carne de ternera, pollo o cerdo, así como los tamales, cocinados con maíz, pollo, arroz y vegetales.
- ALOJAMIENTO: en Cartago y en San José.
- DIRECCIONES ÚTILES:
www.govisitcostarica.co.cr.
www.conozcacostarica.com
www.visitcostarica.com y
www.enjoycostarica.org

ISLA DEL COCO

«LA ISLA DEL TESORO»

El escritor Robert Louis Stevenson la tomó como modelo para su novela *La isla del tesoro*, el oceanógrafo Jacques Cousteau la definió como la «isla más bella del mundo» y el novelista Michael Crichton se inspiró en ella para escribir *Parque Jurásico*. Nos referimos a la maravillosa Isla del Coco, declarada por la UNESCO Patrimonio Natural de la Humanidad que, con sus 2.400 hectáreas de superficie, es la isla deshabitada más grande del planeta y también la única isla del Pacífico cubierta de bosque tropical siempre verde, debido a las abundantes y torrenciales precipitaciones.

De gran riqueza paisajística, por doquier abundan los helechos, las bromelias, los ríos y los valles, y los acantilados e islotes son frecuentados por infinidad de aves marinas, además de ser lugar de nidificación de gaviotas y pájaros bobo. El área alrededor de la isla es rocosa con acantilados de hasta 183 metros de altura, infinidad de cuevas submarinas, en las que el agua del mar, de color azul turquesa, es de extraordinaria transparencia, y numerosas cascadas, algunas de las cuales caen espectacularmente al mar desde gran altura. Los dos torrentes principales de la isla, el Genio y el Pittier, nacen el Cerro Iglesias, de 634 metros de altura (el pico más alto de la isla), y desembocan en la Bahía de Wafer. De origen volcánico, fue descubierta en 1526 por el español Juan Cabezas y, gracias a la abundancia de agua dulce, se convirtió un siglo más tarde en lugar de atraque de balleneros y piratas, de ahí la cantidad de leyendas sobre tesoros ocultos en la isla, que han llevado a más de un aventurero a realizar incursiones (se han realizado alrededor de 500 expediciones) en la isla. Al parecer, aquí se escondieron valiosos tesoros como el de Lima, consistente en toneladas de lingotes de oro y plata, y láminas de oro que cubrían las cúpulas de las iglesias, el tesoro de William Davies, que fue ocultado en 1684, y el de Benito «Espada Sangrienta» Bonito. El Parque Nacional Isla del Coco, constituido por el Gobierno de Costa Rica en 1978, es un lugar único por su flora y fauna, tanto marina como terrestre. Debido a su gran riqueza ecológica, científicos y naturalistas de todo el mundo utilizan esta isla como una estación de investigación permanente y la han convertido en uno de los laboratorios biológicos más grandes del mundo, fundamentalmente para el estudio de la evolución de las especies.

Se han identificado 235 especies de plantas (70 son endémicas) y 90 especies de hongos. La vegetación predominante en la isla está compuesta por grandes árboles endémicos, así como helechos y coníferas. Entre las especies de árboles más distintivas de la isla destacan el copey, el palo de hierro y la palma endémica. La barrera de coral es una de las más ricas del Pacífico.

- CONTINENTE: América.
- PAÍS: Costa Rica.
- UBICACIÓN: a 548 km de Costa Rica, desde Cabo Blanco, en el sudoeste de la provincia de Puntarenas, frente al golfo de Panamá.
- CLIMA: tropical y muy húmedo, con abundantes precipitaciones, sobre todo de mayo a noviembre. La temporada seca, que dura de diciembre a mediados de abril, es la más agradable. La temperatura media anual oscila entre los 24 y 28 °C en el fondo del mar y los 28 °C en la superficie terrestre.
- CÓMO LLEGAR: como el viaje a la isla puede tardar entre 30 y 36 horas con mar en calma, lo mejor es contactar con algún tour operador, ya que intentar llegar por medios propios es bastante complicado. Además, los barcos sólo pueden atracar en dos de las bahías, Wafer y Chatham, pues en las otras hay muchos arrecifes.
- PECULIARIDAD: el buceo, tanto diurno como nocturno, es uno de los grandes encantos de la Isla del Coco, siendo la Bahía Wafer uno de los puntos preferidos para la práctica de este deporte, ya que en el fondo hay un viejo barco hundido, *Resolución*, por lo que el buceador no sólo puede conocer el sitio sino también repasar la historia de la zona, ya que se trata de la misma embarcación que transportaba a los chilenos que Costa Rica mandó a rescatar en 1832. La Isla Manuelita es otro buen lugar para bucear, pues es un auténtico paraíso de corales.
- GASTRONOMÍA: son habituales las ensaladas (una de las más típicas es la de palmitos) y los platos de pescado y marisco, acompañados en muchas ocasiones por plátanos fritos. Las frutas tropicales son deliciosas.
- ALOJAMIENTO: aunque hay varios hoteles en la región de Puntarenas, lo habitual, debido a la distancia, es alojarse en el propio barco, fundamentalmente si se realiza un viaje organizado de varios días.
- DIRECCIONES ÚTILES:
www.govisitcostarica.co.cr.
www.visitcostarica.com y
www.enjoycostarica.org

LA HABANA

La Habana

Cuba

Trinidad

Mar Caribe

Océano
Atlántico

TEMPLOS SALVADOS DE LAS AGUAS

La Habana, fundada en 1515 en la costa Sur por el explorador español Diego Velázquez, fue trasladada en 1519 a su actual enclave. El esplendor de la ciudad se debió a su estratégica situación, protegida por una de las mejores bahías naturales del Caribe, y a su ubicación a medio camino entre los virreinatos continentales y la metrópoli, convirtiéndose así en la llave del Nuevo Mundo. Su abrigada bahía, que constituyó el punto de partida de los barcos españoles en su navegación de retorno cargados de tesoros hacia España, la convirtió en uno de los puntos clave del Imperio español en América y en uno de los puertos más asediados por piratas y corsarios ingleses, franceses y holandeses.

Capital de Cuba desde finales del siglo XVI, el pasado colonial de la ciudad se puede percibir paseando por La Habana Vieja, ubicada al Oeste del puerto del mismo nombre y declarada por la UNESCO Patrimonio de la Humanidad en 1982. En esta parte de la ciudad fue donde nació la Villa de San Cristóbal de La Habana, en el primer cuarto del siglo XVI. La Habana Vieja constituye por sí misma un rincón único e irrepetible, un enclave donde se perciben las huellas indelebles de la historia, la identidad cultural y la esencia del pueblo cubano. Cada edificación tiene su propia historia que contar, cada nombre de calle tuvo su origen siglos atrás y en cada esquina una melodía evoca miles de recuerdos. La Habana Vieja es un maravilloso conglomerado de estilos arquitectónicos que abarcan el renacimiento, art déco, mudéjar, barroco, neoclasicismo, eclecticismo, *art nouveau* y el barroco cubano (cerca de 140 de las edificaciones localizadas en el centro histórico de la capital cuentan con un origen que se remonta a los siglos XVI y XVII, otras 200 al XVIII y más de 460 al XIX). El corazón de la antigua urbe está en la Plaza de Armas, cuya ubicación se vincula con la tradición del primer cabildo, pues fue aquí donde, de acuerdo con los testimonios de la época, existió una robusta ceiba bajo la cual se celebró el primer cabildo de la ciudad de La Habana. Actualmente, se encuentra en este lugar el Templete, que fue construido en 1827 en recuerdo de este histórico hecho, y una nueva ceiba, que forma parte de la celebración que allí tiene lugar cada año, el 16 de noviembre.

La Plaza de Armas, el núcleo social, político y militar más antiguo de la colonia, está rodeada por el Palacio de los Capitanes Generales (Museo de la Ciudad), el Palacio del Segundo Cabo (Instituto Cubano del

Libro) y el Castillo de la Real Fuerza (Museo de Cerámica). La Plaza de la Catedral, la plaza mas conocida de La Habana y, según dicen, una de las mas armoniosas de Sudamérica, con los palacios de Lombillo (1730), del Marqués de Arcos (construido en 1741, es uno de los edificios coloniales mejor conservados), de los Condes de Peñalver y de Casa Bayona de 1720 (hoy Museo de Arte Colonial) y, por supuesto, la catedral, forma el conjunto arquitectónico más interesante de la ciudad. A finales del siglo XVIII, la Iglesia de la Compañía de Jesús fue elevada al rango de catedral. En 1788, un rico obispo de Salamanca decidió construir una catedral dedicada a la Virgen en el emplazamiento de la pequeña capilla inicial. La catedral tiene tres naves y ocho capillas laterales, y hasta la independencia la nave central estuvo ocupada por un monumento funerario dedicado a Cristóbal Colón (al final de la colonización, las cenizas del descubridor fueron llevadas a Santo Domingo y, de allí, a la Catedral de Sevilla). Las esculturas y los trabajos de orfebrería del altar y del tabernáculo son obra del italiano Bianchini y las pinturas son del francés Jean-Baptiste Vermay. La fachada de la catedral sorprende por su color oscuro, que se destaca del resto de la plaza como un grabado en blanco y negro. A pocos pasos de la catedral, en la calle Empedrada, está «La Bodeguita del

• **CONTINENTE:** América.
• **PAÍS:** Cuba.
• **UBICACIÓN:** capital de la República de Cuba, la ciudad de La Habana se encuentra en la costa noroeste de la isla mayor del archipiélago cubano y limita al norte con el estrecho de la Florida y por el sur, Este y oeste con la provincia de La Habana.
• **CLIMA:** muy influenciado por la cercanía de la costa, la temperatura media anual varía sólo entre 24 y 26 °C. Su clima, cálido y húmedo, está atenuado por las corrientes de viento que vienen del mar.
• **CÓMO LLEGAR:** por vía aérea, al aeropuerto José Martí, y también por vía marítima.
• **PECULIARIDAD:** lo primero que llama la atención a quien visita La Habana es el colorido de sus casas. Las hay de todos los colores: rosas, verdes, naranjas...Todo, hasta los coches y la ropa, está invadido por los colores. Y junto al vibrante colorido, la exuberante vegetación surge por doquier.
• **GASTRONOMÍA:** pese a ser una isla, los cubanos no son muy aficionados al pescado, pues casi toda su alimentación gira en torno a la carne de cerdo y sus deliciosas frutas. La comida criolla es sabrosísima, destacando los frijoles negros, los moros y cristianos (judías negras y arroz) o las masas de puerco fritas. El plato nacional de Cuba es el ajiaco criollo (guiso de verduras y carnes de diversos tipos). También es muy típico el picadillo a la habanera (picadillo de carne de res). En cuanto a la bebida, el viajero no puede irse de La Habana sin probar el famoso daiquiri o el riquísimo mojito criollo.
• **DIRECCIONES ÚTILES:**
www.turismodecuba.info
www.cubatravel.cu y
www.gocuba.com

El rey de España ordenó su construcción sobre una gran piedra que se conocía con el nombre de El Morro, y para ello envió al maestre de campo Juan de Texeda, acompañado del ingeniero militar Battista Antonelli, quienes llegaron a La Habana en 1587. El Morro fue concebido como una pequeña ciudadela rodeada por un foso seco, y Antonelli, de espíritu renacentista, confirió a su necesaria robustez una elegancia armónica con el enclave natural por medio de una serie de terrazas descendentes. En la orilla opuesta al castillo del Morro, al comienzo de la curva del Malecón, se alza la fortaleza de San Salvador de la Punta, de menores dimensiones arquitectónicas que la anterior. Construida en 1590, en 1629 el Cabildo habanero decidió, para defender mejor el puerto, unirla por la noche con el Morro

Medio», la mas famosa taberna de La Habana, desde su apertura en 1942. También, muy cerca de aquí, están los castillos de los Tres Santos Reyes Magos del Morro, de Salvador de la Punta y de San Carlos de la Cabaña, un sistema de fortalezas que protegían en otros tiempos al puerto de los ataques de los corsarios y que constituyó, a decir de los expertos, el conjunto más notable de su tipo en la América hispana. Visitarlas constituye un itinerario por sí mismo. La construcción del castillo de los Tres Reyes del Morro se debió al paso por La Habana del pirata inglés Sir Francis Drake.

mediante una gruesa cadena de tozas que impidiese la entrada de barcos enemigos. La señal del cañonazo indicaba que la cadena se cerraba y no se volvía a abrir hasta la mañana siguiente. La fortaleza más impresionante de la colonia española era San Carlos de la Cabaña, construida junto al Morro sobre el lugar desde donde los ingleses dispararon sus cañones contra la ciudad. Junto con el castillo de los Tres Reyes del Morro integra el Parque Histórico-Militar Morro-Cabaña. En la actualidad, la fortaleza de San Carlos de la Cabaña alberga la colección de armas antiguas más importante del país. El Che Guevara la utilizó como cuartel general

después de la Revolución y hoy día es la sede de un museo dedicado al famoso guerrillero. Cada noche, a las 21:00 h, soldados vestidos con trajes de época disparan desde ella el «cañonazo de las nueve», que rememora el que tradicionalmente se disparaba todos los días para avisar del cierre de las puertas de la muralla de la ciudad.

Abajo: la catedral de La Habana flanqueada por preciosos palacetes. Izquierda: la cúpula del Capitolio. En las páginas anteriores: el atardecer en La Habana desde el malecón, que es el punto de encuentro y paseo de los habitantes de La Habana.

EL AIRE COLONIAL

Para respirar el aroma colonial de colores, mansiones de ventanas enrejadas y portones de viejo abolengo hay que ir hasta el centro de Cuba, concretamente a Trinidad. La ciudad, que antaño fue conocida como Villa de la Santísima Trinidad, está situada en las faldas del macizo montañoso de Guamuhay, en el centro-sur de Cuba, en la provincia de Sancti Spiritus, y fue junto a Baracoa, Santiago de Cuba, Bayamo, Puerto Príncipe (hoy Camagüey), Sancti Spíritus y San Cristóbal de la Habana, una de las siete villas que Diego de Velázquez, el primer colonizador de la isla, fundó en 1515.

Su comercio ilegal con Jamaica y los navegantes del Caribe y las plantaciones de azúcar la convirtieron en una de las mayores productoras de azúcar del mundo. Aunque actualmente sólo queda una refinería de azúcar, los caserones coloniales de la Hacienda Iznaga y su torre, desde la que se divisa la alfombra verde del valle en el siglo XIX llegó a haber 30 centrales azucareras que sembraron Cuba de esclavos negros. Trinidad se revistió pronto de lujosas mansiones que hoy día continúan en pie, pese a que a partir de 1850 la ciudad se vio afectada por una grave crisis económica que la sumió prácticamente en el olvido.

Trinidad, también llamada la «Ciudad Museo de Cuba», tiene el privilegio de ser una de las ciudades coloniales del país y de tener uno de los conjuntos arquitectónicos más completos y conservados del continente americano. Declarada, junto con el Valle de los Ingenios, Patrimonio de la Humanidad por la UNESCO en 1988, esta ciudad, ruta obligada, en otros tiempos, hacia la conquista de nuevos territorios, se asentó junto a las márgenes del río Guaurabo, donde los españoles encontraron una población aborigen que emplearon como mano de obra para el cultivo de tierras fértiles y la construcción de excelentes puertos, además de

hermosas casonas coloniales y lujosos palacios.

Trinidad extendió sus límites durante el siglo XVI, apoyada en la incipiente industria azucarera, para crecer como un núcleo urbano entre rejas de singulares formas, llamativas edificaciones y calles empedradas. Cuenta la historia que el sitio escogido por el adelantado Diego Velázquez para la fundación de la ciudad está donde se localiza actualmente el Parque Martí. Hacia el siglo XVII cobran forma en la villa las principales actividades económicas, centradas en la ganadería, el tabaco y comercio de contrabando, para finalmente orientarse en el siglo XVIII hacia la industria azucarera, hasta llegar a ser en 1827 la urbe de mayor cantidad de inmuebles de mampostería y tejas por habitantes de Cuba. Blanco codiciado de corsarios y piratas, numerosos en los mares que rodeaban a la mayor de Las Antillas, Trinidad se hizo famosa por sus enfrentamientos contra los filibusteros.

Trinidad es la ciudad cubana que conserva con mayor fidelidad la impronta de su pasado colonial. Caminar por las calles y plazas de su centro histórico, en el que se combinan estilos de los siglos XVIII y XIX, y los primeros años del siglo XX, resulta un viaje en el tiempo, concretamente a principios del siglo XIX, cuando la villa prosperaba al calor del crecimiento azucarero que se registraba en la isla.

La ciudad conserva, casi inalterados, conjuntos arquitectónicos de gran valor, formados por calles, plazas y plazuelas empedradas, y edificaciones cubiertas con tejados de barro, con estilos arquitectónicos provenientes de Andalucía y Canarias. Transitar por sus calles empedradas y estrechas permite al caminante descubrir artísticos balcones, torneados balaustres de maderas preciosas, complejos trabajos de rejería, paredes sorprendentemente decoradas y románticos patios. Uno de los lugares más emblemáticos de Trinidad es su

pintoresca Plaza Mayor, situada en la parte alta del centro urbano, que invita a conocer el interior de mansiones y palacetes (la mayoría del siglo XVIII), suntuosos testigos de una época de esplendor colonial. Núcleo central a partir del cual se desarrolló la villa, integra uno de los conjuntos arquitectónicos más valiosos de Cuba y está considerada la segunda plaza en importancia del país, después de la Plaza de la Catedral, ubicada en el centro histórico de La Habana.

Muy cerca de la Plaza Mayor, desde lo alto de la torre de lo que fue la iglesia de San Francisco de Asís, se puede disfrutar de una bellísima panorámica de la ciudad, con sus casas en tonos pastel y el Caribe dibujado en el horizonte.

Otros de los sitios distintivos de Trinidad son la residencia de la familia Sánchez-Iznaga, el actual Museo de Arquitectura

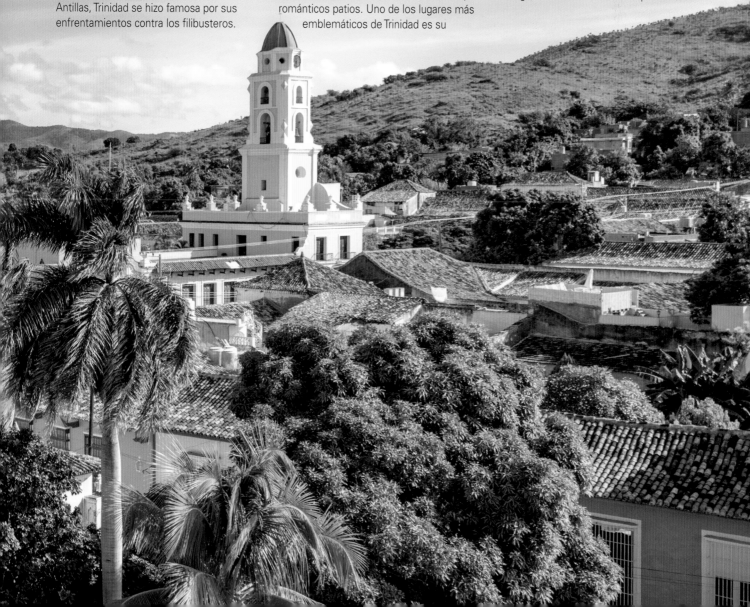

Trinitaria, que expone notables tallas en madera, decoraciones murales, y colecciones de rejas y balaustradas, el Palacio Cantero, cuyos salones guardan costumbres de la aristocracia criolla, la casa del Regidor Ortiz y la Parroquial Mayor, antiguamente iglesia de la Santísima Trinidad, donde se conserva la imagen del Cristo de la Veracruz. A poca distancia de Trinidad se encuentra el famoso Valle de los Ingenios, donde se desarrolló la industria azucarera y lugar imprescindible para comprender el alma de Cuba. En el Valle de los Ingenios, formado por los también valles de San Luis, Santa Rosa, Agabama y la depresión del Méyer, y enmarcado por la serranía de Aracas, hay más de 70 sitios arqueológicos, entre ruinas de las fábricas, elementos de maquinaria industrial y objetos de utilidad, junto con casas de hacendados y almacenes.

Verdadero museo viviente, en él se desarrolló una arquitectura industrial monumental por sus dimensiones y riquezas de materiales, junto con barracones de esclavos y ejemplos singulares de construcciones domésticas, conocidas como casas-viviendas de los ingenios, algunas de las cuales continúan hoy día en pie. El Valle de los Ingenios, declarado Patrimonio de la Humanidad, también conserva vestigios de la vida de los esclavos africanos, entre los que destaca la Torre de Manaca-Iznaga, Monumento Nacional, que tiene 40 metros de altura.

Para darnos una idea del auge de la actividad azucarera, en 1827 Trinidad disponía de 56 ingenios, los cuales utilizaban en calidad de mano de obra a cerca de 11.000 esclavos. En el valle destacan las ruinas del ingenio San Isidro de los Destiladeros, propiedad de un hacendado de origen catalán, y uno de los de mayor prosperidad en la región hasta su abandono hacia la segunda mitad del siglo XIX. Los restos de la casa-hacienda constituyen una muestra de la riqueza de sus propietarios y el conocimiento de los constructores que la edificaron, pues cuenta con una torre de tres niveles que cumplía funciones de campanario y mirador. Junto a esa estructura, se aprecian elementos de un sistema hidráulico que recuerda a los europeos, construido a base de gruesos muros y contrafuertes de cantería, todo ello con el propósito de llevar el agua necesaria para el desarrollo del proceso productivo del azúcar. En varias de las haciendas del territorio dejó sus huellas de pinturas murales (algunas de ellas en proceso de restauración) el arquitecto y artista italiano Daniel Dall'Aglio,

A 22 kilómetros de Trinidad y a 800 metros sobre el nivel del mar se encuentra el Gran Parque Natural Topes de Collantes, un enclave donde, gracias a sus excepcionales condiciones climáticas, se da una rica flora (más de 15 especies de pinos, 12 de eucaliptus y 100 plantas ornamentales, además de helechos, árboles de algarrobo, cedro, caoba, magnolia y teca, plantas medicinales y orquídeas silvestres) y fauna (además de las mariposas, reinas del parque, hay aves como la cotorra, el tocorero-ave nacional de Cuba-, el negrito, el gavilán, el carpintero y el sijú, anfibios como la ranita Colín, fauna cinegética como el venado cola blanca, el puerco jíbaro y la codorniz,

así como moluscos, insectos, arañas y murciélagos). Grutas horadadas en fallas casi verticales, valles abiertos con desagües subterráneos, ríos estrechos de rápido caudal, bellas cascadas y saltos como el Caburní, considerado Monumento Nacional, son algunas de las bellezas de este lugar. Trinidad tiene una abundante fauna que la hace poseedora de un gran endemismo, destacando aves como el tocororo (ave nacional de Cuba), la cartacuba, el camao, el zunzún o colibrí, el pato huyuyu y el pájaro carpintero, aunque también es común ver en sus costas gaviotas y pelícanos. La zona cuenta también con lagartos, jutías, cerdos y bovinos silvestres. La ciudad de Trinidad está rodeada de áreas montañosas con parajes frondosos y fértiles valles. La flora de sus alrededores está fundamentalmente compuesta por bosques de coníferas, pinos, eucaliptos, ceibas, robles, sauces llorones, albrojos y framboyanes, aunque también hay orquídeas silvestres, nélumbos amarillos, café y mariposas. La Sierra del Escambray alberga diversas formaciones vegetales, como helechos arborescentes, bosques de coníferas y orquídeas silvestres.

• CONTINENTE: América.
• PAÍS: Cuba.
• UBICACIÓN: la ciudad de Trinidad está situada en las faldas del macizo montañoso de Guamuhay, en el sur de Cuba, en la provincia de Sancti Spiritus, que limita al norte con el océano Atlántico, al sur con el mar Caribe, al oeste con las provincias de Villa Clara y Cienfuegos y al este con la provincia de Ciego de Ávila.
• CLIMA: Trinidad posee un típico clima tropical, cálido pero no agobiante, debido a la proximidad del mar Caribe y por estar rodeada de montañas. La temperatura oscila entre los 23 y 30 °C durante todo el año.
• CÓMO LLEGAR: por carretera o vía aérea hasta el aeropuerto de Trinidad.
• PECULIARIDAD: el signo decorativo característico de las viviendas de Trinidad tiene su base en la ornamentación neoclásica, reflejada en murales, molduras y marcos de madera, y en las caprichosas formas que los forjadores del hierro lograron imprimirle, para que se convirtiera en uno de los mayores encantos de la ciudad.
• GASTRONOMÍA: una celebración cubana en familia se comienza tomando cerveza helada, acompañada con chicharrones de puerco. Las mujeres se encargan de preparar los frijoles negros dormidos, la yuca con mojo, las frituras de malanga o maíz, el arroz blanco, los plátanos chatinos y la ensalada de tomate y lechuga, mientras que los hombres, casi todos agrupados en el patio, van asando en púa una pierna de puerco o un puerco entero que se cubre con hojas de guayaba y cada cierto tiempo se empapa con zumo de naranja agria. Durante la comida se toma cerveza y agua fría, y el postre típico es la mermelada de guayaba con lascas de queso amarillo o los buñuelos de yuca en almíbar con anís. En Trinidad es obligado beber una *canchánchara*, refrescante cóctel hecho con aguardiente, miel, limón y hielo.
• DIRECCIONES ÚTILES: www.turismodecuba.info, www.cubatravel.cu y www.infotur.cu

AMÉRICA
ECUADOR

GALÁPAGOS

LAS ISLAS ENCANTADAS

Cuando fray Tomás de Berlanga, en el año 1535, navegaba desde Panamá por el Océano Pacífico o Mar del Sur, se encontró de repente sin viento para su velero, a la vez que se percataba de que la corriente lo llevaba hacia el oeste alejándole del continente. Transcurrido un tiempo, un buen día divisó tierra y descubrió, sin proponérselo, las islas Galápagos. Algunos historiadores suponen que quizás balsas o navíos de tribus de litoral (manteños, huancavilcas) llegaron hasta ellas con anterioridad, aunque no existen pruebas de ello. Después de Tomás de Berlanga, las islas fueron ocasionalmente encontradas por navegantes desviados de sus rutas debido a las corriente marinas, y pronto comenzaron a tejerse leyendas sobre ellas, dando lugar a que se las bautizara como «Islas Encantadas».

Con esa denominación permanecieron hasta 1570 cuando hubo confirmación de su existencia al figurar en la carta del cartógrafo flamenco Ortelius bajo el nombre de «islas de los Galápagos». En el tiempo que fue colonia española, el archipiélago de las Galápagos fue visitado con frecuencia por los piratas que hicieron de ellas lugares de escondite o de descanso para arreglar sus naves, convirtiéndose durante esta época (siglos XVII y XVIII) en «tierra de nadie», pues cualquier aventurero podía llegar hasta ellas y hacer lo que deseara. Durante mucho tiempo, las islas fueron visitadas por los piratas, especialmente para reabastecerse y reparar sus naves, y también para repartir el botín, de ahí que circule la leyenda de que en las Galápagos existen tesoros enterrados. Los piratas ingleses «trabajaban» para la corona británica, que organizaba escuadras con el objeto de atacar a los galeones españoles que navegaban cargados de oro de los puertos americanos. Uno de los lugares favoritos de los filibusteros fue la denominada Caleta Bucanero en la isla Santiago. Uno de los piratas más famosos (también era historiador) que circularon por las islas fue el inglés Ambrose Cowley, quien bautizó a las islas, en 1684, con nombres ingleses que aún persisten junto con los nombres españoles y que corresponden a dos personajes de la época como Chatham (San Cristóbal), Hood (Española), Charles o Floreana (Santa María), Narborough (Isabela), Tower (Genovesa).

Sin duda, el visitante más especial que han tenido las Galápagos fue Charles Darwin, que las visitó en 1835, a bordo del barco británico «H.M.S. Beagle». Sus escritos de la teoría acerca del origen de las especies, que escandalizaron a la comunidad científica de la época, se inspiraron fundamentalmente en la prueba viva que encontró en este archipiélago volcánico. Hoy día, sus observaciones y estudios pueden ser corroborados por todo aquel que visite las misteriosas Islas Galápagos.

Las islas Galápagos están consideradas el mayor laboratorio natural del mundo. La teoría de la evolución de las especies de Darwin, explicada en su famosa obra *El origen de las especies*, que fue publicada 23 años después de la visita del científico a las islas, cambió radicalmente el panorama científico. Darwin, estudiando algunas especies de las islas, principalmente pinzones y tortugas, llegó a la conclusión de que estas especies habían evolucionado de distinta forma en cada isla, pues la naturaleza había dispuesto que se adaptasen mejor al medioambiente para aumentar así sus probabilidades de supervivencia. El archipiélago de las Galápagos, localizado al norte y al sur de la línea equinoccial, está formado por 13 islas grandes, seis menores y 42 islotes. El 97 % de la superficie total de las islas forma parte del Parque Nacional Galápagos, a excepción de las áreas habitadas de Santa Cruz, San Cristóbal, Isabela, Floreana y Baltra. El Parque Nacional Galápagos, el primer Parque Nacional ecuatoriano, fue establecido en 1936 con la finalidad de preservar en estado natural a su flora y fauna, y a los excepcionales paisajes que componen su escenario. En 1959, con el objetivo de administrar esta área, se fundó el Servicio Parque Nacional Galápagos, que es la entidad estatal encargada de la ejecución de los diversos programas de conservación y manejo de las islas. En ese mismo año, a raíz del centenario de la publicación de *El origen de las especies*, de Charles Darwin, se creó la Fundación Charles Darwin para las Islas Galápagos, institución de carácter privado que nació bajo los auspicios de la Organización de las Naciones Unidas para la Educación, Ciencia y Cultura (UNESCO), y la Unión Mundial para la Conservación de la Naturaleza (UICN); cinco años más tarde, en la Isla Santa Cruz, se creó el brazo la Estación Científica Charles Darwin.

En 1979, el Comité de Patrimonio de las Naciones Unidas, por solicitud del gobierno ecuatoriano, designó a las Galápagos como Patrimonio Mundial de la Humanidad y posteriormente, en 1985, también declaró a las islas parte de Reserva Mundial de la Biosfera.

La flora y fauna únicas de Galápagos se deben a factores como su origen volcánico, la distancia del continente, la dirección de los vientos, la confluencia de corrientes marinas, el clima, la altitud y la textura del terreno. Se cree que tanto la flora como la

fauna no son originarias de las islas, sino que fueron transportadas desde el continente. Semillas o esporas, que han pasado de una isla a otra, han originado especies enteramente nuevas, donde se ha repetido el proceso de evolución. Muchas semillas han llegado traídas por el viento, navegando sobre masas de vegetación o transportadas en los vuelos migratorios de las aves. Todas estas especies, lo mismo que las zoológicas, han realizado el proceso de «adaptación al ambiente» como lo demostró Darwin. Lo más interesante es que cada isla tiene sus propias plantas endémicas, así como su propia fauna. Sin embargo, los suelos favorables para la agricultura son muy reducidos (10% de la superficie total).

En el archipiélago de las Galápagos se pueden visitar 54 enclaves, que están distribuidos entre las diferentes islas. Las visitas a estos lugares se hacen únicamente con la compañía de un guía naturalista, y caminando por los senderos indicados: Santa Cruz, que es la isla más poblada de Galápagos y la segunda en tamaño; Isla Santiago, que es famosa por sus paisajes volcánicos, lobos marinos, flamencos y gavilanes; Isabela, la isla más grande con volcanes; La Española, una isla deshabitada, de 60 km, pero llena de fauna variada; San Cristóbal, que constituye la segunda isla en población de Galápagos; uno de los pocos lugares donde anidan piqueros de patas rojas (estos piqueros de anidan entre las ramas de modo distinto a como lo hacen los piqueros de patas azules que anidan en el suelo) es la isla Genovesa, única isla del norte del archipiélago que cuenta con sitios de visita terrestres; Bartolomé es una isla pequeña, con numerosos cráteres y sulfataras, situada al este de la Santiago.

Aunque la visita turística a Galápagos es generalmente terrestre, también se pueden realizar actividades en altamar, pues no hay que olvidar que la Reserva

Marina de Galápagos abarca una extensión de cerca de 133.000 km² y que bucear en el archipiélago supone una gran aventura, ya que la zona está considerada como una de las siete más importantes del planeta para realizar esta actividad. Por eso, quienes visiten Galápagos no deben desaprovechar la oportunidad de sumergirse en el mar, para estar cerca de algunas de las 307 especies de peces que hay en las islas, incluyendo el acercamiento con rayas y hasta tiburones. Para el buceo con tubo (snorkel) son apropiados los enclaves de la Gruta de los Osos Marinos, la Roca del Pináculo (en la que hay peces tropicales y grupos de pingüinos cazando) y la Corona del Diablo (donde se puede bucear junto a las crías de los leones marinos). Tortugas gigantes o galápagos, lobos marinos, focas, flamencos rosados, fragatas reales, fragatas comunes, piqueros enmascarados, pingüinos, albatros, pinzones de Darwin e iguanas son los animales más representativos de las Galápagos. En las islas no hay anfibios y los mamíferos originarios son cuatro especies de ratones endémicos y dos tipos de murciélagos. El resto de fauna terrestre, como cabras, asnos, cerdos, caballos, vacas, perros, gatos y ratas, fue introducido desde el continente por piratas, balleneros y colonos.

Se diferencian seis zonas de vegetación: la costera, con plantas que toleran altos niveles de sal (manglares,mirtos); la árida, donde crecen plantas espinosas (cactus); la de transición, con hierbas perennes y arbustos pequeños; la alta y húmeda, en la que pueden verse algarrobos, hongos y guayabos; la miconia, usada para los cultivos de café, naranjas y otra frutas; y la zona más alta, dominada por helechos y juncias. Las islas bajas son desérticas debido a la baja humedad del ambiente y a la falta de lluvias. En cambio, las que son más elevadas reciben lloviznas y aguaceros. En la zona seca, entre rocas desnudas, se observan plantas raquíticas o espinosas de flores pequeñas (es la zona de los cactos, de los palos santos, algarrobos y líquenes). En la zona húmeda baja crecen grandes helechos y otras variedades siempre verdes (matasanos, uñas de gato, rodillas de caballos). En la zona húmeda alta crecen guayabillos, pasifloras, cafetillos, musgos y hongos, huicundos, y abunda el árbol de la guayaba y otras especies del páramo andino. Aquí también se han sembrado cítricos que se desarrollan de forma exuberante, lo mismo que hortalizas, maíz y patatas.

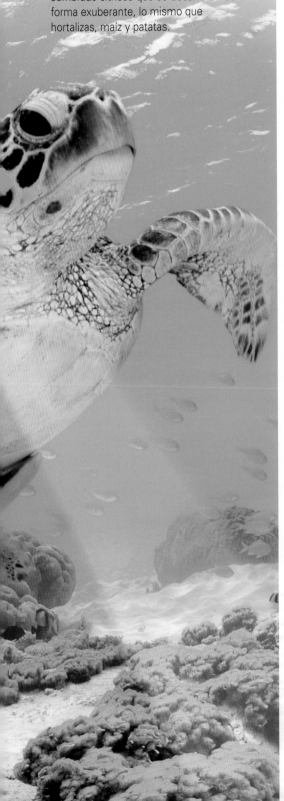

- CONTINENTE: América.
- PAÍS: Ecuador.
- UBICACIÓN: el archipiélago de Galápagos, situado a 950 km del Ecuador continental, está conformado por 13 islas grandes, seis pequeñas y más de 40 islotes de origen volcánico. Tiene 14 islas mayores, de las cuales cuatro están habitadas (San Cristóbal, Santa Cruz, Isabela y Floreana).
- CLIMA: seco o muy seco, con temperaturas que oscilan entre los 18 y los 22 °C. Para disfrutar de las islas Galápagos, lo mejor es visitarlas de enero a mayo, cuando el clima es cálido y soleado, aunque en algún momento se desatará una lluvia tropical. Durante el resto del año, las lluvias son esporádicas, pero los días se caracterizan por la neblina y, además, las aguas están muy frías y hay fuerte viento.
- CÓMO LLEGAR: por vía aérea, desde Quito ó Guayaquil, se llega a la isla de Baltra (en la punta norte de la isla de Santa Cruz, desde allí hay un transbordador que lleva hasta Puerto Ayora, la ciudad principal) y San Cristobal (aeropuerto de Puerto Baquerizo Moreno). Por vía marítima, el acceso hasta las islas puede hacerse ocasionalmente, pero las condiciones del viaje son muy precarias. Desde las islas hay cruceros de unos cinco

días y, también, se puede realizar el transporte en botes de cabotaje.
- PECULIARIDAD: las islas Galápagos no son más que las cimas de volcanes basálticos que se elevan aproximadamente a 1,5 km de la plataforma del mar, y podrían haberse formado hace cinco millones de años. Sobre las islas se observa una gran cantidad de conos volcánicos, siendo el Cerro Azul, en la Isla Isabel, el de mayor altitud. Hay volcanes con calderas que miden entre 4 y 9 km de diámetro y con profundidades de hasta 1.000 metros. Galápagos es uno de los 20 puntos calientes de la Tierra, donde se manifiesta la actividad ígnea del planeta.
- GASTRONOMÍA: sus platos más típicos son el *aguado* (caldo con bolas de plátano verde) y los *llanpinchagos* (tortitas de patatas con queso y salsa de maní). El marisco es también uno de los ingredientes típicos de la cocina ecuatoriana, sobre todo el cebiche. Los postres, son deliciosos el casabe (especie de natillas) o sus sabrosas frutas tropicales.
- ALOJAMIENTO: en Puerto Ayora o Puerto Baquerizo Moreno, o en el propio barco si se realiza un crucero por las islas.
- DIRECCIONES ÚTILES: www.vivecuador.com, www.viajes-galapagos.com y www.ecuador.travel

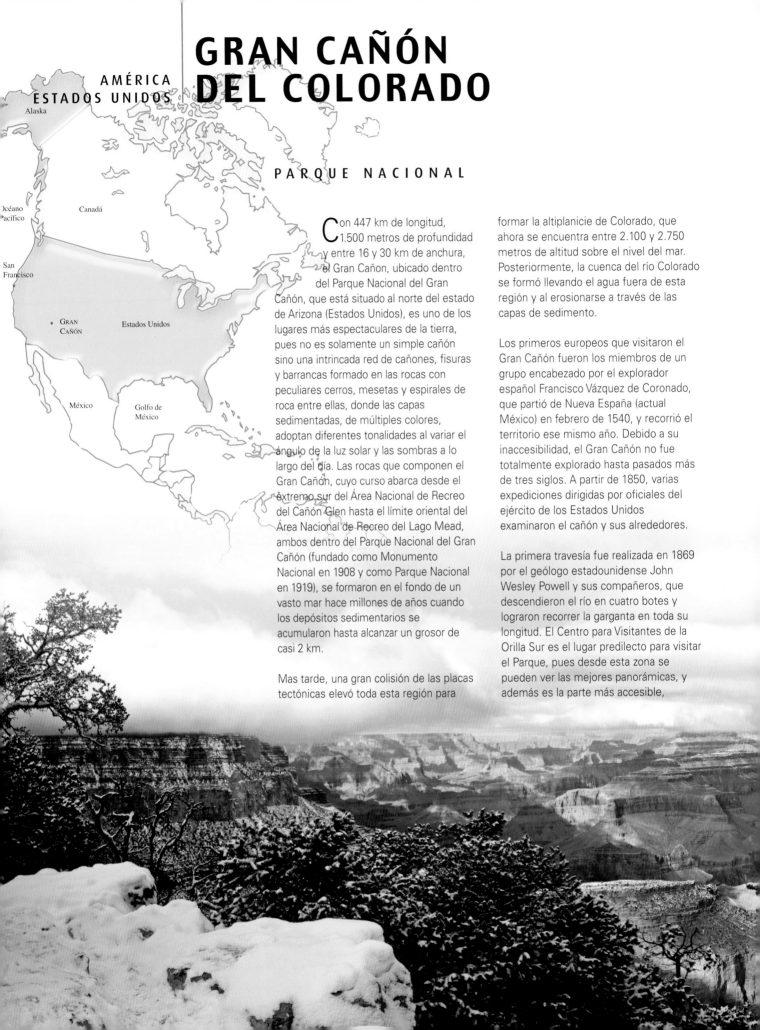

GRAN CAÑÓN DEL COLORADO

PARQUE NACIONAL

Con 447 km de longitud, 1.500 metros de profundidad y entre 16 y 30 km de anchura, el Gran Cañón, ubicado dentro del Parque Nacional del Gran Cañón, que está situado al norte del estado de Arizona (Estados Unidos), es uno de los lugares más espectaculares de la tierra, pues no es solamente un simple cañón sino una intrincada red de cañones, fisuras y barrancas formado en las rocas con peculiares cerros, mesetas y espirales de roca entre ellas, donde las capas sedimentadas, de múltiples colores, adoptan diferentes tonalidades al variar el ángulo de la luz solar y las sombras a lo largo del día. Las rocas que componen el Gran Cañón, cuyo curso abarca desde el extremo sur del Área Nacional de Recreo del Cañón Glen hasta el límite oriental del Área Nacional de Recreo del Lago Mead, ambos dentro del Parque Nacional del Gran Cañón (fundado como Monumento Nacional en 1908 y como Parque Nacional en 1919), se formaron en el fondo de un vasto mar hace millones de años cuando los depósitos sedimentarios se acumularon hasta alcanzar un grosor de casi 2 km.

Mas tarde, una gran colisión de las placas tectónicas elevó toda esta región para formar la altiplanicie de Colorado, que ahora se encuentra entre 2.100 y 2.750 metros de altitud sobre el nivel del mar. Posteriormente, la cuenca del río Colorado se formó llevando el agua fuera de esta región y al erosionarse a través de las capas de sedimento.

Los primeros europeos que visitaron el Gran Cañón fueron los miembros de un grupo encabezado por el explorador español Francisco Vázquez de Coronado, que partió de Nueva España (actual México) en febrero de 1540, y recorrió el territorio ese mismo año. Debido a su inaccesibilidad, el Gran Cañón no fue totalmente explorado hasta pasados más de tres siglos. A partir de 1850, varias expediciones dirigidas por oficiales del ejército de los Estados Unidos examinaron el cañón y sus alrededores.

La primera travesía fue realizada en 1869 por el geólogo estadounidense John Wesley Powell y sus compañeros, que descendieron el río en cuatro botes y lograron recorrer la garganta en toda su longitud. El Centro para Visitantes de la Orilla Sur es el lugar predilecto para visitar el Parque, pues desde esta zona se pueden ver las mejores panorámicas, y además es la parte más accesible,

- CONTINENTE: América.
- PAÍS: Estados Unidos.
- UBICACIÓN: en el Norte de Arizona, a 125 km al norte de Flagstaff (Arizona) y a 250 km al este de Las Vegas.
- CLIMA: en las altiplanicies, por encima del cañón, el clima es riguroso, con calor y frío extremos. Por eso, una buena época para visitar el parque es de abril a mayo y también en octubre, cuando el clima es más benigno, con temperaturas de unos 20 °C.
- CÓMO LLEGAR: desde Nueva York, Atlanta o Los Ángeles, hay vuelos internos hasta Las Vegas, el punto de partida para visitar el parque, aunque también se puede ir desde Nevada, Flagstaff, Arizona o Phoenix. Desde todas estas ciudades se vuela al aeropuerto del Gran Cañón en Tusayan, a sólo unos kilómetros al sur del Centro para Visitantes de la orilla sur. Desde Tusayan se ofrecen excursiones en helicóptero y avionetas para ver el cañón a «vista de pájaro», pero también hay un servicio gratis de autobuses hasta los puntos más interesantes y rutas de senderismo para caminantes más expertos.
- PECULIARIDAD: el río Colorado discurre con un caudal medio de 650 metros cúbicos por segundo, formando al menos un centenar de rápidos.
- GASTRONOMÍA: para muchos, la imagen de la cocina norteamericana está muy ligada a la comida rápida y alejada de la buena cocina. Sin embargo, Estados Unidos es un auténtico crisol culinario. La mayoría de los platos tradicionales de la cocina norteamericana fueron introducidos por los primeros inmigrantes europeos y posteriormente modificados con ingredientes locales. El resultado fue una cocina creada a partir de las tradiciones de los pueblos indígenas y las de los

inmigrantes del Viejo Mundo; una mezcla de tradición e ingenio. Entre los platos más típicos destacan: el pollo frito al estilo de Kentucky, el *meatloaf* (carne molida en molde), las costillas con miel, la carne a la brasa, las patatas asadas, las mazorcas asadas, el pastel de manzana, el *brownie* (pastel de chocolate).
- ALOJAMIENTO: el Servicio de Parques Nacionales mantiene la Villa del Gran Cañón en la orilla sur. En ella se pueden encontrar varios hoteles y restaurantes así como una gasolinera, lavandería y varias tiendas de recuerdos. Y en Tusayan, a 10 km del parque, hay un aeropuerto.
- DIRECCIONES ÚTILES: www.grand.canyon.national-park.com, www.visitarizona.com, www.nps.gov y www.grandcanyon.com

mientras que el Centro para Visitantes de la Orilla Norte es más dificultoso y cierra desde finales de octubre hasta mediados de mayo. Aunque un tranquilo paseo por el camino que bordea, a lo largo de 15 km, la cima sur es una excelente y agradable forma de hacerse una idea del Gran Cañón, para conocerlo realmente lo mejor es caminar hacia el fondo, hasta una profundidad de 1.400 m aproximadamente. Brigth Angel, con 30

kilómetros de ida y vuelta, es uno de los caminos más populares y concurridos del Gran Cañón, aunque no es aconsejable hacerlo en un solo día, sobre todo en julio y agosto, cuando las temperaturas pueden llegar a superar los 45 ºC. Uno de los lugares que no debe perderse quien visite el Parque Nacional del Gran Cañón es la reserva de los indios kavasupai (a 100 km al Oeste de Grand Canyon Village). En estas tierras, ubicadas en lo más profundo del cañón, se encuentra un maravilloso oasis enmarcado por paredes de piedra rojiza y cascadas que llenan los pozos con agua de color turquesa. La enorme variación de altura desde el fondo del cañón al borde septentrional del mismo, da origen a cuatro zonas climáticas y de vegetación diferentes. La parte septentrional, más fría, está cubierta de bosques vírgenes de álamos, pinos, abetos y píceas, mientras que la parte meridional, más cálida, posee unos pocos pinos. La vegetación en las profundidades del valle es la típica de los desiertos, con plantas como la pita y la bayoneta. Entre los animales que habitan el Gran Cañón, destacan: el ciervo, coyote, antílope, puma, lince rojo, halcón de la pradera, halcón peregrino, ardilla de Kaibab, ardilla de Albert y muflón.

SAN FRANCISCO

LA CIUDAD CHIFLADA

Rudyard Kipling dijo que San Francisco era «una ciudad chiflada». Estemos de acuerdo o no, lo que es cierto es que es una ciudad singular, encantadora y muy extrovertida, en la que viven en armonía miles de personas de diferentes nacionalidades, con idiomas, costumbres, formas de vida y hasta arquitecturas muy diversas.

Aquí se han dado cita los movimientos orientalistas, el fenómeno *hippy*, los grandes negocios con la contracultura y los rascacielos con los pequeños apartamentos y, si bien es una ciudad cosmopolita, también resulta a veces casi provinciana. Muestra de ello es que en San Francisco subsisten Chinatown (la mayor colonia china fuera de Asia), Japan Town (el barrio de los japoneses), Russian Hill (donde vive la comunidad rusa), Little Italy (la pequeña Italia) o Polk Street (donde se ubican los polacos). Incluso quienes odian los Estados Unidos, adoran San

Francisco. Sus empinadas calles alineadas con casas de la era victoriana, su gran bahía de color turquesa rodeada de montañas, sus famosos puentes y sus viejos trolebuses, que todavía transportan pasajeros de arriba a abajo por las cuestas de la ciudad, hacen de San Francisco una de las ciudades mas pintorescas y atractivas del país. Además, San Francisco es una ciudad tan increíble, que en ella se fusionan en perfecta armonía barrios tan dispares como el citado Chinatown, el aburguesado Mission, el gay Castro, el noctámbulo SoMa, el hippy Haight-Ashbury y el bohemio North Beach.

La ciudad de San Francisco fue fundada en 1776 cuando el padre fray Junípero Serra construyó la Misión San Dolores para cristianizar a la población indígena nativa y, posteriormente, las tropas españolas construyeron el Presidio, o fuerte, para proteger la colonia para la reina de España. Hacia la mitad del siglo XIX, una pequeña villa, conocida como Yerbabuena, en la que habitaban sobre todo cazadores de ballenas, comerciantes, aventureros y piratas, ocuparon el sitio donde ahora se encuentra San Francisco. En 1848, se descubrieron minas de oro en las faldas de la Sierra Nevada, a 160 km al este, y al año siguiente San Francisco fue inundado con «cuarentaynueves» (*fortyniners*), como eran comúnmente conocidos los buscadores de oro, lo que ocasionó una gran explosión demográfica. Desde entonces ha permanecido como el centro de comercio, cultura y aventura del norte de California.

Hogar de la Generación *Beat*, el *flower power* (movimiento *hippy*), la *Critical Mass* (forma de protesta muy arraigada en Estados Unidos, que se lleva a cabo mediante acciones reivindicativas en bicicleta) y el orgullo gay, San Francisco tiene un carácter único derivado de las diversas culturas de los nativos indígenas combinadas con la de los colonizadores españoles, los aventureros buscadores de oro y los numerosos inmigrantes asiáticos.

El centro de la ciudad, densamente poblado, prácticamente se mete en la montañosa esquina noroeste de la península. Union Square es, por llamarlo de alguna manera, el centro de San Francisco y un batiburrillo de tiendas y buenos hoteles ostentosos, vendedores ambulantes de flores y vagabundos, donde los *Cable car* (funiculares tirados por cable) chirrían al bajar por la parte oeste de la plaza. Merece la pena subir en el ascensor de Nob Hill al *Top of the Mark* (famoso bar, situado en la cima del Mark Hopkins Hotel, desde el que se divisan unas vistas impresionantes). A unas manzanas de Union Square surge Chinatown, uno de los rincones más densamente poblados de la ciudad (en el barrio viven cerca de 30.000 chinos) y también de los más variopintos, por sus tiendas de curiosidades y comida, sus estrechos callejones y sus típicos restaurantes. La época más animada para visitar Chinatown es durante la celebración del Año Nuevo Chino. North Beach, entre Chinatown y Fisherman's Wharf, es una animada zona llena de garitos de striptease, bares, cafés y restaurantes que empezó siendo el barrio italiano de la ciudad y fue posteriormente la cuna de los Beats en los años cincuenta. North Beach está limitado al Este por Telegraph Hill, cuyas escaleras sombreadas por árboles descienden por la empinada cara este de la montaña, y la Coit Tower, uno de los puntos más famosos de la ciudad, pues desde la torre las vistas panorámicas son magníficas.

Fisherman's Wharf (muelle de los pescadores), repleto de centros comerciales, museos y numerosos

hoteles, está situado junto al Norte de Russian Hill (el barrio ruso) y es la puerta de acceso a algunos de los mejores atractivos de la ciudad: Alcatraz, el Museo Marítimo y el Historic Ship Pier. El muelle 39 es el lugar más típico de Fisherman's Wharf, tanto por la colonia de leones marinos que residen allí como por los turistas que lo visitan. Al suroeste del Fisherman's Wharf se encuentra Haight-Ashbury («The Haight»), el barrio que sirvió de hogar al *flower power* a finales de los sesenta, y que hoy día continúa siendo tan variopinto como lo fue entonces, aunque sus hermosas casas victorianas y la proximidad del Parque Golden Gate lo hayan aburguesado. Al sudeste, el apretujado Castro es el centro gay de San Francisco y uno de los lugares imprescindibles para darse una vuelta y disfrutar del ambiente de la calle.

El Parque Golden Gate se extiende casi a lo largo de los 10 km de ancho de la península, desde el Océano Pacífico hasta la Panhandle de Haight. Aparte de los jardines (que incluyen un invernadero de flores y un encantador jardín de té de estilo japonés), lagos (donde se pueden alquilar botes de remos, patines acuáticos y barcas a motor), instalaciones deportivas (para practicar la equitación, el tiro al arco, el softball –una variedad del béisbol que se juega en un campo pequeño y con una pelota blanda y grande–, el golf, los bolos sobre césped, el lanzamiento de herradura y la petanca); el parque también alberga varios museos y un acuario. San Francisco también cuenta con otros amplios espacios al aire libre, como el Lincoln Park Coastal Trail, que es un paseo interesante desde las ruinas de los Sutro Baths en Ocean Beach hasta el extremo noroeste de

la ciudad, conocido como el Lands End, desde donde se pueden tener algunas de las mejores vistas del océano Pacífico y del puente Golden Gate. Al sur del parque Golden Gate se encuentran Twin Peaks y Mt Sutro. Desde la cima de Twin Peaks, a 270 metros de altitud, se disfruta de una magnífica vista sobre toda la bahía, especialmente por la noche. Aunque hay miradores a ambos lados del puente Golden Gate, desde el Vista Point, el que está al Norte, se divisa una impresionante panorámica de San Francisco.

El impresionante puente Golden Gate, que cruza los 3 km de boca de la Bahía de San Francisco (la bahía es el entrante más grande en la costa de California y tiene 100 km de longitud y hasta 20 km de anchura) es el símbolo de San Francisco. Finalizado en 1937, en la actualidad el

puente continua siendo el símbolo de la ciudad a pesar de la competencia de otras obras más modernas. En la época en la que se terminó, el Golden Gate era el puente colgante más largo del mundo y las torres de 224 metros de altura que lo suspendían eran más altas que cualquier otra estructura en el oeste de Nueva York. Desde Fisherman's Wharf y el Embarcadero, mediante transbordador, se puede acceder a otros puntos de interés de la bahía, como la isla de Alcatraz, que fue utilizada como prisión a «prueba de fugas» desde 1933 hasta 1963, y Angel Island, al norte de Alcatraz, que se utilizó como campo de concentración durante la Segunda Guerra Mundial y que es uno de los lugares preferidos de los ciudadanos de San Francisco para pasear, ir de excursión, montar en bicicleta, hacer picnic y acampar.

- CONTINENTE: América.
- PAÍS: Estados Unidos.
- UBICACIÓN: en la costa de California, a 640 km al norte de Los Ángeles. Está situada a lo largo de la orilla de una larga bahía que forma un puerto natural muy vasto, abrigado detrás de la cordillera de la costa.
- CLIMA: son famosas las nieblas que cubren, durante gran parte del año, la costa de San Francisco. En julio y agosto, la niebla hace que el clima sea muy húmedo, y origina un curioso contraste de temperatura con las zonas del interior. En cambio, los meses de noviembre a marzo son relativamente suaves y agradables, y no se registran cambios de temperatura tan bruscos entre la costa y el interior, y la niebla es menos frecuente. Aunque las condiciones meteorológicas locales son impredecibles, generalmente la época más agradable, climatológicamente hablando, va de mediados de septiembre a mediados de noviembre.
- CÓMO LLEGAR: por carretera, en tren (Amtrak es el sistema ferroviario nacional estadounidense y su terminal del área de la bahía está ubicada en la plaza Jack London de Oakland. Un servicio regular de autobuses de enlace empalma con la estación CalTrain de San Francisco y con el embarque a *ferrys* en el embarcadero) y por vía aérea (el área de la bahía dispone de tres importantes aeropuertos: el aeropuerto internacional de San Francisco (SFO) al oeste de la bahía, el aeropuerto internacional de Oakland (OAK), al este de la bahía, y el aeropuerto internacional de San José (SJC), en el extremo sur de la bahía).
- PECULIARIDAD: San Francisco es una ciudad ideal para quienes les gusten las fiestas y los disfraces. El Año Nuevo Chino, a finales de enero o principios de febrero, se celebra en Chinatown con un colorido y entusiasmo muy parecido al de los barrios chinos de Asia. A finales de abril, se celebra en el barrio japonés el *Cherry Blossom Festival*, en el que se realizan demostraciones de artes marciales, ceremonias de té y otras actividades de carácter nipón. El tercer domingo de mayo, alrededor de 100.000 corredores participan en la carrera *Bay to Breakers*, y muchos de ellos van vestidos con atuendos absurdos e incluso algunas veces desnudos. Junio es un mes de celebraciones para la comunidad gay de la ciudad, pues tiene lugar un importante festival de cine y la Semana del Orgullo Gay (la noche antes de la cabalgata se festeja el «Sábado Rosa» en la calle Castro, al que acuden más de 500.000 personas). A finales de junio y principios de julio, los conductores de funiculares compiten para ver quién es el más ruidoso y el más melódico en el *Cable Car Bell-Ringing Championship*. Pero cuando la ciudad de San Francisco se enciende de verdad es durante la celebración de Halloween (31 de octubre), convirtiéndose esa noche en la noche más loca del año, donde cientos de miles de juerguistas disfrazados toman las calles, sobre todo la calle Castro.
- Gastronomía: además de los exquisitos cangrejos de Dungeness, que se recogen en la Bahía entre noviembre y junio, y que se pueden degustar en cualquiera de los puestos callejeros y restaurantes del Fisherman's Wharf, junto con los mariscos de California, como la langosta, camarones, langostinos, almejas y abalone, en San Francisco es muy típico el pan de pasta agria (hogaza blanda y crujiente, de sabor fuerte y picante, que fue el alimento habitual en los tiempos de la fiebre del oro).
- DIRECCIONES ÚTILES: www.sftravel.com, www.visitacalifornia.com y www.visitsfbayarea.com

AMÉRICA
GUATEMALA | LA ANTIGUA

Estados Unidos

México

Guatemala
LAGO ATITLÁN
La Antigua
Honduras

Mar
Caribe

Océano
Pacífico

CIUDAD COLONIAL

La Muy Noble y Muy Leal Ciudad de Santiago de los Caballeros de Guatemala, una de las más importantes en la época colonial en Guatemala, no es solamente un destino turístico, pues cada piedra de las empedradas calles de La Antigua Guatemala tiene una historia que contar; no en vano fue declarada por la UNESCO Patrimonio de la Humanidad y Ciudad de las Américas. En marzo de 1543 fue fundada la ciudad de

Santiago de los Caballeros, hoy La Antigua Guatemala, en el Valle de Panchoy, a los pies del Volcán de Agua. Posteriormente, en 1566, el rey Felipe II le confirió el título de «Muy Noble y Muy Leal» y, a partir de entonces, se convirtió en uno de los más importantes centros de arte y cultura de toda América, particularmente en su edad de oro, comprendida entre 1720 y 1773, año en que fue arrasada por el terremoto de Santa Marta.

Aunque al llegar a la ciudad de La Antigua, capital del departamento de Sacatepéquez, la primera impresión es la de sus imponentes volcanes (el Volcán de Agua, el Volcán de Fuego y el Volcán Acatenango), posteriormente serán sus casonas coloniales, en tonos ocre y pastel, sus templos (conserva 33 templos, construidos en la época colonial, de los cuales ocho todavía funcionan), junto con los indios mayas vendiendo sus peculiares artesanías en los alrededores de la Plaza Mayor, quienes atrapen nuestro interés. Declarada por la UNESCO Patrimonio de la Humanidad, La Antigua es una ciudad ideal

para callejear, tanto por su benigno clima como por su urbanismo, en el que destacaríamos el diseño cuadriculado de sus calles y el respeto al estilo arquitectónico de todas las construcciones. Además, en La Antigua no existen edificios de más de dos plantas, un compromiso estético y práctico, ya que una ciudad que ha sido tantas veces arrasada por los terremotos no puede permitirse tener construcciones altas. El centro de la ciudad lo ocupa, sin lugar a dudas, la Plaza Mayor, que recuerda, por los soportales, a las plazas de Castilla, en España, y que fue el punto de partida para el trazado de La Antigua, el cual es atribuido a Juan Bautista Antonelli. Además, la Plaza Mayor es el mejor lugar para iniciar el recorrido por el casco antiguo o zona monumental.

Varios edificios, como la catedral, el Palacio del Ayuntamiento, el de los Capitanes Generales y el del Cabildo, así como dos museos, el Museo de Armas y el Museo del Libro Antiguo, custodian la Plaza Mayor. El Palacio del Ayuntamiento se encuentra al lado opuesto del Palacio de los Capitanes,

donde ahora está funcionando la municipalidad y el Museo de Armas. Similar en diseño, tiene al igual que el otro edificio una arcada muy bella. Construido en los primeros días del traslado de Almolonga o Ciudad Vieja a Panchoy, ha resistido los terremotos.

Antiguamente, la catedral tenía planta de cruz latina, pero hoy día sólo queda en pie el final del «palo largo» de dicha cruz que se usa de forma transversal. En la actualidad, se están realizando obras de reconstrucción en el resto que permiten hacerse una idea de cómo debía ser la catedral en su máximo esplendor. La orden mercedaria fue una de las primeras en llegar a Guatemala. El Monasterio e Iglesia de La Merced fueron construidos hacia 1760, 13 años antes del gran terremoto de Santa Marta, que dejó a la ciudad en ruinas. La magnífica construcción del edificio, así como su robustez, impidieron que se viniera abajo, siendo tan sólo necesarias algunas reparaciones.

Contemporáneamente a la orden mercedaria, los franciscanos, encabezados por fray Toribio de Benavente, llegaron a la ciudad en 1544 y fundaron la Iglesia y Monasterio de San Francisco, cerca del de la Concepción (totalmente en ruinas ahora, y que era el más grande de toda la ciudad, solamente superado en suntuosidad por el de Santo Domingo). Tras su fundación, el Monasterio de San Francisco se convirtió en el más importante de la ciudad. La fachada de la iglesia cuenta con 18 figuras de estuco representando a santos, todas intactas hasta 1917, cuando un terremoto hizo caer tres desde las hornacinas más elevadas. De todo el complejo, sólo la capilla de la Tercera Orden (ahora reconstruida y en uso) sobrevivió al terremoto de 1773. Una de las obras mejor conservadas de la ciudad es el Convento de Capuchinas, fundado por hermanas procedentes del Convento de Capuchinas de Madrid (España). Aunque los terremotos de Santa Marta (1773) destruyeron la iglesia del convento dedicada a San Miguel (el templo constaba de una sola nave y en el altar mayor hubo cinco o seis retablos, algunos de los cuales fueron trasladados por las monjas al templo de San Miguel de Capuchinas de la ciudad de Guatemala), el convento no sufrió daños mayores.

Es espectacular la Torre del Retiro, llamada así porque a su alrededor se encuentran 18 celdas utilizadas por las monjas para retiros y ejercicios espirituales. La torre, que consta de tres niveles de forma circular con un patio central y celdas a su alrededor, aunque hoy día sólo se puede visitar el patio intermedio, cuenta además con un complejo sistema de drenajes y retretes que van a dar a la calle. Antiguamente, en esta torre funcionó una tintorería. En la actualidad, es la sede del Consejo para la Protección de La Antigua Guatemala.

- CONTINENTE: América.
- PAÍS: Guatemala.
- UBICACIÓN: a 45 km de la ciudad de Guatemala, en el departamento de Sacatepéquez, en el Valle de Pachoy.
- CLIMA: la temperatura media anual es de 24 °C. Hay dos estaciones: la lluviosa y más cálida, de mayo a octubre, y la seca, de noviembre a abril. Las lluvias son de corta duración y suelen caer por la tarde y la noche.
- CÓMO LLEGAR: en avión hasta la ciudad de Guatemala y desde allí, por carretera, hasta La Antigua.
- PECULIARIDAD: en las cercanías de La Antigua existen numerosos «beneficios» (fincas) de café, y algunos de ellos, que esconden hermosas haciendas solariegas, se pueden visitar.
- GASTRONOMÍA: entre los platos típicos de la cocina de la zona, destacan el *subanic* (carnes de res, pollo y cerdo con salsa picante y tomate), acompañado de *piloyes* (frijoles rojos con jamón, queso y chorizo), el pepián (pollo en salsa con semillas de calabaza y chiles) y el revolcado (vísceras y cara de cerdo en salsa). En cuanto a la bebida, no hay que dejar de probar la horchata (elaborada con arroz, canela y semillas de tamarindo).
- DIRECCIONES ÚTILES: www.laantigua-guatemala.com, www.visitguatemala.com y www.aroundantigua.com

LAGO ATITLÁN

Y LOS GRANDES VOLCANES

Rodeado por tres imponentes volcanes (Atitlán, Tolimán y San Pedro), el lago Atitlán, considerado por muchos el lago más bello del mundo, ocupa el cráter de un volcán que entró en erupción hace 85.000 años. Situado a 1.562 metros de altitud, con un perímetro de 132 km y una profundidad de 305 metros, en sus aguas se reflejan oscuras montañas de color púrpura, pequeñas iglesias coloniales de fachadas blancas y una frondosa vegetación verde esmeralda. En sus orillas habitan 12 comunidades indígenas mayas, cada una de las cuales recibe el nombre de un apóstol (San Francisco de Panajachel, Santa Catarina Palopó, San Antonio Palopó, San Lucas Tolimán, Santiago Atitlán, San Pedro La Laguna, San Juan La Laguna, San Pablo La Laguna, San Marcos La Laguna,

Tzunumá, Santa Cruz La Laguna y San Jorge La Laguna), que hoy día mantienen vivos su idioma, cultura y forma de vida propios.

El punto de partida para recorrer el Parque Nacional del Lago Atitlán (fundado en 1955), que ocupa el área circundante del lago, es San Francisco de Panajachel, en la orilla norte del lago, un poblado precolombino ubicado entre cafetales, jardines y huertas, pues desde su embarcadero parten muchas de las rutas que se realizan por el lago, y en él también se alquilan kayacs y piraguas para uso individual. Los dos edificios más notables del pueblo son la iglesia de San Francisco de Asís, con un curioso tejado de madera, y el Ayuntamiento. También es muy característico el mercado de artesanía, situado en dirección a la colina, que se celebra todos los domingos. Desde Panajachel, siguiendo el sentido de las agujas del reloj, el primer punto de la ruta por el Lago Atitlán es Santa Catarina Palopó, coronada por una iglesia encalada de blanco, a donde se puede llegar andando, pues se encuentra a sólo 4 km de Panajachel y, además, a mitad de camino, desde el mirador Godínez, se contemplan unas hermosas vistas de la zona.

El siguiente enclave de la ruta es San Antonio de Palopó, en cuya iglesia blanca

de San Antonio de Padua, del siglo XVI, se venera la imagen del santo, al que las mujeres casaderas acuden para que les ayude a encontrar novio. Subiendo hacia la montaña se encuentran unas fuentes termales y una cueva donde se practican ritos ceremoniales. A San Lucas Tolimán, un pueblecito milagrosamente incrustado en las faldas del Volcán Tolimán, tan sólo se puede acceder en barco. Una vez allí, se puede subir al volcán Tolimán y también al Atitlán (aunque la subida es bastante complicada, merece la pena realizarla pues las vistas son impresionantes). Desde los pies de ambos cráteres, se llega a Santiago Atitlán, en donde es obligado visitar la iglesia de Santiago Apóstol, fundada en 1547, y sobre todo la casa de Maximón, un santo pagano engalanado con ropas occidentales, al que los indígenas ofrecen un culto mezcla de rituales tradicionales y paganos. La siguiente parada es en San Pedro de La Laguna, donde se puede ascender al volcán San Pedro, cubierto de selva tropical.

A un par de kilómetros de San Pedro se encuentra San Juan La Laguna, donde hay un interesante mercado artesanal, en el que los indígenas cakchiquel ofrecen sus productos. Desde aquí, atravesando hermosos cafetales, se llega a San Pablo La Laguna, donde los tenderetes artesanales de los lugareños están colocados en torno a la fachada colonial de la iglesia. A menos de

• CONTINENTE: América.
• PAÍS: Guatemala.
• UBICACIÓN: a 144 km de Ciudad de Guatemala, en el departamento de Sololá.
• CLIMA: debido al hecho de no tener temperaturas extremas, a Guatemala se le llama el «País de la Eterna Primavera». El clima en la zona que rodea el lago Atitlán es templado y muy agradable, y la temperatura media anual oscila entre los 18 y 25 °C.
• CÓMO LLEGAR: por carretera desde Ciudad de Guatemala.
• PECULIARIDAD: Maximón, Rij Laj para los indígenas de Santiago Atitlán, es una deidad propia de la cultura maya que fue aceptada por el catolicismo de la zona bajo el nombre de San Simón, aunque posteriormente fue expulsado de las iglesias por considerarle un enemigo de la religión católica. La imagen de Maximón, vestida de ropa occidental, con un montón de chaquetas, pañuelos, sombreros y zapatos, además de un puro en la boca, es cuidada cada año por una familia del pueblo, que se encarga de que no le falte nunca de beber ni de fumar. Durante la Semana Santa, se le saca en procesión y, tras bañarle en el río y vestirle al modo occidental, además de colocarle el puro en la boca, se le lleva a la plaza del pueblo, a la espera del Viernes Santo, día en que sale en procesión junto al Cristo del Santo Entierro, durante la cual hay un estrambótico enfrentamiento entre ambas imágenes.
• GASTRONOMÍA: la base de la cocina maya y guatemalteca es el maíz, con el que se elaboran las tortillas, que se toman solas o como acompañamiento de guisos. El maíz es también el ingrediente básico de los tamales, que se toman rellenos de carne, con frijoles o envueltos en hojas de chaya. Uno de los platos más sabrosos de esta cocina es la carne asada a la brasa con frijoles machacados, queso fresco, guacamole, plátano frito y chirmol (salsa de cilantro, cebolla y tomate).
• ALOJAMIENTO: en San Francisco de Panajachel, Santa Catarina Palopó, San Antonio Palopó, Santiago Atitlán y San Marcos La Laguna.
• DIRECCIONES ÚTILES:
www.visitguatemala.com,
www.atitlantour.com y ww.inguat.gob.gt

3 km, un puñado de casitas forman el poblado de San Marcos La Laguna, cuyos habitantes se dedican al cultivo de tomates y cítricos, al igual que sus vecinos de Tzunumá. El siguiente enclave de la ruta es el poblado de Santa Cruz La Laguna, a 1.600 metros de altitud, desde donde se disfrutan las mejores vistas del Lago Atitlán y de sus volcanes. El poblado tiene además una iglesia del siglo XVI y un singular mercado,

en el que los lugareños, ataviados con el traje típico, de color rojo intenso, ofrecen sus productos.

El final del recorrido por el Lago Atitlán es San Jorge La Laguna, fundado en 1773 por ciudadanos de La Antigua Guatemala que salieron de la ciudad tras el terremoto de Santa Marta, ocurrido ese mismo año.

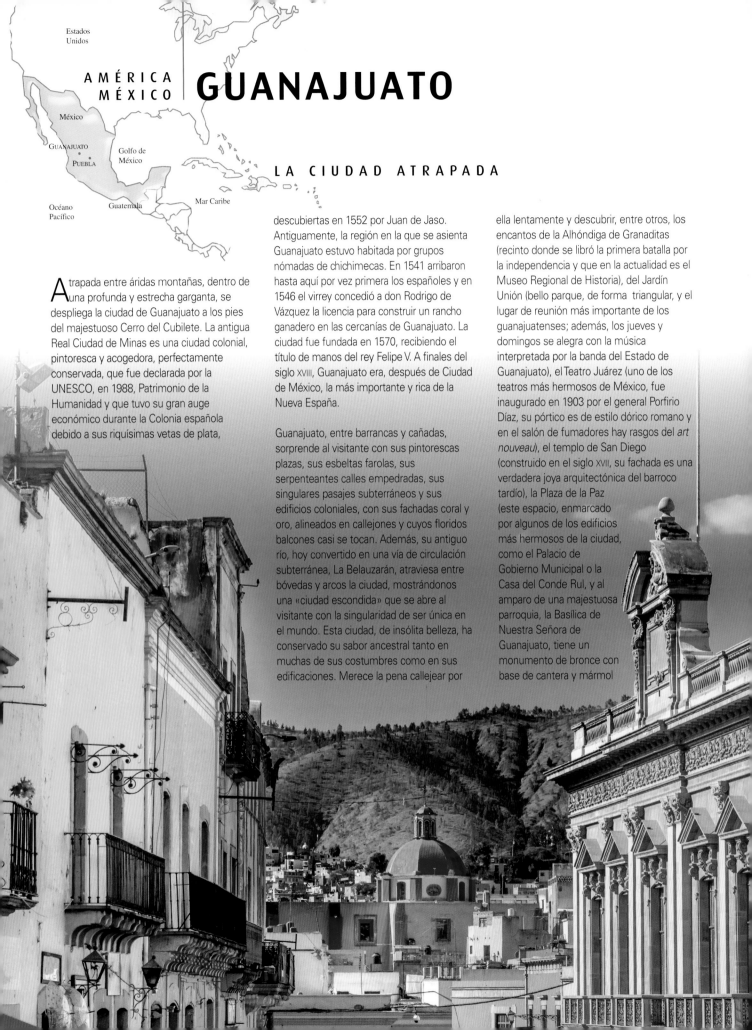

GUANAJUATO

LA CIUDAD ATRAPADA

Estados
Unidos

México

GUANAJUATO

PUEBLA

Golfo de
México

Océano
Pacífico

Guatemala

Mar Caribe

Atrapada entre áridas montañas, dentro de una profunda y estrecha garganta, se despliega la ciudad de Guanajuato a los pies del majestuoso Cerro del Cubilete. La antigua Real Ciudad de Minas es una ciudad colonial, pintoresca y acogedora, perfectamente conservada, que fue declarada por la UNESCO, en 1988, Patrimonio de la Humanidad y que tuvo su gran auge económico durante la Colonia española debido a sus riquísimas vetas de plata,

descubiertas en 1552 por Juan de Jaso. Antiguamente, la región en la que se asienta Guanajuato estuvo habitada por grupos nómadas de chichimecas. En 1541 arribaron hasta aquí por vez primera los españoles y en 1546 el virrey concedió a don Rodrigo de Vázquez la licencia para construir un rancho ganadero en las cercanías de Guanajuato. La ciudad fue fundada en 1570, recibiendo el título de manos del rey Felipe V. A finales del siglo XVIII, Guanajuato era, después de Ciudad de México, la más importante y rica de la Nueva España.

Guanajuato, entre barrancas y cañadas, sorprende al visitante con sus pintorescas plazas, sus esbeltas farolas, sus serpenteantes calles empedradas, sus singulares pasajes subterráneos y sus edificios coloniales, con sus fachadas coral y oro, alineados en callejones y cuyos floridos balcones casi se tocan. Además, su antiguo río, hoy convertido en una vía de circulación subterránea, La Belauzarán, atraviesa entre bóvedas y arcos la ciudad, mostrándonos una «ciudad escondida» que se abre al visitante con la singularidad de ser única en el mundo. Esta ciudad, de insólita belleza, ha conservado su sabor ancestral tanto en muchas de sus costumbres como en sus edificaciones. Merece la pena callejear por

ella lentamente y descubrir, entre otros, los encantos de la Alhóndiga de Granaditas (recinto donde se libró la primera batalla por la independencia y que en la actualidad es el Museo Regional de Historia), del Jardín Unión (bello parque, de forma triangular, y el lugar de reunión más importante de los guanajuatenses; además, los jueves y domingos se alegra con la música interpretada por la banda del Estado de Guanajuato), el Teatro Juárez (uno de los teatros más hermosos de México, fue inaugurado en 1903 por el general Porfirio Díaz, su pórtico es de estilo dórico romano y en el salón de fumadores hay rasgos del *art nouveau*), el templo de San Diego (construido en el siglo XVII, su fachada es una verdadera joya arquitectónica del barroco tardío), la Plaza de la Paz (este espacio, enmarcado por algunos de los edificios más hermosos de la ciudad, como el Palacio de Gobierno Municipal o la Casa del Conde Rul, y al amparo de una majestuosa parroquia, la Basílica de Nuestra Señora de Guanajuato, tiene un monumento de bronce con base de cantera y mármol

- CONTINENTE: América.
- PAÍS: México.
- UBICACIÓN: capital del Estado de Guanajuato, está ubicada al pie de los volcanes Iztaccíhuatl y Popocatépetl. Se encuentra a 432 km de Ciudad de México.
- CLIMA: templado, la temperatura media anual es de 18 °C y la mínima está alrededor de los 6 °C en enero. La época de lluvias transcurre de junio a octubre.
- Cómo llegar: por carretera y por vía aérea hasta el aeropuerto internacional del Bajío.
- Peculiaridad: en octubre, la ciudad entera se convierte en un auténtico Retablo de las Maravillas durante la celebración del Festival Internacional Cervantino, en el que destacan los Entremeses que se interpretan en plazas y rincones por jóvenes estudiantes universitarios, junto con la actuación de conocidos grupos y solistas, cantantes de ópera, músicos de jazz, bailarines de danza moderna y folclórica y grupos tradicionales y experimentales de teatro.
- GASTRONOMÍA: las empanadas de *carnitas* (elaboradas con puré de papas, harina, masa y sal, fritas y acompañadas de lechuga y rábano picado), el *pico de gallo*, las enchiladas mineras (van acompañadas de una pieza de pollo frito, zanahorias y papas cocidas), el *caldo michi* (elaborado con verdura picada, zanahoria, chayote, calabaza, col y apio, además de trozos de filete de pescado), el espinazo de cabra, los huevos borrachos, los hongos totolcoxcatl en escabeche y el mole de cadera estilo Tehuacán. Entre los dulces típicos, destacan las charamuscas y las ricas fresas de Irapuato (son las mejores del país y se pueden adquirir recién cosechadas o cristalizadas). Por lo que respecta a las bebidas, merece la pena probar el agua de betabel, conocida también como «lágrimas de la Virgen» (se prepara con betabel, lima, manzana, plátano, lechuga, naranja y azúcar al gusto), la *cebadina* (bebida carbonatada que se elabora con vinagre de piña, al que se le agrega agua de tamarindo y jamaica; después, se deja reposar y se almacena en una barrica de roble y, posteriormente, se sirve con una cucharada de carbonato de calcio por cada vaso) y el licor de fresa (bebida típica de la ciudad de Irapuato que se prepara con la miel que se extrae de la fresa; una vez cocida y seca, se le agrega alcohol).
- DIRECCIONES ÚTILES:
www.visitmexico.com y
www.guanajuato.gob.mx/turismo

hecho para conmemorar el fin de la guerra de Independencia, popularmente conocido como «La Mona»), el Palacio Legislativo (construido a finales del siglo XIX, su fachada es de estilo neoclásico y el interior muestra influencia del *art nouveau*), el Templo de la Compañía (situado sobre un promontorio, es un magnífico ejemplo del arte churrigueresco), la mansión del Conde de Rul, la universidad (imponente construcción, realizada en cantera verde, que se caracteriza por su amplia escalinata y, sobre todo, por ser el centro de la actividad artística y cultural de la ciudad), el templo y plazuela de San Roque (del templo, que data de 1726, destaca su fachada, de estilo barroco sobrio). Por lo que respecta a la plazuela, en ella se escenifican, desde 1953, los entremeses cervantinos que dieron origen al famoso Festival Internacional Cervantino. Destaca también el Callejón del Beso (romántico rincón formado por dos balcones, famosos por la leyenda de amor a la que debe su nombre), la plaza del Baratillo (debe su nombre al tianguis que antiguamente se instalaba los domingos, en el que los comerciantes pregonaban lo barato de sus mercancías) y la plaza de San Fernando (típica plaza guanajuatense rodeada de bellas casas coloniales, donde además de tiendas de artesanía y antigüedades, hay restaurantes de comida típica).

Imprescindible pasar por la Presa de la Olla, el Jardín Morelos (rodeado de construcciones de los siglos XVII al XIX, está poblado por frondosos laureles) y el monumento al «Pípila» (erigido en honor de Juan José de los Reyes Martínez, apodado «el Pípila», quien hizo posible la toma de la Alhóndiga de Granaditas), desde el que se aprecia una bella vista panorámica de la ciudad. El Jardín del Contador, un sombreado parque del siglo XIX, encierra la leyenda de un cantante que vivió en la ciudad en la etapa final de la Colonia española. Fuera ya de la ciudad, el viajero no debe perderse un agradable e interesante paseo por el llamado Circuito de las Minas, que se desarrolla a lo largo de 17 km desde el cerro del Caliche al cerro de San Miguel, y en el que se puede disfrutar, haciendo paradas en varios miradores, de magníficas vistas de Guanajuato, o también visitar algunas de las minas que dieron origen a esta ciudad.

CIUDAD DE LOS ÁNGELES

Llamada también «La Puebla de los Ángeles» (pues según la leyenda los ángeles trazaron sus calles rectas para hacer más fácil el recorrido por ella), Puebla es, sin duda, la ciudad mexicana que mejor conserva su sabor colonial. Ubicada en una llanura, al llegar a ella, se llegue de donde se llegue, lo primero que se ven son sus tres grandes volcanes: el Pico de Orizaba, el Popocatépeti y el Iztaccihuati, y la Malinche. Sus edificios de argamasa, ladrillo y azulejos confieren a Puebla su especial policromía, que se ve enriquecida por numerosas construcciones con fachadas de yesería dorada, convirtiéndola en una de las ciudades más singulares y personales de México. La belleza de sus calles, casas y balcones de ángulo la confieren una personalidad propia, llena de

luz y color, que le ha servido para ser declarada por la UNESCO, en 1987, Patrimonio Cultural de la Humanidad. La Capilla Real, anexa al Convento de San Gabriel, fue construida durante la época colonial con el propósito de impartir la doctrina católica a los indígenas y recuerda a las mezquitas árabes, tanto por su forma como por su estructura. Su techo, digno de admiración, está compuesto por 49 cúpulas que cubren las siete naves del templo y las dos series de capillas laterales. En el interior se conserva una pila de agua bendita con rasgos indígenas y franciscanos.

La Casa del Alfeñique (clasificada como una obra de estilo barroco churrigueresco, donde además se combina el ladrillo y el

azulejo), que en la actualidad alberga el Museo del Estado, es uno de los edificios más interesantes de la ciudad. Construido en el siglo XVIII, debe su nombre a su abundante y fina ornamentación de argamasa blanca parecida a los famosos dulces poblanos de azúcar llamados alfeñiques (turrón de almendra). En el interior, concretamente en el patio principal, destaca una preciosa fuente de cantera con fondo de azulejos de Talavera. En el museo se exhiben códices indígenas del siglo XVI, armaduras españolas, planos, fotografías, pinturas, carruajes y una colección de vestidos antiguos, entre los

que destacan los de la china poblana (vestimenta de las mujeres que servían en las casas acomodadas). Sin duda, uno de los edificios emblemáticos de Puebla es la Biblioteca Palafoxiana, que ocupa parte de lo que antaño fuera el Palacio del Arzobispado y sede del obispado de Tlaxcala, obra del siglo XVII. En 1646 el obispo Juan de Palafox y Mendoza donó su colección de libros y fundó la actual biblioteca, que conserva una riquísima colección de obras incunables y está considerada la más importante en Teología de Iberoamérica.

Una de las fachadas más bellas de Puebla es la del Museo Universitario, conocido también como Casa de los Muñecos, pues alberga un singular conjunto de 16 figuras semidesnudas, realizadas en azulejos de Talavera. Construida en 1792, sus muros están recubiertos con ladrillos y azulejos, y en su fachada, entre el entresuelo y el nivel superior, se abren numerosos balcones con jambas de argamasa blanca, alternando con tableros de azulejos que representan figuras humanas danzando. Uno de los lugares más típicos de Puebla es el barrio de Los Sapos, una explanada rodeada por casas típicas virreinales, que en la actualidad albergan bazares de antigüedades, restaurantes donde disfrutar de la cocina poblana y animados bares. Los sábados y los domingos se celebra un tradicional mercadillo de antigüedades.

A las afueras de Puebla, concretamente en el Centro Cívico 5 de Mayo, se encuentran los Fuertes de Loreto y Guadalupe, que fueron construidos en el siglo XIX para defender la ciudad, especialmente de las tropas francesas. En estos fuertes tuvo lugar un hecho histórico de importancia nacional. Sucedió el 5 de mayo de 1862, cuando las tropas de los generales Felipe Berriozábal, en el Fuerte de Loreto, e Ignacio Zaragoza, en el de Guadalupe, asestaron una importante derrota al ejército francés.

Sobre estas líneas: Palacio del Gobierno. A la izquierda: catedral de Nuestra Señora de la Inmaculada Concepción.

- CONTINENTE: América.
- PAÍS: México.
- UBICACIÓN: capital del Estado de Puebla, está enclavada el altiplano central de México, en la parte centro-oeste del Estado y al sur de Ciudad de México.
- CLIMA: templado-húmedo, con lluvias en julio. La temperatura media oscila entre los 20 y los 30 °C.
- CÓMO LLEGAR: se puede acceder por vía aérea hasta el Aeropuerto Hermanos Serdán, que está a 22 km al oeste de Puebla, aunque resulta más sencillo y recomendable volar hasta la Ciudad de México y, desde allí, ir por carretera.
- PECULIARIDAD: una de las fiestas más espectaculares y distintivas del alma y del espíritu mexicanos es el Día de Muertos, que en la ciudad de Puebla se celebra muy especialmente. Entre el 1 y el 2 de noviembre, los mexicanos celebran el retorno de las almas de sus seres queridos, preparándoles ofrendas engalanadas con flores de Zempasuchitl, ofreciéndoles sus mejores guisos y dándoles un homenaje con su bebida preferida, dulces y hasta tabaco. Toda estas ceremonias se realizan en las casas, donde se monta un altar, pero también en los cementerios, que se engalanan de flores. Además, los mercados se llenan de dulces con forma de esqueletos y calaveras.
- GASTRONOMÍA: la cocina poblana es heredera de gustos, especias, condimentos y recursos españoles y de Oriente, enriquecidos con el maíz, el pavo, el chile y el tomate, propios de estas tierras, donde siguen creando y han desarrollado una exquisita nueva cocina mexicana. Otro de los secretos de la cocina poblana son sus ollas de barro, sus metates y sus cucharas de madera, que tienen un estilo especial, diferente a todas las del país. Originales de Puebla son el mole poblano (una increíble salsa elaborada con 20 ingredientes de tres continentes, entre otros muchos platos.
- DIRECCIONES ÚTILES: www.puebla.travel/es, www.turista.com.mx/puebla y www.turismo.puebla.gob.mx

EL VOLCÁN MOMBACHO

Granada, fundada el 8 de diciembre de 1524 por el español Francisco Hernández de Córdoba (hoy recordado en un monumento ubicado junto al muelle, a orillas del lago de Nicaragua) y llamada así en honor a la ciudad española de Granada, lugar de nacimiento de su fundador, es la población más antigua en tierra firme del continente americano, pues es la única que se mantiene en su primitivo asentamiento. Situada a la sombra del volcán Mombacho, Granada es una de las más bellas urbes coloniales de toda América y por la que deambular por sus calles no sólo es un reencuentro con la historia sino un

auténtico placer para los sentidos. Varios son los sitios que el viajero no debe perderse durante su visita a esta ciudad como, por ejemplo, el parque Colón (también llamado Zócalo de Atlixco), la catedral, la decimonónica Casa Pellas y la de Los Tres Mundos, la Plazuela de los

Leones, las iglesias de Xalteva, de Guadalupe y de la Merced, el Ayuntamiento y, por supuesto, la iglesia de San Francisco que, fundada en 1529, es la primera iglesia de la ciudad y uno de los edificios coloniales más importantes de Centroamérica; tiene un convento adjunto que actualmente es un museo donde se alberga gran parte de las esculturas precolombinas de Nicaragua. Uno de los mayores atractivos de la ciudad de Granada son sus alrededores. Al estar enclavada a orillas del lago de Nicaragua o Cocibolca (es el mayor lago de Centroamérica: cubre un área de 8.000 km², tiene cerca de 160 km de longitud y una anchura máxima de unos 72 km, y está situado a 31 m sobre el nivel del mar), es ineludible dar un paseo en barco desde La Cabaña Amarilla o el puerto de Asese y adentrarse en un viaje

Sobre estas líneas: el hospital San Juan de Dios en Granada, Nicaragua. La construcción comenzó 1886, se abrió en 1888 y cerró en 1998. Abajo: vista panorámica de la ciudad de Granada. Abajo a la derecha: el volcán Mombacho, que tiene una altura de más de 1.300 metros.

ecológico increíble en canoa por entre 350 pequeñas islas originadas por una antigua y violenta explosión del Volcán Mombacho, las conocidas «Isletas de Granada».

La Reserva Natural Volcán Mombacho (1.328 metros de altitud) merece un punto y aparte en el recorrido por el Departamento de Granada. Reconocida como uno de los últimos refugios de selva tropical de Nicaragua, permite al visitante, a través de 1.500 metros de senderos localizados en la cima, recorrer con la vista las montañas chontaleñas, la región de los pueblos, el gran lago Nicaragua o Cocibolca

y la costa del Pacífico, y descubrir sus bosques bajos y llenos de neblina, sus maravillosas orquídeas y bromelias, sus exuberantes helechos y la gran variedad de aves y mariposas que han elegido este idílico lugar como habitat. Nicaragua cuenta nada menos que con 643 especies de peces, 3.716 de moluscos, 58 de corales, 62 de anfibios, 172 especies de reptiles, entre 10.000 y 15.000 de insectos, 676 de aves (entre las que destacan el quetzal, el jilguero, la chachalaca negra, el pájaro campana y el tucán verde), 251 mamíferos y un total de 1.804 especies de vertebrados.

- CONTINENTE: América.
- PAÍS: Nicaragua.
- UBICACIÓN: capital del Departamento de Granada, se encuentra en el suroeste de Nicaragua y en el noroeste del lago de Nicaragua, a 47 km de la capital.
- CLIMA: seco y con bajas precipitaciones, las temperaturas oscilan entre los 27 y los 32 °C durante la estación lluviosa, comprendida entre mayo y octubre, y entre los 30 y los 35 °C en la estación seca, que va de noviembre a abril.
- CÓMO LLEGAR: en avión hasta Managua y, desde allí, por carretera hasta Granada.
- PECULIARIDAD: por encontrarse en una región tropical, Nicaragua cuenta entre sus muchas riquezas naturales con más de 678 especies clasificadas de orquídeas, aunque se estima que pueden llegar a ser más de 1.400 en total. Sus colores van desde suaves tonos pastel hasta vibrantes e intensos colores. De igual manera que con el colorido, sus fragancias pueden ser imperceptibles o muy acentuadas e incluso algunas especies sólo emiten su perfume durante ciertas horas del día.
- GASTRONOMÍA: el plato nacional de Nicaragua es el gallopinto, conocido también como el plato de los pobres (frijoles rojos, arroz y huevos), pero también son muy típicos el mondongo, los tamales (carne con verduras), los nacatamales, el queso asado, los camarones empanados, la sopa de frijoles, la gallina rellena y el indio viejo, todos ellos aliñados con salsas ricas en chile. En los bares son muy corrientes las bocas (tapas) de manita de chancho para acompañar la cerveza. Como postre se suele tomar fruta o jugo de frutas y también algún dulce elaborado con masa de maíz, queso, azúcar y especies, como las rosquillas. En cuanto a las bebidas, son tradicionales el pozole (maíz cocido y molido, al que se después se agrega agua o leche y azúcar), el pinolillo (elaborado con maíz crudo y tostado al cual se puede agregar durante la tostadura cacao y/o canela) y la chicha (hecha con el maíz fermentado y posteriormente molido).
- DIRECCIONES ÚTILES: www.intur.gob.ni, www.visitnicaragua.com y es.voyagenicaragua.org

LÍNEAS NAZCA

LOS BORDADOS DE LOS DIOSES

Declaradas por la UNESCO Patrimonio Histórico y Cultural de la humanidad, las impresionantes y enigmáticas líneas de Nazca o Nasca, consideradas como un «bordado de los dioses», están compuestas por un conjunto de figuras zoomorfas, fitomorfas y geométricas grabadas en la superficie de las mesetas desérticas de cuatro pampas del desierto peruano (Palpa, Ingenio, Nasca y Socos) y que sólo se pueden apreciar sobrevolándolas a 200 metros de altura como mínimo, pues desde la superficie pasan desapercibidas, ya que se extienden sobre más de 500 km² (lo que demuestra un gran conocimiento geométrico de los antiguos peruanos). Parece ser que fueron realizadas entre los años 200 a.C. y 600 d.C. por los peruanos de las culturas Paracas y Nasca (este pueblo tambén era conocido por sus sistemas de riego y su espectacular trabajo textil).

Aunque en 1927 Mejía Xespe se enteró de la existencia de estos dibujos en la pampa de Nazca, la ciencia, que por aquel entonces no respondía ante ciertos yacimientos o descubrimientos arqueológicos, pasó por alto este descubrimiento. Afortunadamente, años más tarde, concretamente en 1939, el arqueólogo estadounidense Paul Kosok recorrió los caminos de este desierto con una pizarra en sus manos, en la que iba reflejando todos los senderos, pistas y surcos que encontraba. A partir de 1946, fue Maria Reiche, su ayudante, quien continuó el trabajo arqueológico una vez que Kosok regresó a su país. Considerada la mayor especialista de este fenómeno, la matemática y arqueóloga María Reiche (1903-1998) dedicó su vida al estudio y la custodia de las milenarias líneas. Reiche sostenía que, básicamente, las líneas eran figuras que representan el movimiento de las estrellas y que antiguamente habrían

permitido registrar las estaciones, algo muy necesario para el desarrollo de la agricultura. En resumen, se trataría de un monumental calendario astronómico cuyas figuras marcarían los distintos periodos o fases solares. Fue también Reiche, llamada por los lugareños el «Ángel de las pampas», quien descubrió la ancestral práctica de hacer hendiduras en el duro y seco suelo del desierto para recubrirlas posteriormente con piedras extraídas de lejanos parajes. El componente de yeso natural que existe en la región habría contribuido a fijar, durante miles de años, las célebres imágenes. Un aspecto que despierta gran curiosidad es la conservación de los dibujos de las líneas de Nazca a través de los siglos, sobreviviendo a terremotos, lluvias, polvo y viento. Los científicos apuntan principalmente a tres elementos como causantes del «milagro». En primer lugar, la climatología de la zona resulta decisiva para ello, ya que aproximadamente cada dos años llueve media hora. En segundo lugar, la composición del suelo con alto contenido en yeso mantiene las piedras sujetas. Por último, el color oscuro de estas piedras mantiene el aire caliente y protege los surcos del viento. Aunque son muy numerosas las figuras geométricas, espirales, meandros, animales, hombres y vegetales que componen las líneas de Nazca, lo más representativo son los dibujos de animales, sobre todo de aves, que miden entre 25 y 275 metros de longitud, como el «Colibrí» (una de las figuras más famosas; la distancia entre las alas alcanza los 66 metros) o el «Pájaro Gigante» (de 300 metros de largo y 54 de ancho, su largo cuello apunta hacia el sol naciente y se dice que las mañanas de junio, si quien lo mira desde el aire se sitúa en la cabeza y sigue la dirección del pico verá cómo señala la dirección del amanecer). También son muy espectaculares las representaciones de la «Araña» (realizada sobre un borde trapezoidal del relieve, mide 46 metros de longitud) y el «Mono» (identificado con la Osa Mayor, mide 135 metros).

Fuera ya de las líneas de Nazca, al este de la ciudad de Nazca se encuentra otro enclave de singular atractivo. Se trata del poblado de Cahuachi, uno de los centros religiosos más importantes de la cultura Nasca. En el poblado, además de poder observar pirámides de adobe, grandes plazas y cementerios, el viajero puede degustar los deliciosos «postres de algarrobo» que se ofrecen cerca de las ruinas.

- CONTINENTE: América.
- PAÍS: Perú.
- UBICACIÓN: en el suroeste de Perú, a 25 km de la pequeña ciudad de Nasca, en la pampa peruana, en el Departamento de Ica.
- CLIMA: desértico y sin apenas lluvias. De diciembre a marzo es cuando hace más calor. Ser una de las zonas más secas del planeta (la temperatura media es de 25 °C) ha beneficiado la conservación de los dibujos.
- CÓMO LLEGAR: en avión desde Lima hasta Nazca y, también, por carretera desde Lima o Arequipa. Una vez en Nazca, se sobrevuelan, en avioneta, las líneas de Nazca (también salen avionetas desde Ica) y en las Pampas de San José hay un mirador desde el que se puede apreciar parte de la inmensidad de las líneas.
- PECULIARIDAD: según las investigaciones realizadas, los trazados de las líneas de Nazca se realizaron despejando el suelo de una fina capa de piedras oscuras que cubre la zona. Las figuras geométricas están realizadas sobre el piso, independientemente de los desniveles del territorio, pues las líneas están colocadas para facilitar su observación desde el aire. Por esta razón, no son tan rectas o tan curvas como se observa en las fotografías aéreas, sino que aprovechan las distintas alturas para causar efectos ópticos de volumen y longitud. Técnicamente el trazado de las líneas de Nazca es perfecto, pues las líneas rectas sólo sufren desviaciones en algunos kilómetros y las curvas son muy precisas. Además, teniendo en cuenta las posibles técnicas de dibujo de hace cientos de años, la localización en medio del desierto y la ausencia de elevaciones posibles, las proporciones de los dibujos son bastantes correctas y apreciables.
- GASTRONOMÍA: la cocina peruana tiene la fama de ser una de las mejores de América Latina, gracias a la gran variedad y riqueza de ingredientes y a la mezcla de tradiciones occidentales y orientales, pues a lo largo de siglos Perú ha recibido la influencia española en sus guisos y sopas, la árabe en sus dulces, la africana en la comida criolla, la italiana en las pastas, la japonesa con sus delicados toques en pescados y mariscos, y la china, creando una de las mixturas peruanas más populares: el chifa. Peces y mariscos protagonizan una rica y sabrosa gastronomía marina, cuyo plato más popular es el cebiche (pescado o marisco fresco del océano Pacífico, macerado en limón y ají, y cubierto con cebolla). El arroz, las aves y el cabrito son los ingredientes especiales de la gastronomía norteña.
- ALOJAMIENTO: en la ciudad de Nazca.
- DIRECCIONES ÚTILES: www.peru.travel/es/, www.nascaperu.com y www.visitperu.com

Y LA CIUDADELA DE CHAN CHAN

Trujillo, conocida también como la «Capital de la Primavera», por su delicioso clima, o la «Capital de la marinera», por ser la cuna de la «marinera» (danza nacional de Perú), fue fundada en 1534 por don Diego de Almagro que, al detenerse en el valle del río Moche en su marcha hacia Pachacamac Lima, «encontró lugar provechoso y conveniente para fundar una ciudad» a la que bautizó con el mismo nombre de la ciudad española en la que había nacido el conquistador Francisco Pizarro. Sus orígenes, no obstante, se remontan hasta el siglo III a.C. con la cultura Mochica, antiguos pobladores de los valles de La Libertad, y célebres por su cerámica realista. Siglos después (XII-XIV d.C.), surgiría la cultura chimú, que eran fundamentalmente orfebres y agricultores.

El centro histórico de la ciudad, muy bien conservado, nos remonta a la época colonial a través de sus calles trazadas durante el siglo XVI y su rica arquitectura en la que predominan casonas con artísticas rejas de hierro forjado, palacios e iglesias. Aunque la ciudad alberga numerosas mansiones, destacan la Casa Calonge (de estilo neoclásico, construida entre los siglos XVIII y XIX, en ella se alojó Simón Bolívar). La Casa de la Emancipación o de Madalengoitia (desde aquí el Intendente de Trujillo, el marqués de Torre Tagle, encabezó un primer movimiento separatista en el año 1820 y proclamó la Independencia de Perú), la Casa Ganoza (conocida por la «Casa de la Portada de los Leones», pues su portada, de estilo barroco, está coronada por un frontón de estilo rococó y dos leones, es la casona más representativa de Trujillo) y la Casa del Mariscal de Orbegoso (vivienda del presidente José Luis de Orbegoso y Moncada, prócer de la Independencia de Perú). La arquitectura religiosa de Trujillo se caracteriza por la simplicidad exterior de líneas de sus templos, aunque en el interior de los mismos se hallan retablos, altares y púlpitos muy ostentosos, así como bellos cuadros de la Escuela Trujillana. Uno de los templos más representativos de la ciudad es la catedral (imagen inferior), situada frente a la singular Plaza de Armas, llena de palmeras y rodeada de armoniosas casonas virreinales y republicanas, y palacetes. Construida entre los años 1647 y 1666, sus altares son de estilo barroco y rococó, y los lienzos que conserva pertenecen a la escuela cuzqueña y de Quito. La catedral tiene también un importante Museo Catedralicio, con obras, sobre todo religiosas, de la época virreinal, realizadas en oro y plata.

Pero además de la catedral, Trujillo cuenta con otros notables edificios religiosos, como la iglesia de El Carmen (construida en el siglo XVIII, destaca por la armonía de su arquitectura; en el interior son de interés varios altares y el púlpito de madera. Además, contiene cerca de 150 pinturas, parte de ellas de la Escuela Quiteña de los siglos XVII y XVIII), la iglesia de la Merced (fechada en el siglo XVII, su diseño, mezcla de estilos arquitectónicos, es obra del portugués Alonso de las Nieves; en el interior destaca su órgano rococó), la iglesia de San Agustín (construida entre los siglos XVI y XVII, posee un singular altar mayor de estilo barroco y el púlpito colonial de madera tallada y dorada) y la iglesia de San Francisco (su altar mayor está adornado con retablos multicolores y su púlpito data del siglo XVII).

Fuera de Trujillo, a muy pocos kilómetros, se puede contemplar la arquitectura prehispánica de la ciudadela de Chan Chan, ubicada en el Valle

de Moche. Declarada por la UNESCO Patrimonio Histórico y Cultural de la Humanidad, la antigua capital del Reino del Gran Chimú está considerada la ciudad de adobe más grande del mundo (20 km² de extensión) y su magnitud sólo es comparable con los restos arqueológicos de Teotihuacán en México o las antiguas ciudades de Egipto. Para la construcción de Chan Chan, que en la antigua lengua mochica significa «Sol-Sol», los chimú utilizaron adobe, cantos rodados, barro, madera, totora, paja y caña, materiales integrados a las arenas de la costa, que se encuentra frente a la ciudadela, como una extensión natural.

Hay tres etapas en la construcción de Chan Chan. La etapa primera correspondería al núcleo original, formado por las ciudadelas Uhle y Chayhuac. Posteriormente, la ciudadela creció hacia el oeste, creándose Tello y Laberinto. En la segunda etapa se construyen el Gran Chimú y las edificaciones de los sectores norte y oeste. Por último, la tercera etapa está marcada por la construcción de las cinco ciudadelas restantes. La organización de Chan Chan refleja que existió una fuerte estratificación, con clases sociales distintas ocupando diferentes áreas y edificios propios a su condición económica. Las ciudadelas, por

ejemplo, están protegidas por altas murallas y tienen un solo acceso, facilitando el control de los que ingresaban y salían.

Una de las características más singulares de Chan Chan es el abastecimiento de agua. Esta se realizó a través de 140 pozos, de los que el 60% estaba en la zona monumental (ciudadelas) y el 12% en los barrios residenciales (de elite y marginales), pese a que en éstos residía más del 90% de la población total. Pero además de la ciudadela de Chan Chan, en los alrededores de Trujillo hay otros enclaves arqueológicos de gran importancia, como la Huaca o Templo del Sol, situada a 5 km al Sur de Trujillo, en la campiña del distrito de Moche. Esta huaca es una pirámide escalonada de 20 metros de alto, que según la tradición fue construida en tan sólo tres días por 250.000 hombres, quienes utilizaron aproximadamente 70 millones de adobes.

La Huaca de la Luna, ubicada a 300 metros de la anterior, está formada por varios templos superpuestos, construidos en diferentes periodos y decorados con espectaculares murales que representan los rituales de los mochicas (en el interior de uno de los templos se descubrió una tumba con más de 40 guerreros sacrificados).

Sobre estas líneas: las ruinas de Chan Chan. Izquierda: panorámica de la plaza de Trujillo con la catedral.

- CONTINENTE: América.
- PAÍS: Perú.
- UBICACIÓN: Trujillo es la capital del Departamento de La Libertad, enclavado en la costa norte de Perú. Entre Trujillo y Huanchaco se encuentra la ciudadela de Chan Chan, concretamente en el Valle de Moche, frente al mar.
- CLIMA: en Trujillo el clima es cálido y soleado durante gran parte del año, y la temperatura media anual es de 18 °C, aunque de junio a octubre puede sobrepasar los 28 °C. En Chan Chan la temperatura media en esos meses es de 24 °C; el resto del año el clima es templado y soleado.
- CÓMO LLEGAR: se puede acceder a Trujillo por carretera desde Lima, por vía aérea hasta el aeropuerto Carlos Martínez de Pinillos, al norte de Trujillo, y por vía marítima hasta el puerto de Salaverry, a 15 minutos al sur de Trujillo.
- PECULIARIDAD: en Huanchaco, un hermoso balneario y antiguo pueblo de pescadores ubicado muy cerca de Trujillo, el viajero puede ver los famosos «caballitos de totora», balsas elaboradas con este material, que ya aparecían en las cerámicas mochicas y en los decorados de Chan Chan, y que los pescadores maniobran con una destreza única, heredada generación tras generación, sorteando las olas más largas del mundo, propias de esta zona.
- GASTRONOMÍA: la sopa de gallina (elaborada con carne de gallina, patatas, fideos y huevo), el puchero a la limeña y, por supuesto, la sopa criolla. Además de las sopas, los «juanes» son un plato siempre presente. En cuanto a los segundos platos, son muy populares los anticuchos, los tallarines a la diabla, las papas a la huancaína y el solterito arequipeño. Por lo que respecta a los postres, los más típicos son las bombas de sémola y el turrón de doña Pepa. En cuanto a las bebidas, la más tradicional es el «pisco sour», que se prepara con pisco (aguardiente local), zumo de limón, hielo picado, angostura y clara de huevo batida.
- DIRECCIONES ÚTILES: www.peru.travel/es/, www.visitperu.com y www.trujilloperu.com

EL VIEJO SAN JUAN

CIUDAD AMURALLADA

San Juan, la capital de Puerto Rico, es una de las ciudades más antiguas de América, pues fue fundada por los españoles en 1521. Actualmente se divide en el Viejo San Juan (el casco antiguo) y el Condado (la parte nueva, muy parecida a Miami Beach). Al Viejo San Juan, ubicado en el extremo oeste de la isla y rodeado por tres lados por el mar, se le conoce también como la «Ciudad Amurallada». Fiel reflejo de la época colonial española, su forma geográfica y su arquitectura recuerdan a la ciudad de Cádiz (España) y realmente es una delicia pasear por sus calles empedradas, flanqueadas por casonas de los siglos XVI y XVII, con bellas fachadas de color pastel y balcones floridos, y detenerse a descansar en sus plazas entre sol y sombra. Además, al caer la noche, el paseo se torna aún más romántico al iluminarse las calles con la luz de gas de las antiguas farolas. La impresionante Fortaleza de San Felipe, conocida popularmente como «El Morro», es el lugar idóneo para comenzar el recorrido por esta hermosa ciudad. Asentada sobre un gran promontorio que mira hacia la entrada de la bahía de San Juan, frente al Océano Atlántico, esta fortificación, diseño combinado de varios ingenieros españoles, requirió algo más de 200 años de trabajo pues, a pesar de que sus cimientos se levantaron en 1539, los trabajos de construcción no se

consideraron terminados hasta el año 1787. Además, posteriormente, durante la Segunda Guerra Mundial, el Gobierno de los Estados Unidos le añadió un anexo.

Declarada por la UNESCO Patrimonio de la Humanidad, las murallas de esta imponente estructura fueron testigos de innumerables ataques por parte de las flotas de Sir Francis Drake, en el año 1595, y de las flotas holandesas en 1625. En 1898 los buques estadounidenses abrieron fuego contra sus murallas durante la Guerra Hispanoamericana, destruyendo su faro, el cual fue restaurado más tarde. Perderse en sus pasadizos secretos, comprobar la importancia de sus cañones, que todavía hoy protegen la costa, y contemplar la imponente vista del océano Atlántico desde sus altísimas murallas son algunos de los encantos de El Morro, en el

que, por la tarde, también se puede disfrutar de sus inmensas áreas verdes, por donde en otros tiempos marcharon los soldados, y de la brisa del mar. En el recorrido por el Viejo San Juan, el viajero no puede perderse tampoco el Castillo de San Cristóbal (esta fortificación, cuyas obras comenzaron en 1635, está situada a unos 50 metros sobre el nivel del mar y es una compleja estructura de túneles, rampas, calabozos y fosos).

En el patio hay una imagen de Santa Bárbara, patrona de los artilleros españoles, que los puertorriqueños consideran milagrosa, por lo que es objeto de devoción. Aún se conserva la Puerta de

San Juan, una de las seis puertas de madera originales que se cerraban al atardecer, hace siglos, para proteger a los residentes de la ciudad, así como los restos de la antigua muralla. Aunque la obra finalizó en 1782, la mayor parte de ella se construyó entre 1539 y 1641 con la finalidad de proteger a la ciudad de los ataques enemigos. En la muralla, desde la parte oeste de la bahía, se pueden ver la isla de Cabras y el Fuerte del Cañuelo, un pequeño fortín español construido en 1610, y la fortaleza-palacio de Santa Catalina (residencia oficial del Gobernador de la isla desde 1822, fue construida en 1533 y ha pasado por múltiples reformas hasta llegar a su aspecto actual). En el interior se conservan 40 habitaciones con una rica decoración de mármoles y maderas nobles, destacando el Salón Azul con un gran retrato de Isabel II, obra de Madrazo, el Salón de los Espejos, el Salón de Té y el Salón del Trono.

El Viejo San Juan conserva también preciosas iglesias como la Capilla de San

Imagen superior: vista aérea del fuerte de San Felipe y el Morro. Abajo: cementerio en el viejo San Juan.

Cristo, la catedral de San Juan Bautista o la iglesia de San José, uno de los templos góticos más notables del Nuevo Mundo, que data de 1530. Inicialmente la iglesia era una capilla de monjes dominicos dedicada a Santo Tomás de Aquino, pero

en 1865 los jesuitas tomaron posesión de ella y la rebautizaron en honor a San José. El altar fue traído desde Cádiz (España) en el siglo XV y el crucifijo de madera, que data del siglo XVI, fue donado por el primer Gobernador de Puerto Rico, Juan Ponce de

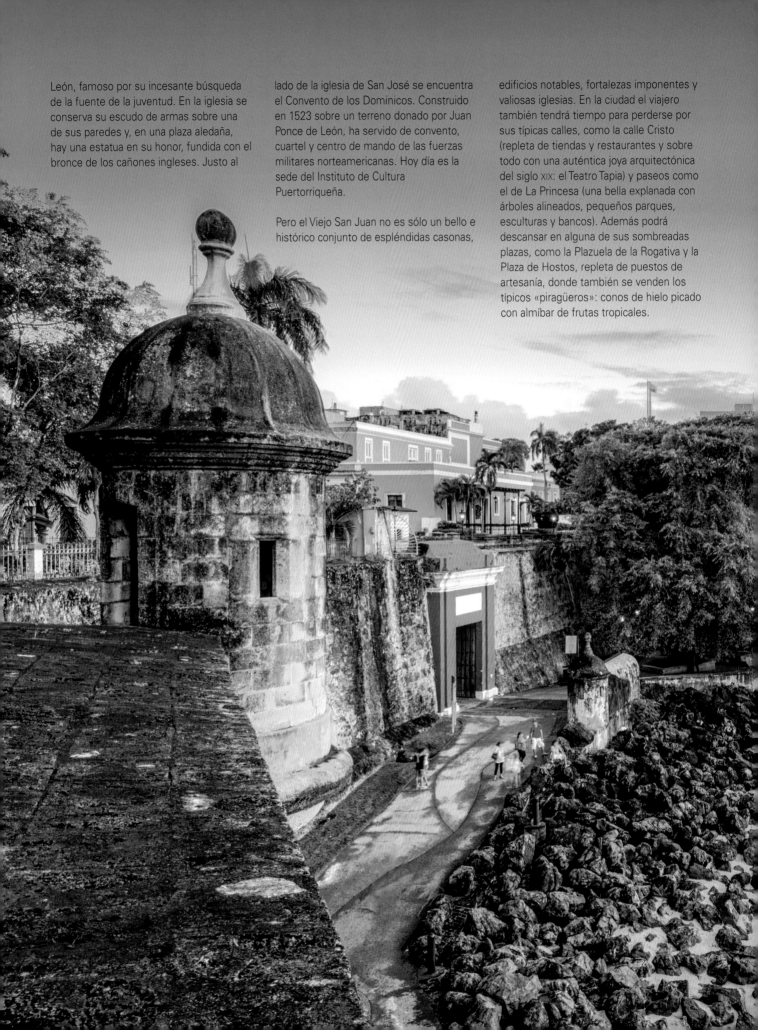

León, famoso por su incesante búsqueda de la fuente de la juventud. En la iglesia se conserva su escudo de armas sobre una de sus paredes y, en una plaza aledaña, hay una estatua en su honor, fundida con el bronce de los cañones ingleses. Justo al lado de la iglesia de San José se encuentra el Convento de los Dominicos. Construido en 1523 sobre un terreno donado por Juan Ponce de León, ha servido de convento, cuartel y centro de mando de las fuerzas militares norteamericanas. Hoy día es la sede del Instituto de Cultura Puertorriqueña.

Pero el Viejo San Juan no es sólo un bello e histórico conjunto de espléndidas casonas, edificios notables, fortalezas imponentes y valiosas iglesias. En la ciudad el viajero también tendrá tiempo para perderse por sus típicas calles, como la calle Cristo (repleta de tiendas y restaurantes y sobre todo con una auténtica joya arquitectónica del siglo XIX: el Teatro Tapia) y paseos como el de La Princesa (una bella explanada con árboles alineados, pequeños parques, esculturas y bancos). Además podrá descansar en alguna de sus sombreadas plazas, como la Plazuela de la Rogativa y la Plaza de Hostos, repleta de puestos de artesanía, donde también se venden los típicos «piragüeros»: conos de hielo picado con almíbar de frutas tropicales.

Arriba: el Palacio de Santa Catalina. Abajo: San Juan, a lo largo del Paseo de la Princesa. Abajo, a la derecha: vista desde el Castillo de San Cristóbal hacia la ciudad, con el edificio del Capitolio en primer plano.

- CONTINENTE: América.
- PAÍS: Puerto Rico.
- UBICACIÓN: capital de Puerto Rico, ubicada en la costa norte.
- CLIMA: es muy agradable pues la temperatura varía de 23 a 29 °C de una temporada a otra. Además, los vientos alisios refrescan las zonas costeras.
- CÓMO LLEGAR: por vía aérea hasta el aeropuerto internacional Luis Muñoz Marín.
- Peculiaridad: a pocos kilómetros de San Juan se encuentra la Reserva Natural del Bosque de Piñones, auténtico paraíso de manglares (terrenos cubiertos de agua por las grandes mareas donde crecen árboles, cuyas raíces se entrelazan por encima de la superficie) y uno de los tesoros naturales más increíbles de Puerto Rico. La Reserva Natural de Piñones cuenta con un extenso paseo que atraviesa el bosque, junto a playas silvestres, laberintos de mangles, una pequeña bahía luminiscente y singulares dunas. Además del espectacular paisaje, el visitante puede disfrutar con la observación de 46 especies distintas de aves, y a quienes practiquen el submarinismo les esperan 36 especies de peces tropicales.
- GASTRONOMÍA: la cocina puertorriqueña es una mezcla de influencias taínas, españolas y africanas. De la cultura taína (los primeros pobladores) quedan la utilización de la yuca, el maíz y la batata. La influencia de la cocina española está también muy patente, pues de ella proviene el uso de ingredientes como la cebolla, el ajo o los garbanzos. La población africana también condicionó los hábitos alimenticios de la isla. El resultado de esta mezcla es una cocina con unas características muy particulares, entre cuyos platos típicos destacan el mofongo, los tostones de plátano frito, las arañitas, las empanadillas de carne o marisco, las hallacas, el asopao (especie de sopa a base de carne de cerdo o gambas con arroz), el lechón asado y los pastelillos (semejantes a las empanadillas). En cuanto a los postres, son deliciosos el *tembleque* (hecho de coco y leche), el arroz con dulce, el dulce de papaya y el flan.
- DIRECCIONES ÚTILES: www.seepuertorico.com, www.sanjuanciudadpatria.com/servicios/turismo

UN PARQUE NACIONAL MAJESTUOSO

convierten en una de las grandes maravillas de la naturaleza.

Recorrido por numerosos y majestuosos ríos (suponen la principal fuente de agua dulce del planeta), cuyas aguas contrastan con el increíble verdor de la espesa selva o las abiertas sabanas, surgen en su paisaje legendarios tepuys (donde, según la mitología indígena, habitan los dioses) y vertiginosos saltos de agua, que nos trasladan a tiempos remotos, donde la fuerza de la naturaleza era arrolladora. Por lo tanto, no es de extrañar que este maravilloso paraje inspirara a sir Arthur Conan Doyle para escribir *El mundo perdido*.

En Canaima hay un total de 115 tepuys, imponentes mesetas de forma tubular, de paredes verticales y perfiles muy escarpados, tallados por la erosión de miles de años. Estas paredes, con alturas

de hasta 2.800 m y más de 3.500 millones de años de antigüedad (origen precámbrico), compuestas por areniscas policromas, cuarcitas y aglomerados, se levantan abruptamente sobre el horizonte, surgiendo entre sabanas y densas selvas. Las peculiares características de estos elementos orográficos y, sobre todo, la vegetación de sus cumbres, hacen de los tepuys unos ecosistemas únicos en el mundo.

Junto con los tepuys, el Salto Angel (llamado por los indígenas Kerekupai-merú, que en la lengua pemón quiere decir «salto del lugar más profundo») es el gran protagonista del Parque Nacional Canaima. Considerada la caída de agua más alta del mundo (15 veces más alta que las cataratas del Niágara), sus aguas caen 980 m desde lo alto de la meseta Auyantepuy hasta la selva (alrededor de 800 m son en caída libre). Fue descubierto en 1937 por el piloto y aventurero norteamericano Jimmy Angel, de quien recibe el nombre, que logró aterrizar con

Con una superficie de un millón de hectáreas, el Parque Nacional Canaima, declarado por la UNESCO Patrimonio de la Humanidad en 1994, está considerado uno de los parques nacionales más grandes del mundo. Además de su extensión, Canaima posee una gran variedad de recursos naturales y valores paisajísticos que lo

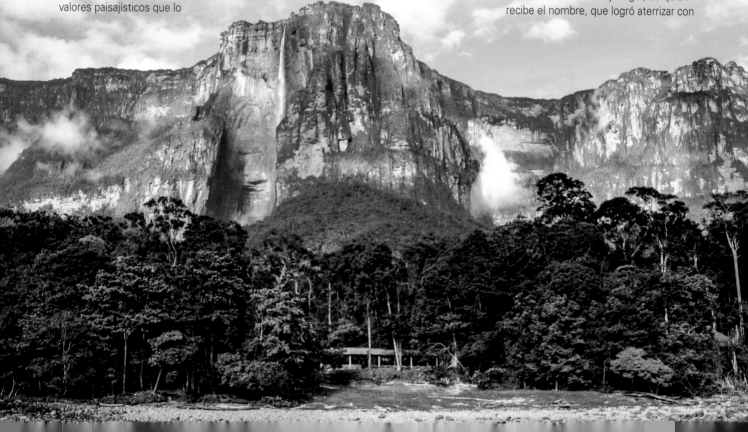

- CONTINENTE: América.
- PAÍS: Venezuela.
- UBICACIÓN: en la región Guayana, al sur del río Orinoco, en el Estado Bolívar, Municipio Autónomo Gran Sabana y Municipio Sifontes.
- CLIMA: gran parte del Parque Nacional está influenciado por el clima ecuatorial, con muchas precipitaciones durante todo el año. La temperatura media anual oscila entre los 10 y los 21 °C, variando en las diferentes altitudes, que van de los 500 a los 2.800 metros sobre el nivel del mar. Entre los meses de enero y marzo es la temporada seca, sobre todo en el sector oriental del parque, la gran sabana, mientras que la época de lluvias va de abril a diciembre. La mejor época para ver el Salto Ángel sin nubes es durante la temporada seca.
- CÓMO LLEGAR: hay dos vías de acceso a la zona: por carretera, a bordo de camionetas de doble tracción que, partiendo de Caracas, llegan en 12 horas aproximadamente y, por vía aérea (la más recomendable), desde Ciudad Bolívar, Maiquetía (a 20 minutos de Caracas), Isla Margarita, Puerto Ordaz o Puerto La Cruz. Una vez allí, se puede recorrer el recinto caminando, en jeep, en embarcación o en helicóptero.
- PECULIARIDAD: la población autóctona de Canaima son los indios pemones, que habitan en pequeñas comunidades y viven de la agricultura de conuco, la caza, la pesca, la artesanía y las labores relacionadas con el turismo. Los pemones, muy amigables, hablan muy bien el inglés y son excelentes conocedores de la zona y magníficos guías, pues tienen un sentido innato de la orientación.
- GASTRONOMÍA: entre los platos más tradicionales de la cocina venezolana, destacan: la *arepa* o pan criollo, el casabe, la cachapa (panqueca hecha con maíz, agua y azúcar, y rellena de queso blanco suave), el pabellón criollo (carne mechada, caraotas negras, arroz blanco y plátanos fritos), la hallaca, los tequeños (palitos de masa rellenos de queso blanco y fritos en aceite), las empanadas (hechas con harina de maíz, rellenas de carne guisada, queso o cazón, y fritas). En cuanto a los postres, son deliciosos el arroz con coco, el arroz con leche, los buñuelos de yuca, los quesillos de chocolate o coco y el majarete.
- ALOJAMIENTO: la mejor opción son los campamentos que hay en el Parque Nacional, que están regentados por las empresas turísticas que trabajan en la zona.
- DIRECCIONES ÚTILES: www.venezuelatuya.com/canaima, www.mintur.gob.ve y www.lagransabana.com

El Parque Nacional Canaima es uno de los más grandes del mundo. Y el Salto Ángel es la caída de agua más alta que existe en el planeta Tierra.

su avioneta en la cima del Auyantepuy (imagen inferior).

El Auyantepuy, cuyo nombre significa «montaña del diablo» en lengua pemón, tiene 2.450 metros y una superficie de 25 km de largo por 35 km de ancho. Este gigantesco tepuy está considerado una de las riquezas biológicas más importantes de Venezuela, ya que en él existen más de 800 especies vegetales, de las cuales un 77% son endémicas.

Más que una formación natural, el Cañón del Diablo es como una gigantesca garganta que casi divide en dos a la meseta del Auyantepuy. Desde lo alto se pueden observar numerosos riscos de formas extrañas y caídas de agua, y en el ramal superior izquierdo está el Salto Cortina, con una caída de 300 metros. La laguna de Canaima, lugar desde donde se inicia el recorrido hasta el Salto Ángel, es un enorme remanso formado por las aguas turbulentas del río Carrao y bordeado por pequeñas caídas de agua como los Saltos Hacha, Golondrina y Ucaima. Sus aguas se caracterizan por una singular coloración,

negra en las zonas más profundas y rojizo-amarillenta en las riberas, originada por la concentración de las sustancias que emiten diversos vegetales. Desde la laguna se puede llegar hasta la base del Salto Ángel realizando una excursión (unos tres días), río arriba, en curiaras (típicas embarcaciones indígenas) y también sobrevolar el salto en helicóptero.

Después de un trayecto en *jeep* y curiara, además de una corta caminata a través del bosque que bordea el río Carrao, se llega a los Saltos del Yuri (un desnivel en el lecho del río, en dos tramos bien diferenciados, que forma estas impresionantes caídas de agua). Durante el camino, además del fascinante paisaje, el viajero también descubrirá la palma de Moriche, de la que los indígenas extraen los frutos, la savia y el tallo que les sirven de alimento, y en cuyas ramas se posan los loros y las coloridas y ruidosas guacamayas.

La isla La Orquídea, ubicada en el río Carrao, fue durante mucho tiempo el hábitat de la flor que le da su nombre. De camino a la isla, surcando el río Carrao, se

pueden apreciar en toda su dimensión los tepuys Kurún, Venado y Kuravaina. Actualmente, en la isla existe un proyecto conjunto de la Sociedad de Orquideología del Estado Miranda, INPARQUES, la Fundación La Salle y otras entidades, cuyo objetivo es repoblar la isla con las especies más representativas de la región.

Uno de los sitios más populares e idílicos del Parque Nacional Canaima son las grutas Kavac, famosas por su poza de aguas cristalinas donde los viajeros pueden disfrutar de un refrescante baño. Las grutas, ubicadas en el nacimiento del río Kavac, están formadas por paredes rocosas de las cuales cuelga abundante vegetación. En ellas hay un hermoso salto de agua y pequeñas cascadas. Junto a las grutas hay un poblado indígena, llamado también Kavac, que ha guardado fielmente sus antiguas tradiciones.

Una corta caminata desde la isla de Anatoly, atravesando un bosque de galería, permite descubrir el Salto El Sapo, una impresionante caída de agua inmersa en

una zona de densa vegetación, que el viajero puede atravesar e internarse en él caminando a lo largo de un estrecho e irregular pasillo formado por la parte rocosa que está detrás de la densa cortina de agua. El paseo, que dura aproximadamente medio día, se inicia en la playa de La Laguna que hay que atravesar hasta la orilla de la isla Anatoly.

La Quebrada de Jaspe, declarada por el gobierno venezolano Monumento Natural, es quizás el lugar más popular de la Gran Sabana. Constituida por una quebrada que viaja a través de una piedra de jaspe lisa, de color rojo y amarillo, de unos 300 metros de longitud y con un nivel de agua que no sobrepasa los 5 centímetros, es un lugar realmente fascinante, rodeado de intensa vegetación.

Los bosques y sabanas, junto con la vegetación típicamente tepuyana, constituyen los elementos más característicos del Parque Nacional. Además, en los bosques y selvas crecen numerosas orquídeas y bromelias, y también hay plantas carnívoras.

LOS ROQUES

EL ARCHIPIÉLAGO

Declarado Parque Nacional en 1972 y, más recientemente, sitio paradisíaco para proteger su fauna marina única, el archipiélago de Los Roques tiene una superficie marina y terrestre de 225.153 hectáreas e incluye más de 42 cayos (islas), un gran número de bancos de arena y unos 250 arrecifes coralinos. Los Roques posee una estructura de atolón, poco frecuente en el Caribe pero típica del océano Pacífico, con dos barreras externas formadas por comunidades coralinas, las cuales protegen al archipiélago de las corrientes más fuertes; también tiene una laguna interna de aguas someras y fondos arenosos.

Cuando sólo faltan 10 minutos para aterrizar en el aeródromo de Gran Roque, podemos divisar un espectáculo único: la gran barrera coralina de Los Roques. Sol, playas de arena coralina, aguas cristalinas y una tranquilidad infinita es lo que a primera vista ofrece este archipiélago caribeño, lleno de vida y naturaleza.

Pero bajo el azul del mar, podemos descubrir un auténtico paraíso: sus fondos forman una de las más grandes reservas marinas del Caribe, donde viven algunas especies en peligro de extinción como el botuto, la langosta, la tortuga verde, la tortuga carey, y los tiburones macuira y cuchivano, junto con 60 especies de esponjas, 84 de camarones, 108 de cangrejos y 307 especies de peces. El Gran Roque es la isla más grande del archipiélago y, prácticamente, la única isla poblada (alrededor de mil personas). Sus casas, de luminosos colores tropicales, y sus posadas, para todo tipo de bolsillos, están ubicadas en calles de fina arena de coral, donde el viajero puede descubrir el placer de caminar descalzo.

Navegación en kayak, velero, bote de remo o catamarán, windsurf, buceo, pesca deportiva con caña, observación de aves, volar en ultraligero y excursiones a pie, son algunos de los atractivos turísticos que ofrece este archipiélago. Desde Gran Roque se pueden visitar otros cayos, como Francisquí, la isla ideal para la práctica del buceo. En este cayo se encuentra la famosa «piscina natural», perfecta para los amantes del buceo. Es una piscina formada por paredes de corales en la que se puede apreciar una variedad importante de peces. También merece la pena visitar Cayo Crisqui, una de las islas más bonitas del archipiélago, y Cayo Fernando, donde se ubica la ranchería más importante del archipiélago y donde, además, se pueden contemplar las montañas de conchas de bobuto más altas del parque, algunas de ellas invadidas por la vegetación de mangle.

- CONTINENTE: América.
- PAÍS: Venezuela.
- UBICACIÓN: en el Mar Caribe, frente a la costa norte de Venezuela, a unos 166 km de La Guaira, el puerto de tierra firme más cercano a Caracas.
- CLIMA: los días son soleados y calurosos con temperaturas de 28 °C, pero bajan por la noche llegando a alcanzar en enero los 18 °C. Los meses más calurosos son agosto y septiembre, y los más fríos, diciembre, enero y febrero.
- CÓMO LLEGAR: en avión, desde el aeropuerto de Maiquetía (Caracas) o desde Isla Margarita. También se puede acceder en barco privado.
- PECULIARIDAD: cada año, en noviembre, se abre la temporada de la langosta, que concluye a principios de abril. Durante estos meses, se puede disfrutar de una de las más deliciosas y apetitosas langostas del mundo. Los otros seis meses no está permitida su captura, para contribuir a la preservación de la especie.
- GASTRONOMÍA: la cocina del mar es la reina de los fogones de las islas. Además de la deliciosa langosta, destacan los platos de cazón y pulpo, así como las sabrosas empanadas..
- DIRECCIONES ÚTILES: www.los–roques.org y www.venezuelatuya.com/losroques/

GUILIN

LA CIUDAD MÁS BELLA DE CHINA

Conocida como la «Ciudad de los Bayanos», el nombre de Guilin significa la «primera bajo el cielo», y no es de extrañar tal calificativo, pues la ciudad se halla enclavada en medio de uno de los paisajes montañosos más espectaculares de China, hasta el punto que se dice que «no hay en el mundo montañas y ríos más hermosos que los de Guilin», ya que a uno y otro lado del río Lijiang, al sur de la ciudad y a lo largo de un recorrido

espectacular de 83 km que semeja una cinta de jade, se extiende un extraordinario panorama de domos y torres naturales, algunos de los cuales se levantan verticalmente más de 100 metros (entre 30 y 182 metros), que se han ido formando durante millones de años debido a la corrosión climática. Pero junto a este maravilloso espectáculo de la naturaleza, el paisaje de Guilin es tanto o más bello en los cientos de terrazas escalonadas que cubren sus verdes colinas de arrozales, junto a frondosos árboles y parras y bellísimas orquídeas. Tal es la espectacularidad del paisaje, que la mayoría de los pintores paisajistas chinos han inmortalizado su extraordinaria y cautivadora belleza en sus lienzos, así como los poetas en sus escritos.

Uno de los símbolos de Guilin es la Colina Xianghi (Trompa de Elefante), situada en la unión de los ríos Lijiang y Taohuajiang. Formada por piedras calizas puras acumuladas en el mar hace más de 360 millones de años, parece un elefante tomando agua con la trompa (de ahí su nombre). Entre la trompa y el cuerpo del elefante hay una cueva redonda, que se refleja en el agua, llamada «Luna de Agua de la Colina de Xianghi» y, según dicen los lugareños, cuando una barca entra y sale

de la cueva «la luna de agua» siempre la acompaña.

Aunque Guilin tiene numerosas cuevas de piedra caliza, sin duda la más espectacular es la Cueva Ludi, situada al noroeste de la ciudad y en el Sur de la Colina Guangming. La Cueva Ludi (Cueva de la Flauta de Junco), utilizada por los habitantes de Guilin durante la Segunda Guerra Mundial para guarecerse de los bombardeos, es una magnífica cueva cárstica. Con 240 metros de profundidad, en el recorrido de 500 metros que se visita se pueden ver gigantescas estalactitas y estalagmitas con formas curiosas como tallos de bambú (según dice la leyenda, las cañas de bambú que crecen en los alrededores de la cueva servían para hacer maravillosas flautas), cortinas y flores esparcidas en más de 30 sitios, así como 70 inscripciones en tinta que datan de año 792 d.C (dinastía Tang). Algunas de estas curiosas formas, como «El Sol Naciente sobre el bosque del león», «Las Cataratas Colgantes», «El Bosque Virgen» o «El Palacio de Cristal», le han valido el sobrenombre de «Palacio de Arte Natural». Si uno de los símbolos de Guilin es, como hemos reseñado anteriormente, la Cueva Ludi, el otro es sin duda el Pico de la Belleza Solitaria, un pináculo de 152 metros de altura situado en el centro

Sobre estas líneas y abajo: el hermoso paisaje de Guilin. Abajo, a la derecha: las terrazas de arrozales y el viejo puente del Dragón en Yangshuo.

de la ciudad. Aunque la subida a la cima del pico es muy pronunciada, merece la pena el esfuerzo, pues las vistas que desde allí se divisan de Guilin, el río Li y las colinas circundantes son realmente espectaculares.

Situado en la orilla este del río Li, el Parque de las Siete Estrellas, con 137 hectáreas de extensión, está considerado uno de los parques urbanos más hermosos de China. Su nombre, al parecer, proviene de sus siete ángulos, que recuerdan la constelación de la Osa Mayor. Las Terrazas de Longji (en el distrito de Longsheng) son tan bellas y espectaculares como la Cueva Ludi o el Pico de la Belleza Solitaria. Levantadas las más altas a 880 metros sobre el nivel del mar y las más bajas a 380 metros, se extienden en espiral desde la base hasta la cima de las colinas,

formando un maravilloso y singular paisaje que, según dicen los ciudadanos de Guilin, las «colinas pequeñas son como caracoles» mientras que las «colinas grandes son como pagodas».

Más allá de Guilin, en Ninming, en la parte suroccidental de Guangxi, se encuentran los impresionantes frescos de Huashan, considerados como una de las maravillas del mundo. Los frescos son unos murales pintados en color rojo en las escarpadas superficies de un acantilado que se alza centenares de metros sobre el nivel de las aguas del río. Al parecer, fueron pintados hace más de 2.000 años, pero todavía resulta inexplicable cómo pudieron hacerlo, dada la dificultad del lugar, y qué tipo de pintura emplearon para que después de miles de años los colores permanezcan inalterables.

EL LAGO DEL OESTE

Hangzhou, conocida también como Hang-Cheu o Hangchow, es un puerto situado en la desembocadura del río Qiantang, en la bahía de Hangzhou, en el extremo sur del Gran Canal, pero para los chinos es mucho más que todos estos datos, pues esta antiquísima ciudad (2.100 años) es, junto con Suzhou y Guilin, uno de los lugares más bellos de China, y así lo dice uno de los eslóganes turísticos más antiguos del país: «En el cielo, el Paraíso, y en la tierra, Suzhou y Hangzhou», reafirmando el dicho del viajero italiano Marco Polo quien, cuando la visitó a finales del siglo XIII, durante la dinastía Yuan (1171-1368), la describió como la «más bella, elegante y suntuosa ciudad del mundo».

Hangzhou, fundada por la dinastía Qin, fue durante más de 230 años la capital de los reinos Wu y Yue (893-978), de las Cinco Dinastías (907-960) y de la dinastía Song del Sur (1127-1279). Los sucesivos gobernantes de Hangzhou fueron embelleciéndola a través de los siglos, tratando de convertirla en la maravilla que es hoy. El poeta Su Dongpo, alcalde de la ciudad, fue unos de los gobernantes que más contribuyó a crear esa maravillosa imagen que ha hecho que Hangzhou pasara a la posteridad. Aunque en China hay 36 lagos llamados «Lago del Oeste», el de Hangzhou es el más famoso. El Lago del Oeste de Hangzhou, cuyo nombre proviene de su ubicación al oeste de la ciudad, tiene una superficie de 5,6 km², un perímetro de más de 15 km y tres de sus lados están bordeados por colinas. Antiguamente era una bahía del río Qiantang, pero los lodos depositados le fueron separando del río. Desde el siglo VIII (se convirtió en un lugar de interés turístico en la dinastía Tang, 618-907), cuando el dique fue

dragado, los sucesivos gobernadores de la ciudad no escatimaron esfuerzos para embellecer sus alrededores. Hoy día, la visión del lago en primavera, cuando las flores rosadas de los melocotoneros y el verdor de los sauces se reflejan en el lago, es realmente preciosa.

El lago, con forma de cuadrado un poco irregular, de unos 3 km de lado, está dividido en cinco partes: la Laguna Exterior, la Laguna Interior, la Laguna Yuehu, la Laguna Interior del Oeste y la Laguna Menor del Sur. Navegando en barca por el lago se pueden visitar diez hermosos paisajes: la Primavera del Dique Su Shi, el Puerto de Flores y Festival de los Peces, el Lago de la Tranquilidad y Luna de Otoño, el Oleaje de los Sauces y Canto de los Pájaros, los Dos Picos Desgarrando una Nube, la Luna Reflejada en Tres Pilones, el Anochecer en la Torre Leifeng, el Toque de la Campana del Anochecer, los Lotos del Patio de Música y la Nieve en el Puente Corto. Aunque dentro del lago hay cuatro islas, la única de ellas que es natural es la Colina Solitaria, que está conectada con tierra firme por el dique de Bai. En su interior está el Parque Zhongshan, desde cuya cima se divisa una magnífica vista del lago y la ciudad. La otra isla importante es

- **CONTINENTE:** Asia.
- **PAÍS:** China.
- **UBICACIÓN:** capital de la provincia de Zhejiang, está situada en el sudeste de China, a 160 km al suroeste de Shanghai.
- **CLIMA:** subtropical monzónico, templado y húmedo, con cuatro estaciones diferenciadas y temperaturas suaves. La temperatura media anual es de 16 °C.
- **CÓMO LLEGAR:** en avión (el aeropuerto está situado a 15 km de la ciudad), en barco (por el Gran Canal desde Suzhou), en tren o por carretera.
- **PECULIARIDAD:** desde el siglo VII, Hangzhou es un importante centro productor de seda, la cual debe su fama a su ligereza y suavidad, sobre todo si se trata de la bordada. Son especialmente valiosos el terciopelo, la gasa *georgette*, el satén multicolor y el satén liso.
- **GASTRONOMÍA:** el *jiaohuazi ji* o pollo del méndigo (pollo relleno, envuelto en hojas de loto y cocinado al carbón), el *xihu cuyu* (pescado hervido en salsa de vinagre dulce) y las *dongpo rou* (lonchas de cerdo al vino de Shaoxing) son algunos de los platos más típicos y sabrosos de la cocina tradicional de Hangzhou.
- **DIRECCIONES ÚTILES:** turismochina.org

Sobre estas líneas: pabellón y puente tradicional del estilo de Jiangnan en el Parque Nacional del Humedal de Xixi, Hangzhou, China. A la izquierda: el hermoso paisaje de Hangzhou, el Lago del Oeste.

la llamada Luna Reflejada en las Tres Pagoditas, a la que sólo se puede acceder en barco. Cuando se sube a cualquier colina cerca del lago, se divisa un espectacular paisaje con cuevas, fuentes, arroyos, esculturas, pagodas y templos como, por ejemplo, el Templo Lingyin o Templo de las Almas Escondidas y la Pagoda de las Seis Armonías.

El Templo del Alma Escondida es uno de los templos más importantes del Sur de China. Construido en el año 326, ha sido destruido y restaurado en numerosas ocasiones. Los edificios actuales son reconstrucciones de estructuras levantadas durante la dinastía Qing. Antes de llegar a los pabellones propiamente dichos, se encuentra la Colina Voladora, donde hay unas impresionantes esculturas budistas talladas en piedra. Uno de los lugares más emblemáticos del templo es la sala de los Cuatro Guardianes Celestiales, decorada con unas inscripciones que dicen: «Templo budista del bosque de nubes», escritas por Kangxi, emperador de la dinastía Qing y asiduo visitante del templo. Dichas inscripciones al parecer se debe a la visión que tenía de aquel lugar, al que consideraba un lugar sagrado flanqueado por frondosos árboles y una tupida niebla. Separado del Templo de Alma Escondida por un arroyo, se encuentra el Monte Que Cayó del Cielo, llamado también Lingjiu. En el monte, cuya altitud llega a los 168 metros sobre el nivel del mar, hay numerosas rocas de formas extrañas,

como dragones voladores, elefantes galopando, tigres agazapados y monos a punto de saltar. Al pie del monte están la Laguna del Dragón y la gruta natural Sheshu. En la gruta hay más de 380 efigies budistas talladas en las rocas de las paredes, pertenecientes al período de las Cinco Dinastías, y las dinastías Song y Yuan.

La Pagoda de las Seis Armonías (cuyo nombre proviene de que, según la concepción estética de los chinos antiguos, los cuatro puntos cardinales, el cielo y la tierra constituyen los seis elementos armónicos) está ubicada en la cumbre de la montaña de Yuelun, a orillas del río Qiantang. Cuando se construyó en el año 970 de la dinastía Song del Norte (960-1127), las luces de la pagoda servían de baliza para la navegación de los barcos que pasaban por el río Qiangtang. La construcción original era de madera y tenía 120 metros de altura y nueve pisos, pero se destruyó en gran parte tras una guerra civil. La pagoda de ladrillo actual se reconstruyó en 1153, durante la dinastía Song del Sur, y cuenta con siete pisos interiores y trece aleros exteriores. Cada piso tiene cuatro ventanas orientadas a los cuatro puntos cardinales, y la altura de la pagoda es de unos 60 metros. En las paredes de la construcción hay figuras talladas de divinidades budistas, animales, pájaros y flores. Debido a su larga historia y a la armonía estructural, la pagoda figura entre las más famosas de China.

HUANGGUOSHU

LAS CATARATAS

Las cataratas de Huangguoshu constituyen uno de los paisajes más impactantes de China. Ubicadas en la provincia de Guizhou, tienen una altura de unos 70 metros y una anchura de 84 metros, por lo que son la mayor caída de agua de todo el país asiático.

Las cataratas sorprenden por sí mismas porque constituyen uno de los fenómenos más atractivos que ofrece la naturaleza. Las cataratas impresionan por sus dimensiones y por el ensordecedor ruido del agua al caer. Pero también es impactante el recorrido hasta llegar a ellas: es como si aparecieran por sorpresa. Para poder verlas, hay que llegar a la aldea próxima, en la que viven personas de las etnias buyi y miao. La visita a este lugar también vale la pena porque se trata de pueblos medievales rodeados de murallas y sus ciudadanos enseñan al turista sus trajes típicos y su forma de vida, tan sorprendente siempre para el occidental.

Además de la catarata principal, hay unas 15 cascadas más y varias cuevas. La principal de estas cuevas es la llamada

Cortina de Agua, que se encuentra tras la gran cascada. Se trata de un espacio muy grande, de unos 134 metros de largo, en el que hay pasillos, manantiales y pequeñas cuevas anexas. El viajero podrá admirar la impresionante cortina de agua de la catarata desde el interior de la misma manera: de esta forma sentirá en primera fila la fuerza del agua y percibirá el ensordecedor ruido que generan al caer.

Si la vista desde la cueva vale la pena, no desmerece la visión de las cataratas de Huangguoshu desde su parte frontal, para ello hay que subir a un monte. El paseo es agradable, en medio de una vegetación subtropical. Además es fácil que se vea el arco iris sobre las aguas, porque habitualmente se produce este fenómeno.

- CONTINENTE: Asia.
- PAÍS: China.
- UBICACIÓN: a 137 km de Guiyang, capital de la provincia de Guizhou, que está en el este de la meseta Yunnan-Guizhou, en el suroeste de China.
- CLIMA: temperatura media de 13 °C casi todo el año. Hay pocas variaciones de una estación a otra.
- CÓMO LLEGAR: para llegar a ellas se suele partir desde Anshun, una de las ciudades principales de la provincia de Guizhou.
- Peculiaridad: en los meses más fríos, de diciembre a enero, el caudal de agua disminuye. Por eso, es aconsejable viajar hacia la época del deshielo porque es cuando las cataratas van más cargadas de agua.
- GASTRONOMÍA: en China es habitual tener tres vasos sobre la mesa a la hora de comer: el más grande es de agua o cerveza; el mediano es para para el vino, tinto o blanco; y el pequeño es el destinado a un licor. Precisamente uno de los licores más populares en todo el país es el *mao-tai* que se fabrica en la provincia de Guizhou y que está hecho con sorgo. Además del licor, en esta región se toman los habituales platos hechos con verduras, pato y pescado, condimentados con cilantro, hinojo y ajo. En esta zona suelen cocinar platos con sabor agrio.
- DIRECCIONES ÚTILES: www.turismochina.org

LA VENECIA ORIENTAL

La fundación de la ciudad de Suzhou se remonta al reino Wu, del Periodo de Primavera y Otoño de hace 2.500 años. La distribución urbana de Suzhou es muy peculiar pues la fachada de las casas da a la calle y la parte trasera, al río; es decir, las calles y los ríos son paralelos y hay puentes que conectan unos con otros. Además, Suzhou tiene tantos ríos con sus puentes que, según dicen, suman centenares y son muy diferentes. Por eso, Suzhou es conocida también con el nombre de la «Venecia de Oriente».

Pero la fama internacional de Suzhou se debe a sus maravillosos jardines, singular combinación de belleza natural, arquitectura y pintura, que le han valido el ser considerada la capital mundial de la jardinería. Diferentes a los jardines y parques imperiales de Beijing, como el del Palacio de Verano, los jardines de Suzhou son miniaturas de paisajes naturales, adornados con colinas artificiales, pequeños estanques y abundantes plantas, así como torres, quioscos, salas, palacetes y pabellones, y se caracterizan por reflejar lo grande en lo pequeño. Aunque Suzhou cuenta con 180 jardines de estilo clásico, la mayor parte de ellos han sufrido graves deterioros por el paso del tiempo y la falta de mantenimiento, por lo que tan sólo los diez más representativos se pueden visitar, y de ellos, nueve forman parte del Patrimonio Cultural de la Humanidad.

El Jardín Zhuozheng o Jardín del Humilde Administrador, situado en la calle Dongbei, es el más grande de la ciudad y también el más representativo de este tipo de jardinería, pues se considera uno de los cuatro jardines más suntuosos de China y una obra maestra de los jardines clásicos privados. Construido en 1513, durante la dinastía Ming, tiene una superficie de cinco hectáreas, en las que hay colinas artificiales, lagos (la superficie de agua ocupa las tres quintas partes de la extensión total), puentes, quioscos, pabellones y palacetes. Está dividido en tres partes: la oriental, la central y la occidental.

En el sudeste de la ciudad se encuentra el Jardín del Viejo Pescador, el jardín más pequeño de Suzhou. Fue construido durante la dinastía Song del Sur (1127-1279) y reconstruido en el reinado de Qian Long (1736-1795) de la dinastía Qing. Es un jardín morada, donde las habitaciones y áreas verdes se integran en perfecta armonía. La impresión que produce es que dentro del jardín hay otros jardines, pues tiene numerosas vistas y paisajes en miniatura.

El Pabellón de las Olas Agitadas es el jardín más antiguo de Suzhou y en otros tiempos fue una villa. Está compuesto de roquedales, setos de bambú y colinas artificiales. El Salón del Camino Claro es el mayor edificio del jardín y en la pared oeste del mismo hay alrededor de 500 imágenes grabadas en piedra de figuras notorias de la historia de Suzhou. El Jardín del Bosque del León, ubicado en la calle Yuanlin, tiene fama por sus roquedales, pues de ahí viene su nombre. En la parte sudeste hay colinas y en la

Arriba y abajo: diversos rincones del Jardín del Humilde Administrador, el jardín más grande de Suzhou, China. A la derecha: la Pagoda del Tigre y el Templo del Misterio (Xuanmiao).

parte noreste, agua. Alrededor del jardín hay un corredor zigzagueante. Cuenta con atractivos edificios como el Salón Yanyu, la Cámara de las Nubes Durmientes y el Pabellón Buscador de Flores de Ciruelo. El Jardín de la Demora se construyó durante la dinastía Ming y debe su fama a su composición estricta, paisajes cambiantes y elegancia, sobresaliendo por la magnífica distribución del espacio. Se divide en cuatro sectores: Centro, Este, Oeste y Norte. El Sector Central, caracterizado por las colinas y el agua, es claro y apacible y uno de los más bonitos; el Sector Este tiene edificios con aleros dobles; el Sector Norte es campestre, y el Sector Oeste está formado por paisajes naturales. Los cuatro sectores están conectados entre sí por un sinuoso corredor.

A 3,5 km hacia el noroeste de la ciudad se encuentra la Colina del Tigre o Colina Huqiu, cuya topografía, a pesar de la baja altura de la colina, es muy complicada y singular, con una gran cantidad de pinos antiguos que cubren sus faldas y pagodas milenarias que se esconden entre los árboles, entre las que destaca el Pabellón de la Pagoda del Templo Yunyuan, llamada también Pagoda de la Colina Huqiu. Esta pagoda, de planta octogonal, que fue construida en el año 961 únicamente con ladrillos, mide 54 m de altura y tiene siete pisos.

- CONTINENTE: Asia.
- PAÍS: China.
- UBICACIÓN: Suzhou se encuentra en la provincia de Kiangsu (Jiangsu), a orillas del Gran Canal y al sur del río Changjiang, y colinda con el Lago Taihu por el oeste y con la ciudad de Shanghai por el este.
- CLIMA: templado y muy lluvioso, la temperatura media anual es de 16 °C.
- CÓMO LLEGAR: en un poco más de una hora se puede llegar en tren desde Shanghai. También se puede ir por carretera y en barco, desde Hangzhou, surcando el Gran Canal.
- PECULIARIDAD: en China existen dos grandes escuelas de jardines: la imperial, cuyas muestras más destacadas se hallan en Beijing, y la de los jardines del sur del río Yangtzé, entre los que destacan los de la ciudad de Suzhou. Estos tienen una serie de características especiales, como los puentes de piedra, las pequeñas ventanas que adornan los corredores o galerías, de diversas formas (cuadradas, redondas, hexagonales, octogonales o en forma de hojas) y con dibujos en sus cristales que no obstaculizan la vista al exterior, las piedras de formas caprichosas y extrañas, los muros pintados situados entre los árboles, los estanques, las colinas artificiales, las tejas verdes, las puertas color café y los setos de bambú.
- GASTRONOMÍA: el arroz y el pescado son los ingredientes esenciales de la cocina de Suzhou. Uno de los platos más típicos es el pastel de Suzhou (arroz glutinoso guisado con sangre de cerdo). El pescado se prepara fundamentalmente al vapor, aunque también guisado y frito, huelen a vino y hoja de loto, y su sabor es más bien dulce. De entre los sabrosos platos de pescados, el *songshu guiyu* (pez con forma de ardilla cocinado en salsa agridulce) es uno de los más exquisitos.
- DIRECCIONES ÚTILES: www.turismochina.org

emperador las personas fueron sustituidas por figuras de terracota. A los antiguos emperadores de China les daban sepultura en las llanuras y los cubrían de tierra formando una gran colina. Para velar por las riquezas de los poderosos, ejércitos de figuras circundaban las tumbas. Con el tiempo, los guerreros quedaron enterrados bajo tierra. Hasta que un buen día, en marzo de 1974, en Qin, a 40 km al este de la actual ciudad de Xi'an (la antigua Chang'an, capital de la dinastía Ch'in), unos agricultores que perforaban un pozo se encontraron una cámara subterránea con varias figuras de terracota. Tras posteriores investigaciones, se descubrieron las asombrosas dimensiones del hallazgo, de lo que al principio creían que era sólo de una cueva. Se trataba de un impresionante ejército de terracota, un conjunto de más de 6.000 estatuas de terracota que representan a soldados y caballos a tamaño natural, y que fueron identificados como parte de la tumba de Qin Shi Huangdi, el primer emperador Ch'in, que inició la construcción de la Gran Muralla (la tumba tiene tres fosas de compañía y esta es la primera y más grande).

Las figuras, ubicadas en un área de 14.260 m², están mirando al este y dispuestas para el combate en formación rectangular. A la vanguardia, aparecen tres las tropas de las otras dos fosas y alberga un carro de combate y 66 guardias.

La tumba de Qin Shi Huangdi fue construida hace unos 2.100 años, y se cree que el ejército de terracota forma parte de un complejo funerario que posiblemente cubría una extensión de más de 50 km², pues antiguos documentos chinos describen la construcción de un inmenso palacio subterráneo bajo un montículo para albergar al emperador muerto.

Pero aunque el ejército de terracota le ha valido a Xi'an ser declarada por la UNESCO en 1987 Patrimonio Cultural de la Humanidad, esta ciudad tiene otras tantas tumbas importantes como la de Qianling, la de Zhaoling o la de Maoling, además de otros muchos atractivos que dan fe de su rica historia y su gran importancia cultural y política, como por ejemplo la muralla que la rodea, que está considerada la muralla de ciudad más grande de la China antigua y también la mejor conservada, así como una importante fortaleza a nivel mundial.

Construida durante la dinastía Ming (1368-1644), tiene una torre sobre cada uno de los cuatro rincones de la muralla y una puerta principal en cada uno de los cuatro lados. Encima de cada puerta hay un edificio principal, una torre de arqueros y o templo Dongda y el monasterio de Famen, donde en 1987 se descubrió un palacio subterráneo, el mayor de los de las pagodas budistas chinas, donde se encontraron más de 2.400 reliquias preciosas pertenecientes a la corte de la dinastía Tang.

Entre tantos edificios espectaculares, Xi'an tiene un hermoso rincón que parece sacado de un cuento oriental. Se trata del Estanque de Huaqing, al pie noroeste de la Colina Lishan.

Es una famosa fuente termal, donde en el año 748, el Emperador Xuan Zong, de la dinastía Tang, mandó construir varios palacios alrededor de la colina y dio el nombre de Huaqing al estanque que allí había. Este bello lugar era el lugar donde pasaba el invierno el Emperador con su concubina favorita Yang, quien solía bañarse en el estanque, así como hoy día lo hacen quienes lo visitan, pues es un lugar ideal para disfrutar de un baño termal.

Izquierda: guerrero de terracota. Sobre estas líneas: la ciudad vieja en el Palacio de Daming (Xian Chin) y detalle de los guerreros.

- CONTINENTE: Asia.
- PAÍS: China.
- UBICACIÓN: capital de la provincia de Shaanxi, está situada en la planicie de Guanzhong de la cuenca del río Amarillo.
- CLIMA: es el típico clima monzónico, semihúmedo y templado. La temperatura media anual es de 13 °C; la media de enero, el mes más frío, es de -1,3 °C, mientras que la de julio, el mes más caluroso, es de 27 °C. Los meses más lluviosos son julio, agosto y septiembre.
- CÓMO LLEGAR: en tren, en avión o por carretera.
- PECULIARIDAD: cada dos años, durante el mes de noviembre, tiene lugar en Xi'an la singular Reunión Anual de Caligrafía Internacional Chang'an, donde los participantes, chinos y extranjeros, están inscritos en un lienzo de 100 metros de largo. Las muestras de caligrafía que allí se pueden ver son bellísimas.
- GASTRONOMÍA: el cordero asado entero es el plato más tradicional de toda la región. En Xi'an hay que destacar el *yanroupaomo* (guiso de cordero y fideos), tan popular como el pato laqueado de Beijing o el lechón asado de Guangzhou. También son muy típicos el *zhuafang* (guiso de cordero y arroz), la torta remojada en caldo de cordero, pasta rellena de cordero, la sopa de vísceras de buey y el *rang* (torta tostada).
- DIRECCIONES ÚTILES: www.cnta.com, www.cits.net y www.xinhuanet.com

LA CIUDAD ROSA

Situada en el lecho de un lago seco y rodeada de ásperas colinas coronadas por fortalezas y murallas almenadas, Jaipur, la capital del Estado de Rajastán, es conocida popularmente como la «Ciudad Rosa» por el color de los edificios de la antigua ciudad amurallada que, en un principio, fueron de color amarillo cetrino, pero que, posteriormente, fueron pintados de rosa, por ser este color en la India símbolo de hospitalidad. Por eso, desde que la ciudad fue arreglada, en 1856, para recibir al príncipe Alberto de Inglaterra, regularmente se le aplica un baño de esta tonalidad.

A diferencia de lo que sucede en las otras ciudades de la llanura del Ganges, que tienen callejuelas estrechas y tortuosas, Jaipur posee anchas avenidas y una considerable armonía, debido al cuidadoso trazado de la ciudad, labor del Maharaja Jai Singh II (1699-1744), gran astrónomo y guerrero, quien en 1727, con la decadencia del poder mogol, pensó que había llegado el momento de trasladarse desde su reducida fortaleza, el palacio fortificado de Fuerte Amber, rodeado por 18 km de murallas, a un nuevo emplazamiento en las llanuras, por lo que diseñó una ciudad de seis manzanas rectangulares y rodeada de murallas, tal como se establecía en el Shilpa-Shastra, un antiguo tratado hindú sobre arquitectura. De acuerdo con las

China

Paquistán

Nepal

JAIPUR

VARANASI

Mar de Arabia

India

Golfo de Bengala

Océano Índico

prescripciones de los *shastras*, cada barrio de la Ciudad Rosa es la sede de un centro particular de actividad o comercio. De modo que el Johari Bazaar es el barrio de la plata, las piedras preciosas y los saris; el Tripolia Bazaar, el de los objetos de latón, tallas, laqueados y utensilios del hogar; el Bapu Bazaar, el de los perfumes, los tejidos y los zapatos de piel de camello; el Chandpol Bazaar, el de las baratijas y brazaletes modernos; y el Suraj Pole Bazaar, el de los elefantes.

En el corazón de la Ciudad Rosa se encuentra el complejo palaciego de la Ciudad Palacio, que ocupa una amplia área dividida en una serie de patios, jardines y edificios. Residencia todavía del antiguo Maharaja, es una mezcla de arquitectura rajastaní y mogol. El Chandra Mahal, de siete pisos, es el centro del complejo palaciego. En la planta baja y el primer piso se halla el Museo del Maharaja Sawai Man Singh II, que posee una magnífica colección de arte, alfombras, esmaltes y armas antiguas.

Construido en 1799 por orden del Maharaja Sawat Pratap Singh, el Hawa Mahal o Palacio de los Vientos, situado en la zona oeste de esta ciudad-palacio, es uno de los puntos emblemáticos de Jaipur, aunque,

en realidad, es poco más que una fachada. Este edificio de cinco pisos es un magnífico ejemplo del arte rajput. La construcción está llena de ventanas (593) de forma semi octogonal, delicadamente talladas. El Hawa Mahal fue edificado para hacer posible que las mujeres de la corte pudieran observar la vida cotidiana y las procesiones que tenían lugar en la ciudad. Desde arriba, se divisa una excelente vista de la ciudad.

Al lado de la entrada al Palacio de la Ciudad, se encuentra el Observatorio o Jantar Mantar, cuya construcción fue iniciada por Jai Singh en 1728. Como la pasión de Jai Singh por la astronomía iba mucho más allá de su destreza como guerrero, antes de proceder a la edificación del Observatorio mandó a varios eruditos al extranjero para que estudiaran otros observatorios. A primera vista, Jantar Mantar parece limitado a una curiosa colección de esculturas, pero en realidad, cada construcción tiene un propósito concreto, como la medición de la posición de las estrellas, altitudes y azimuts, o el cálculo de los eclipses.

Pero, sin duda, el instrumento más asombroso del Observatorio es el reloj de sol, con su gnomon de 30 m de altura. La sombra que éste proyecta se desplaza a razón de 4 m cada hora.

Sobre estas líneas: vista aérea de Jaipur desde el Fuerte Nahargarh al atardecer. Arriba: Palacio Hawa Mahal (Palacio de los Vientos). A la izquierda: Fuerte Amber.

- CONTINENTE: Asia.
- PAÍS: India.
- UBICACIÓN: capital del Estado de Rajastán, está ubicada en el norte de la India, a 300 km al suroeste de Delhi.
- CLIMA: el clima de Rajastán es uno de los más secos y calurosos de la India, diferenciándose tres estaciones: la cálida (febrero a abril), la época húmeda de monzones (junio a agosto) y la fría (octubre a enero), que es tal vez la más agradable por sus suaves temperaturas, pues en raras ocasiones se superan los 30 °C.
- CÓMO LLEGAR: en avión hasta el aeropuerto internacional de Jaipur y, también, por carretera y en tren.
- PECULIARIDAD: el plano cuadriculado de la Ciudad Rosa forma un gigantesco diagrama mágico o mandala, diseñado para infundir la armonía del Cosmos en la vida humana.
- GASTRONOMÍA: la comida rajastaní abre los sentidos y además es una de las pocas gastronomías de la India, fundamentalmente vegetariana, que incluye carnes como la de pollo y cabrito. Además del arroz, el curry, el *chappati* (un pan ázimo), las sopas de verduras y los *puris* (tortas de trigo frito), que no suelen faltar en la mesa, entre sus platos más típicos, destacan el *sulo* (brocheta de carne marinada con especias), el *sambar* (sopa de lentejas y *curry*) y el *khud khargosg* (carne muy especiada). En cuanto a los postres, son deliciosos el *barfi* (dulce de leche, azúcar y mantequilla) y los *gulab jamuns* (bolas de queso cremoso, fritas y recubiertas de almíbar).
- DIRECCIONES ÚTILES: www.jaipurtravel.com, www.tourismofindia.com y www.jaipur-travel-guide.com

VARANASI

LA CIUDAD SANTA

Antes de que los hindúes la proclamaran como el lugar más sagrado de la Tierra, Varanasi (llamada antes Benarés o Kashi), conocida también como la «Luminosa Ciudad de la Luz» o la «Ciudad que es una plegaria», ya ocupaba el centro del universo budista al estar conectada por importantes rutas comerciales con Delhi.

Varanasi, una de las ciudades más antiguas del mundo, fue fundada por el dios hindú Shiva, según las creencias, y se encuentra entre los *tirthas* (lugares de cruce) más sagrados de la Tierra, que permiten el acceso a lo divino y también que los dioses

y diosas se acerquen hasta la tierra. La ciudad sagrada de Varanasi, un laberinto de callejuelas con más de 1.000 templos y 3.000 años de antigüedad, resplandece al amanecer, cuando los más devotos, que ya han completado sus oraciones, se dirigen al río Ganges para bañarse en los *ghats* (escalinatas de piedra, a modo de desembarcadero, que conducen hasta el agua).

Por encima de la ribera de Varanasi, extendida a lo largo de la media luna formada por el sagrado Ganges, se suceden los *ghats*, donde miles de lugareños y más de un millón de peregrinos, venidos de todo el mundo, acuden a realizar sus abluciones

rituales diarias, pues los hindúes creen que la inmersión en el Ganges purifica los pecados y que morir en sus orillas conduce a la salvación, de ahí que las viudas y ancianos acudan a Varanasi en busca del último refugio donde vivir los últimos días de su vida, encontrando amparo en los templos asistidos por las limosnas de los fieles. A lo largo del río hay 84 *ghats*, ya que, de acuerdo con la mitología hindú, el alma requiere de 84 millones de encarnaciones antes de poder liberarse del ciclo de la vida y la muerte. La mejor manera de ver los *ghats*, así como los pabellones, palacios, templos y bancales que flanquean el Ganges a su paso por Varanasi, es recorrer los *ghats* a pie o en barca de Sur a Norte. El *ghat* Asi, el más alejado río arriba, es uno de los cinco *ghats*

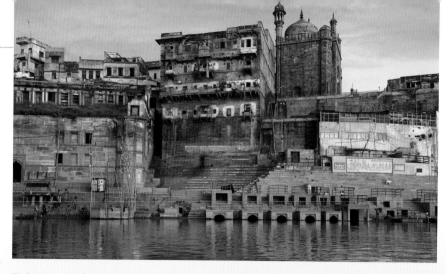

- CONTINENTE: Asia.
- PAÍS: India.
- UBICACIÓN: en el estado de Uttar Pradesh, situado en el nordeste de la India, en la orilla septentrional del río Ganges y a 230 km al sur de la frontera con Nepal.
- CLIMA: diciembre y enero son templados, mientras que abril, mayo y junio son secos y muy calientes, y en julio, agosto y septiembre domina el clima monzónico con lluvias importantes y sofocante humedad. Los mejores meses para visitar Varanasi son febrero y marzo, pues la temperatura es cálida sin llegar a hacer calor en exceso.
- CÓMO LLEGAR: en avión hasta el aeropuerto de Babatpur (a 22 km de la ciudad), por carretera y en tren.
- PECULIARIDAD: para los hindúes el Ganges es amrita (el elixir de la vida), que ofrece pureza a los vivos y salvación a los muertos. Por eso, en sus aguas sagradas vida y muerte se dan la mano, ya que los devotos hacen sus abluciones junto a las cenizas de los muertos, que previamente han sido incinerados en las piras funerarias habilitadas en los ghats, las descargas de las cloacas y los restos de los ritos religiosos.
- GASTRONOMÍA: además de los sabrosísimos y especiados platos de la cocina hindú, quien visite Varanasi no debe dejar de probar el kachori, pan especiado frito que venden en la ciudad vieja junto a los ghats.
- DIRECCIONES ÚTILES: www.incredibleindia.org

En la imagen inferior: panorámica de la ciudad de Varanasi a orillas del río Ganges. Sobre estas líneas: ghat de una mezquita.

especiales en los que los peregrinos deben bañarse por orden en el mismo día. Concretamente, después de Asi, pasarán por Dasaswamedh, Barnasangan, Panchganga y Manikarnika.

El desfile de personas en los ghats es continuo. Unos entran y otros salen, y más tarde toman el desayuno, que consiste en un paratha (pan de trigo sin levadura) y un poco de té con leche y, ya fuera del agua, hombres y mujeres, después de cambiarse púdicamente de ropa, se peinan, afeitan y maquillan, bajo la sombra de cientos de sombrillas de color naranja.

Posteriormente, al atardecer, la gente vuelve a acercarse hasta el Ganges para hacerle una ofrenda colocando velas en la superficie del río. La visión de las velas flotantes, que se juntan y separan formando constelaciones efímeras que navegan río abajo, es impresionante.

Pero hay otra Varanasi, además de la de los ghats. La antigua ciudad de callejuelas estrechas y tortuosas y pintorescas avenidas, surcadas por peregrinos, sadhus errantes (hombres santos) y brahamanes (sacerdotes hindúes) que dedican ofrendas a los dioses, embriagada por el aroma del incienso que emana de los templos, como el famoso Templo de Durga, popularmente

conocido como el Templo del Mono, debido a la gran cantidad de simios que lo han convertido en su hogar. El templo fue edificado en el siglo XVIII por orden de una Maharani bengalí en honor de Durba, la forma «terrible» de la consorte de Shiva, Parvati, por lo que en las festividades suelen ofrecerse sacrificios de cabras y aunque al igual que otros templos de Varanasi, está cerrado a los no creyentes, puede verse el interior del edificio desde un paso elevado.

Junto al templo de Durga se encuentra el templo de Tusi Manas, un moderno edificio de mármol de estilo shikara. Edificado en 1964, sus paredes están decoradas con versos y escenas del Ram Charit Manas, la versión hindi del Ramayana. Dedicado a Vishveswara («Señor del Todo»), la estructura actual del Templo Vishveswara, conocido popularmente como Templo Dorado, fue levantada en 1776 por Ahalya Bai de Indore, y el revestimiento de oro que cubre las torres fue suministrado por el Maharajá Ranjit Singh de Lahore.

Junto al templo se encuentra el Gyan Kupor o «Pozo del conocimiento», del que se dice que contiene el lingam (pene) de Shiva, que fue sacado del templo original y escondido para protegerlo de sus enemigos. Los no hindúes tienen prohibida la entrada al templo, pero pueden verlo desde lo alto de una casa situada en el lado opuesto de la calle.

ISLA DE BALI

TEMPLOS Y MERCADOS

Cuenta la leyenda que un rey de Java desterró a su hijo por su desobediencia y, viéndole alejarse hasta que desapareció en el horizonte, trazó una línea en el suelo. Fue entonces cuando los mares se acercaron hasta aquel lugar y nació la que ahora se conoce como isla de Bali, una de las islas más importantes de Indonesia. Con 145 km de longitud por 80 km de ancho, está cruzada de este a oeste por una cadena de montañas volcánicas, dominadas por el majestuoso Gunung Agung (La Montaña Sagrada), cuya cumbre, el Monte Agung, un volcán cuya última erupción tuvo lugar en marzo de 1963, se eleva hasta 3.142 metros hacia el cielo.

Sin embargo, en las terrazas encharcadas de las laderas de Bali el paisaje es totalmente distinto y está formado por inmensos arrozales, la producción principal de la isla, aunque en ella también se produce caña de azúcar, café, copra, tabaco, frutas y verduras.

La vida en Bali gira en torno a la religión local, una mezcla de hinduismo, budismo, antiguos cultos malayos y animismo, conocida por el nombre de «agama hindú». Como en el siglo XVI la expansión del islam

El templo Pura Ulun Danu Bratan, construido sobre el lago Bratan, está dedicado a Dewi Danu, la diosa del agua. A la derecha: templo del Monte Agung (arriba) y santuario forestal de monos en De Ubud (abajo).

obligó a los nobles hindúes, los sacerdotes y los intelectuales de las islas circundantes a buscar refugio en Bali, cada aldea de la isla cuenta con lugares de culto y templos, sobre todo en las montañas, porque allí, según la tradición, se refugiaron los dioses hindúes de los invasores islámicos de Java. Son miles los templos que hay en Bali (se dice que hay más de 10.000) y se extienden a partir del gran templo sagrado de Besakih hasta cualquier pequeño pueblecito de la isla. El templo de Besakih (un complejo de más de 30 templos, donde se celebran espléndidas ceremonias), cuyos orígenes se remontan al siglo X, está situado en las laderas volcánicas del Gunung Agung, la cumbre más alta de la isla, y por eso se le considera el lugar más sagrado de Bali. Además, según la leyenda Gunung Agung es el centro del mundo y en él está situado uno de los ocho puntos *chakra* del planeta. El templo marino de Tanah Lot, en la costa oeste, cerca de Kediri, es otro de los grandes templos de Bali. Erguido, sobre un acantilado, solitario y misterioso, desde él se divisan las vistas más impresionantes de la isla, sobre todo al atardecer, cuando el sol se esconde. Al norte de Kintamani, a 1.745 m de altitud, se halla el templo de Penulisan, el más alto de Bali. Desde aquí, la panorámica que se divisa es realmente espectacular. Denpasar, la capital de Bali, tiene muchos templos comunitarios llamados Pura. Uno de los más importantes es el Pura Jaganatha, que está dedicado al dios supremo Sang Hyang Widi Wasa. El templo de Uluwatu, obra del maestro de Nirartha (un sacerdote del siglo

XVI), está situado al borde de un acantilado a 95 metros sobre el nivel del mar; desde allí se puede contemplar una bella puesta del sol sobre el océano Índico, salpicado de pequeñas embarcaciones de pescadores. Otro de los templos más

visitados y venerados de Bali es el que se encuentra en el interior de Goa Gajah (La Cueva del Elefante).

Religión y arte son las dos claves fundamentales de la vida en Bali. Por eso, los mercados ocupan un lugar casi tan

Sobre estas líneas: templo hindú Tanah Lot (templo de la Tierra en el mar). Abajo: templo Uluwatu. A la derecha: puestos en un mercado balinés.

en Denpasar, es el más grande y antiguo de Bali. En él se vende de todo, desde fruta y carne hasta ropa y tejidos. El edificio del mercado tiene tres pisos repletos de negocios, donde el regateo es, sin duda, el gran protagonista. Del lado opuesto del río, hacia el mercado de Pasar Badung, se encuentra el mercado de Pasar Kumbasari, que ofrece una amplia gama de artesanía y finos trabajos en oro. Uno de los mercados más coloristas y llamativos de todo Bali es el mercado de Pájaros, situado en Jl. Veteran, también en Denpasar, donde se pueden ver los más hermosos pájaros que uno pueda imaginar

importante como los templos en el día a día de la isla. Los balineses, hábiles artesanos en la talla de madera y en la elaboración de objetos de carey, oro y plata, así como en tejer con hilos de oro y plata, y en la realización de bordados en seda y algodón, acuden a ellos para vender sus productos junto con las cosechas que aportan los campesinos. El mercado de Pasar Badung, situado en Jl. Gajah Mada,

y que, al margen de la compra-venta, ofrecen una estampa visual y sonora fantástica. Fuera de Denpasar, la capital de la isla, se pueden encontrar mercados en casi cualquier aldea de Bali. Pero uno de los más singulares es el mercado de Sukawati, en Gianyar, conocido por sus artesanías y, también, por la cestería, los artículos para ceremoniales y los llamativos tejidos locales.

El tigre balinés constituye sólo el 1% del número total de las especies en peligro de extinción que hay en Indonesia, junto con la pantera negra y el leopardo. En este maravilloso paraje de la Tierra hay 7.000 especies de peces (muchos de ellos de increíbles colores) y 30.000 especies de plantas (es el séptimo país del mundo en especies florales), además de tortugas gigantes, delfines y numerosas aves exóticas, como el rododendro javanés, del dropongo del paraíso y la paloma loro. En cuanto a la vegetación, además de bambú, pinos, bananos gigantes, bosques de palmeras, árboles de teka, bayan y puré (dos árboles sagrados con los que se fabrican las máscaras) e infinidad de especies florales, en las zonas montañosas hay orquídeas salvajes.

- CONTINENTE: Asia.
- PAÍS: Indonesia.
- UBICACIÓN: situada en el océano Índico, en el archipiélago de la Sonda, es una de las 17.000 islas de la República de Indonesia. Está separada de la isla de Java (al oeste) por el estrecho de Bali, y de la isla de Lombok (al este) por el estrecho de Lombok.
- CLIMA: templado durante todo el año. La época seca comprende desde mediados de abril hasta septiembre. En el periodo de lluvias, con rápidos y abundantes aguaceros tropicales, se mantienen, sin embargo, los días soleados y claros.
- CÓMO LLEGAR: en avión hasta el aeropuerto internacional de Bali Ngurah Rai y en barco desde Banyuwangi, en Java, hasta Gilimanuk, en Bali.
- PECULIARIDAD: en Bali los artistas son campesinos y los campesinos son artistas, pues prácticamente cada aldea tiene una orquesta gamelán y un conjunto coreográfico, ya que las danzas rituales constituyen la verdadera esencia del país. Las danzas balinesas combinan precisos movimientos de ojos, hombros, dedos y cuello siguiendo estrictas fórmulas; seculares bailarines tienen prohibido improvisar.
- GASTRONOMÍA: entre los platos locales, destacan el *rijsttafel* (tabla de arroces de 21 sabores), el *nasi goreng* (plato nacional), el *babi guling* (cochinillo asado), el *opor ayam* (trozos de pollo guisados en leche fresca de coco), el *gado gado* (ensalada de hortalizas con galletas de camarones y salsa de cacahuete) y el *sate* (trozos de carne servidos en brochetas y salsa de cacahuete). De postre cualquiera de sus exquisitas frutas (mango, guava, papaya, sawo, blimbing, jeruk, rambutan, salak o banana) o el exquisito *buah* (ensalada de frutas, gelatina, jarabe, arroz triturado, leche condensada y varios tipos de cítricos).
- DIRECCIONES ÚTILES: www.indonesia.travel www.balitourismboard.org y www.balitourismboard.or.id

MONTE FUJI

LA CUMBRE SAGRADA

cráter en forma de cono de 610 metros de diámetro y cuyas laderas sureñas se extienden hasta la orilla de la bahía de Suruga, además de ser la montaña más alta de Japón (3.776 metros), es considerado por los japoneses una montaña sagrada. Son miles los peregrinos que acuden allí cada año, pues se dice que cada japonés debe pisar la cima del Monte Fuji al menos una vez en su vida. Hoy día también las mujeres pueden acceder a la cima, pero hasta 1871 no podían subir más allá de la segunda estación, pues las creencias decían que podían enfadar a los dioses e incluso causar mal tiempo.

Aunque hay seis senderos, el lugar habitual y más popular para subir al Monte Fuji es desde el lago Kawaguchiko. Cada uno de los senderos está dividido en diez tramos, cuyo recorrido oscila entre 25 y 15 km, y aproximadamente se tarda nueve horas en subir y cuatro horas en bajar. Además, en cada estación o tramo hay refugios para

descansar o, si el peregrino lo desea, poder pasar la noche. Durante el trayecto, no sólo las vistas del monte y los cinco lagos son impresionantes, sino que el viajero también puede disfrutar con la visión de numerosos altares y templos que se encuentran esparcidos por las laderas del Fuji.

El otro gran encanto de la visita al Monte Fuji son los cinco lagos que lo rodean: el Kawaguchi, desde el que se domina una hermosa vista del Fuji, en concreto de su cara norte que se ve reflejada en sus aguas; el Yamanaka, que es el mayor de los lagos y durante julio y agosto se acampa en sus orillas y en enero, cuando se hiela, se patina y se pesca haciendo un agujero en el hielo; el Saiko, en cuyo lado sur se levanta Koyodai, la colina de los arces,

Según la leyenda, el Monte Fuji, llamado también Fuji Yama o Fuji-San, surgió de la llanura en una noche del año 286 a.C., pero geológicamente es mucho más antiguo. Este volcán apagado, con un

• CONTINENTE: Asia.
• PAÍS: Japón.
• UBICACIÓN: en la Prefectura de Yamanashi, en el Parque Nacional de Fuji-Hakone-Izu.
• CLIMA: durante los meses de julio y agosto, que es cuando se permite el ascenso al monte Fuji, la temperatura media en la cima es de 5 °C en julio y 6 °C en agosto.
• CÓMO LLEGAR: se puede ir en tren o por carretera desde Tokio y Shinjuku.
• Peculiaridad: es uno de los lugares más populares de Japón para practicar el alpinismo, cuya temporada oficial dura desde principios de julio hasta finales de agosto, siendo mayoría los que escalan por la noche para disfrutar en la cima de la salida del sol.
• GASTRONOMÍA: entre los platos más típicos de la zona, destacan el *oden* (guiso de harina de pescado, cuajada de soja, legumbres y huevos cocidos), la tempura (pescado rebozado), el *tako yaki* (bolas de pasta con miel, mezcladas con cebolla y pulpo), el *kamen* (sopa de tallarines), el *karereraisu* (arroz al curry), el *sushi* (tacos de arroz con pescado crudo), el *teppan-yaki* (trozos de carne asados a la parrilla con legumbres), el *kaiseki ruori* (verdura y pescado con algas y champiñones) y el *sashimi* (pescado crudo con salsa de soja).
• DIRECCIONES ÚTILES:
www.yamanashi-kankou.jp y
www.mtfuji-jp.com

donde desde lo más alto se divisa una magnífica vista del Fuji y los alrededores; el Shoji, el más pequeño de los lagos, que está rodeado por montañas boscosas en los otros tres lados; y el Motosu, con 133 metros de profundidad, cuyas aguas de azul intenso pocas veces se hielan. Cerca del Monte Fuji habitan más de 40 especies de mamíferos, 200 de aves y varios tipos de reptiles y anfibios. En las zonas más montañosas viven lobos, osos, zorros, gatos salvajes y macacos.

El cráter del Monte Fuji (o Fuji Yama para los japoneses) tiene 610 metros de diámetro. En la zona, junto al bambú, abundan los bosques de coníferas y especies de hoja caduca y es un rito casi nacional admirar la floración de ciruelos durante el mes de febrero, de los cerezos en abril, de las azaleas y glicinias en mayo, de los gladiolos en junio, del loto en agosto y de los crisantemos en noviembre. La belleza del Monte Fuji no sólo radica en su cumbre nevada, sino en los cinco lagos que rodean esta montaña sagrada.

A la izquierda, vista del Monte Fuji desde el lago Kawaguchiko.

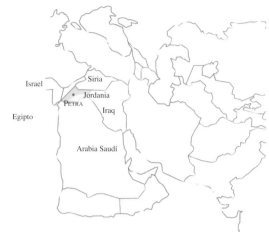

Mar Mediterráneo

Israel
Siria
Jordania
PETRA
Iraq
Egipto
Arabia Saudí

LA CIUDAD ROJA

La antigua ciudad de Petra, en otro tiempo un importante cruce entre las rutas de caravanas que iban desde Gaza en el Mediterráneo hasta Damasco y el golfo Pérsico, se encuentra al sur de Jordania, entre el mar Muerto y el golfo de Áqaba. Petra está situada en el antiguo desierto de Edom, en uno de los bordes de la fosa del Rift, sobre una terraza que va desde el Wadi Nemeila al norte, hasta el Wadi al sur y que es atravesada, de este a oeste, por el Wadi Musa, el «Valle de Moisés», el cual ha excavado profundas gargantas, conocidas como El Siq.

Entre los siglos IV a.C. y II d.C., Petra fue la capital del reino nabateo y un importante centro comercial. Los nabateos, de origen árabe, fundaron hace 2.000 años la capital del gran reino árabe del desierto y tallaron esta impresionante ciudad en la roca, levantando fantásticos templos y excavando más de 1.000 tumbas. Los romanos la conquistaron en el 106 d.C. y formó parte de la provincia romana de Arabia Petraea. La ciudad continuó prosperando en los siglos II y III, pero después, cuando la ciudad rival, que era Palmira (Siria), le arrebató la mayoría del comercio, la importancia de Petra declinó. Posteriormente fue conquistada por los musulmanes en el siglo VII y capturada por los cruzados en el siglo XII y, paulatinamente, acabó por convertirse en ruinas, siendo redescubierta en 1812 por el explorador suizo Johann Ludwig Burckhardt.

A esta fortaleza impenetrable, notable tanto por su gran belleza natural como por la grandiosidad de sus monumentos, se accede únicamente a caballo o a pie, a través de uno de los caminos más sobrecogedores de la Tierra. El Siq es una grieta de 2 km de longitud, que en algunos lugares tiene sólo 3,7 m de ancho (en la desembocadura), flanqueado a ambos lados por paredes de piedra muy elevadas (probablemente en la época prehistórica una sacudida telúrica dividió la montaña en dos, formando este angosto y misterioso desfiladero).

Tras los primeros y oscuros recodos de El Siq, aparece El Jaznah (El Tesoro), un impresionante templo cincelado en la roca arenisca roja, que estuvo dedicado a la

diosa egipcia Isis y cuya construcción se atribuye a Adriano. La fachada (de 20 m de altura) está dividida en dos pisos. En el piso superior hay una pared con nichos excavados en ella, separados por columnas, con estatuas en su interior, y en el extremo superior se halla una cúpula puntiaguda y cónica que sostiene una urna, que según los beduinos contenía el tesoro del faraón.

Continuando por El Siq se ven algunas tumbas y un teatro circular tallado en la roca, con una capacidad para 3.000 espectadores sentados. Un poco más adelante, sobre las montañas del lado derecho del camino, hay varios conjuntos de tumbas importantes: la Corintia, el Palacio y el Sexto Florentino. Al pie de estas tumbas comienza la gran explanada de la ciudad de Petra y a través de la Calle de las Columnas se llega hasta el Puente de los Temenos, entrada principal del recinto sagrado de Qasr El Bent (Palacio de la Doncella del Faraón), donde el pueblo nabateo adoraba a Dushara, el dios del Sol. Tras dejar a la izquierda el templo, en la ladera de la montaña, en el interior de una cueva está ubicado un pequeño Museo Arqueológico.

Para subir hasta El Deir (El Monasterio), otro de los edificios más impresionantes de Petra, hay que cruzar el Wadi Al Siyagg y ascender a pie, por unas escaleras talladas en la roca, por el Wadi El Deir (también se puede subir en burro, pero es un poco peligroso). Durante la ascensión, dependiendo del ángulo en el que se refleje la luz, se pueden distinguir varias cruces e inscripciones griegas y ver el famoso Triclinio de los Leones. Por fin, escondido tras una inmensa masa rocosa,

• CONTINENTE: Asia.
• PAÍS: Jordania.
• UBICACIÓN: a 262 kilómetros al sur de Ammán, la capital de Jordania, al sur del mar Muerto.
• CLIMA: abril y octubre son los meses más apropiados para visitar Petra, pues al estar situada en pleno desierto, las temperaturas llegan a ser tórridas en julio y agosto, mientras que de noviembre a febrero el frío es intenso. Si se viaja en dichos meses, conviene llevar ropa de abrigo pues suele nevar.
• CÓMO LLEGAR: en avión hasta Ammán y, desde allí, por carretera. También se puede ir en barco hasta Aqaba y, desde allí, por carretera hasta Wadi Musa (el Valle de Moisés).
• PECULIARIDAD: según la hora del día, la roca roja-rosácea cambia de tonalidad, llegando a ser de color salmón con vetas carmesí e, incluso, con franjas anaranjadas.
• GASTRONOMÍA: la cocina jordana es una sabia mezcla de gastronomía árabe y mediterránea. Las carnes, las legumbres,

las verduras y las especias son ingredientes básicos de muchas de sus especialidades. El plato jordano más popular es el *mansaf* (carne de cordero cocinada con yogur y servida con arroz), junto con el *musakhan* (pollo asado con cebolla y piñones), el *tabuleh* (ensalada de trigo, tomate, cebolla, perejil, menta, aceite de oliva y limón), el *hummus* (puré de garbanzos con jugo de limón, aceite de oliva y pasta de sésamo), el *falafel* (bolas de garbanzos molidos fritos en aceite de oliva), el *sambusak* (empanadillas rellenas de carne picada, queso o espinacas) y el *maglouba* (carne o pescado, con verduras y arroz). En cuanto a los dulces, son deliciosos el *baclawa* (pasta de hojaldre rellena de nueces y miel) y el *maámoul* (pasta elaborada con nueces y dátiles bañada en agua de rosas).
• ALOJAMIENTO: en Wadi Musa, una aldea cerca de Petra, con importantes complejos hoteleros.
• DIRECCIONES ÚTILES: ww.petramoon.com, www.visitpetra.jo, www.visitjordan.com, international.visitjordan.com

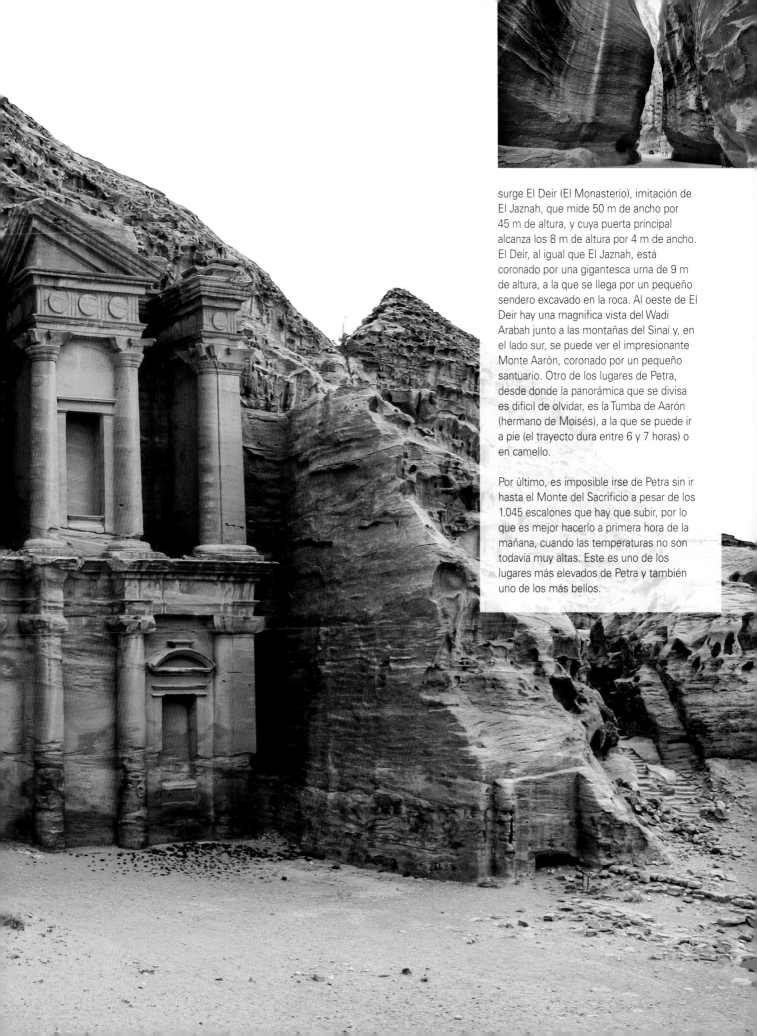

surge El Deir (El Monasterio), imitación de El Jaznah, que mide 50 m de ancho por 45 m de altura, y cuya puerta principal alcanza los 8 m de altura por 4 m de ancho. El Deir, al igual que El Jaznah, está coronado por una gigantesca urna de 9 m de altura, a la que se llega por un pequeño sendero excavado en la roca. Al oeste de El Deir hay una magnifica vista del Wadi Arabah junto a las montañas del Sinaí y, en el lado sur, se puede ver el impresionante Monte Aarón, coronado por un pequeño santuario. Otro de los lugares de Petra, desde donde la panorámica que se divisa es difícil de olvidar, es la Tumba de Aarón (hermano de Moisés), a la que se puede ir a pie (el trayecto dura entre 6 y 7 horas) o en camello.

Por último, es imposible irse de Petra sin ir hasta el Monte del Sacrificio a pesar de los 1.045 escalones que hay que subir, por lo que es mejor hacerlo a primera hora de la mañana, cuando las temperaturas no son todavía muy altas. Este es uno de los lugares más elevados de Petra y también uno de los más bellos.

China
KATMANDÚ
Nepal   Bután
India   Banglá Desh

EL CORAZÓN DE NEPAL

más concretamente, en Katmandú, uno de
sus paraísos.

Hasta 1950, Nepal había permanecido
cerrado al mundo. Fueron los alpinistas,
en busca de los picos escondidos encima
de las nubes, los primeros en descubrir sus
maravillas. Más tarde, en los años 60, los
hippies iniciaron su viaje iniciático a Oriente
y encontraron en este reino montañoso y,

Sede de los reyes Malla y centro
depositario del arte y cultura nepalenses,
Katmandú es la capital y el corazón del
montañoso reino de Nepal, además de ser
el centro económico, administrativo y
cultural. Fundada en el año 723, Katmandú
estuvo durante siglos bajo el dominio del
pueblo newar. En 1768 cayó en poder del

pueblo gurkha y se convirtió en su capital. Entre 1846 y 1950 la poderosa familia Rana ocupó de forma hereditaria el cargo de primer ministro, gobernando en el país. El rico entramado de la herencia cultural y artística de Nepal se resume en Katmandú, la capital desde sus orígenes míticos, pues se cree que surgió a partir de un lago sagrado que fue drenado por el dios Manjushri. Se dice que en Katmandú hay más dioses que habitantes y no es difícil creerlo, pues en cada esquina se levanta un templo. Además, es frecuente ver pasar por las calles una procesión que conmemora alguna festividad. Pétalos de rosa, polvo rojo y arroz se ofrecen, diariamente, en bandejas de bronce. Katmandú es una de las ciudades más fascinantes del mundo. Dejando a un lado la parte moderna, el visitante, al llegar a la ciudad, se adentra en un fascinante laberinto medieval de

estrechas callejuelas con todo el sabor de aquella época. Katmandú está dividida en dos partes: la Ciudad Vieja (al oeste) y la Ciudad Nueva (al este), separadas por el Kantipath (Camino del Rey), que transcurre de norte a sur, bordeando el Palacio Real.

El centro principal de la Ciudad Vieja es la Plaza de Durbar, un auténtico museo viviente. Los templos, pagodas y casas forman una singular amalgama de fachadas de ladrillo rojo con tejados superpuestos, coronados por banderolas y campanas, ventanas y miradores esculpidos en madera oscura, estatuas de animales mitológicos y aleros sostenidos por diosas de pechos turgentes, tres cabezas y siete pares de brazos así como por parejas y tríos en atrevidas posiciones amatorias. Mientras, en los bajos de las casas y de los templos los comerciantes, cuelgan máscaras de

papel maché, *tangkas* (pinturas budistas) y ropa multicolor. Lo primero que se encuentra el visitante al llegar a la plaza es el templo de Narayan y, frente a él, el Gaddi Baithak, un edificio anexo al Palacio Real, que fue construido a principios del siglo XX. Al otro lado de la plaza hay un templo dedicado a Kamadeva, dios del deseo y del amor. Muy cerca, junto al puente Vishnumati, se encuentra el edificio de madera del siglo XIV Kasthamandap, construido con el material proporcionado por un solo árbol y que dio el nombre a la

Vista panorámica de Katmandú.

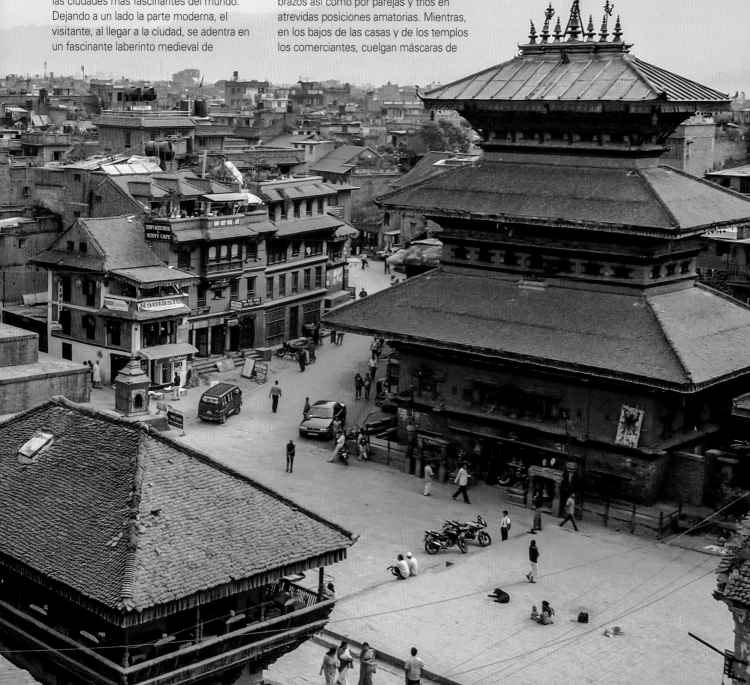

Templo Pashupatinath (Katmandú).

decorado con campanas. La Kumari Bahal (Casa de la Diosa Viviente) es un templo de estuco de mediados del siglo XVIII decorado con ventanas talladas. El portón está flanqueado por dos leones y en el patio interior, también de madera tallada, se encuentra la propia Kumari o Diosa Viviente. Aunque los relatos sobre su origen varían, la Kumari se considera la encarnación de la Diosa Virgen y, por esta razón, es reverenciada por el soberano de Nepal, distinguiéndola de otras diosas vírgenes del Valle de Katmandú. Cerca de Katmandú y sobre una colina se eleva hacia el cielo el templo budista más importante de Nepal, la estupa de Swayambhunath (de más de 2.500 años de antigüedad), a la que se accede subiendo unos cuantos centenares de escaleras. Los ojos del príncipe Gautama pintados en cada una de las cuatro caras de la torre de esta estupa representan al «Buda que todo lo ve» y se han convertido en el símbolo de Nepal. A 5 kilómetros de la ciudad de Katmandú se encuentra el Templo Pashupatinath, el principal santuario hinduista del país, por lo que atrae también a muchos peregrinos desde la vecina India.

ciudad, ya que Katmandú quiere decir «casa de madera». Está hecho siguiendo el estilo de las pagodas, con balcones y plataformas elevadas. Durante muchos años fue un centro de culto tántrico. Frente a este edificio se halla la Casa del León (Singha Satal), hecha con la madera sobrante de Kasthamandap. A la sombra de Laxmi Narayan hay un pequeño templete del siglo XIX donde acuden a orar los reyes de Nepal antes de su coronación. El Palacio Real impacta no sólo por su gran puerta dorada protegida por leones de piedra, sino también porque en cada una de las cuatro esquinas del palacio hay una torre que representa las cuatro ciudades del país. El templo Taleju, construido a la derecha del Palacio Real, en lo alto de un montículo, está considerado el más bello de Katmandú. Está dedicado a Taleju Bhavani, la diosa tutelar de la dinastía Malla, consorte de Shiva. El edificio tiene tres plantas y mide 36 metros, y cada uno de los tres tejados está recubierto con cobre y

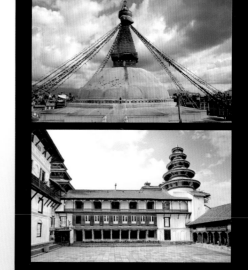

Se alza a orillas del río Baghmati y en sus *ghats* (escalones de piedra que descienden hasta el agua) se erigen cada mañana las piras funerarias donde se incineran a los muertos. Aunque sólo los hinduistas pueden penetrar en el interior del templo, se puede tener una magnífica perspectiva del mismo desde la otra orilla del río. Pero, sin lugar a dudas, el viajero no puede irse de Katmandú sin visitar la estupa Boudanath, el santuario de cúpulas blancas de culto budista tibetano más importante fuera del Tibet. Siddharta Gautama, llamado Buda, nació en lo que hoy es Nepal y, aunque en la actualidad la mayor parte de la población es de tradición hinduista, aún perduran elementos budistas en la práctica religiosa. Este santuario, de bóveda dorada, abierto todos los días desde el amanecer hasta la puesta del sol, es uno de los más importantes centros religiosos para los budistas tibetanos.

En el camino hacia Boudanath hay pequeños monasterios budistas donde viven monjes de túnicas naranjas, *sadhus* vestidos sólo de ceniza y aire y yoguis en éxtasis. Por encima de las inmensas cúpulas blancas las banderas de oraciones se agitan al viento junto con el canto de los monjes y bajo la torre dorada, los ojos de Buda miran en las cuatro direcciones. Es el sagrado refugio tibetano.

Los bosques ocupan el 35,2% de la superficie del país. Hay extensos bosques de árboles de madera noble y bambú en áreas que todavía no han sido deforestadas para el cultivo. En la parte baja de las laderas de las montañas crecen flores silvestres entre los pinos y los robles. En las regiones más altas predominan los abetos y los matorrales y en alturas superiores a los 3.660 m sólo crecen plantas pequeñas. En las zonas húmedas habitan tigres, leopardos, ciervos y elefantes, mientras que las zonas más altas están pobladas por cabras, ovejas salvajes y lobos. Hay gente que cree que por las montañas de Nepal vaga una criatura misteriosa llamada Yeti o el «abominable hombre de las nieves».

Abajo: vista general de Katmandú. A la derecha: estupa budista de Boudanath (arriba) y restaurante Hanuman Dhoka en la plaza Durbar (abajo).

- CONTINENTE: Asia.
- PAÍS: Nepal.
- UBICACIÓN: Katmandú, la capital de Nepal, está situada en la parte central del país, en la vertiente meridional del Himalaya, a 1.220 m de altitud, cerca de la confluencia de los ríos Baghmati y Vishnumati, y a 90 km de la frontera con India.
- CLIMA: en el valle de Katmandú los meses de julio y agosto son cálidos y lluviosos y de diciembre a marzo hace frío. El clima está dominado por los monzones del Sudeste asiático. Las lluvias llegan a finales de abril o primeros de mayo y continúan hasta octubre. Octubre y noviembre son los mejores meses para visitar Katmandú, pues aunque de noche las temperaturas bajan cerca de 0 °C, durante el día, que suele ser claro y soleado, las temperaturas oscilan entre 10 y 25 °C. Además, en esta época los amaneceres y atardeceres son maravillosos.
- CÓMO LLEGAR: en avión hasta el aeropuerto internacional de Tribhuvan, a 8 km de Katmandú. También se puede ir en avión hasta Delhi y desde allí hasta Gorakhpur en tren, para continuar por carretera hasta Katmandú.
- PECULIARIDAD: el valle de Katmandú forma un fértil oasis en las estribaciones del Himalaya y mide 25 km de este a oeste y 20 km de norte a sur. Situado a 1.350 m sobre el nivel del mar, está rodeado de suaves colinas que se tiñen de verde durante octubre, tornándose de azul pizarra por la húmeda niebla que hay de mayo a agosto.
- GASTRONOMÍA: los ciudadanos de Katmandú son fundamentalmente vegetarianos, pues allí las vacas son sagradas. Lo más parecido a la carne es el búfalo de agua. El plato tradicional es el *dhal bhat* (lentejas con arroz), junto con la *thukpa* (sopa de fideos con verduras) y el *momos* (bolas de masa rellenas de carne, fritas o al vapor).
- DIRECCIONES ÚTILES: ww.welcomenepal.com, www.tourismkathmandu.com y www.info-nepal.com

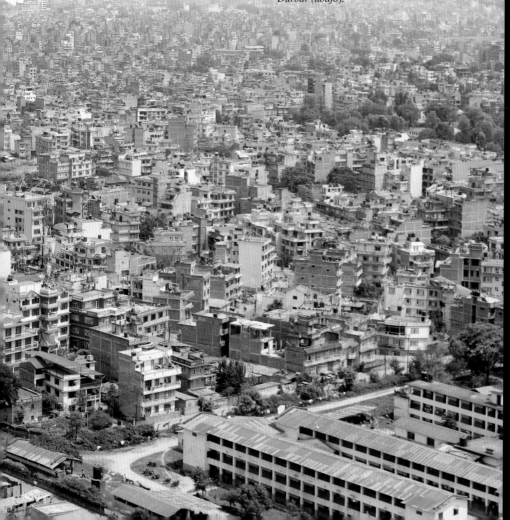

LA ROSA DEL NORTE

Rodeada de montañas, pueblos pintorescos y tribus autóctonas, se encuentra la ciudad de Chiang Mai, capital del norte de Tailandia. Conocida popularmente como la «Rosa del Norte», es dueña no sólo de un entorno privilegiado sino también de un patrimonio artístico impresionante, pues tiene cerca de 300 templos, que en su mayoría conservan intacto su pasado esplendor. Fundada en 1296 por el rey Mengrai, Chiang Mai fue el lugar de nacimiento de las tradiciones y cultura norteña, y de la religión budista en Tailandia, legado que sus habitantes han sabido preservar al paso del tiempo. Desde su fundación hasta 1336, año en que la invasión birmana la redujo a un estado vasallo, Chiang Mai fue la capital de Lanna Tai («Reino de un Millón de Campos de Arroz»), el primer reino Thai independiente del famoso Triángulo de Oro. Posteriormente, en 1785, tras ser expulsados los birmanos, volvió a formar parte del norte de Tailandia. Antiguamente, Chiang Mai estaba dividida en dos y en la ciudad interior, amurallada y rodeada por un foso, se ubicaba el palacio real, los jardines, las residencias de los nobles y los edificios religiosos. En la actualidad se conservan aún sus viejas murallas y fosos que datan del siglo XIX, que se han convertido en un bullicioso laberinto de estrechos callejones, típicos mercados y antiguos templos. Una de las características más representativas de los templos tailandeses es su abigarramiento decorativo, pues están profusamente decorados con preciosistas tallas de madera, murales con pinturas al fresco, complicados diseños de esmalte, decorados al estuco y escalinatas adornadas con figuras mitológicas como los naga o serpientes sagradas. De entre todos los templos, es imprescindible visitar el Wat Phra Sing, de inspiración china y birmana, en cuyo interior se encuentra un Buda, tallado en cristal de 10 cm, que tiene una antigüedad de 1.800 años. En el templo se celebra cada año, del 13 al 15 de abril, la festividad de Songkran, durante la cual los habitantes de Chiang Mai bañan la imagen del Phra Buda Sihing. Situado en la colina del mismo nombre, a 15 km de

Abajo: pagoda en la cima de la montaña de Inthanon. Arriba, Flora Park Royal. Abajo a la derecha: muralla de Chiang Mai y plantaciones de té en las montañas.

Chiang Mai, el Wat Phra Doi Suthep es el templo más importante de la ciudad, no sólo por el esplendor del edificio, en cuyo interior se albergan sagradas reliquias de Buda, sino también porque desde él se divisan unas magníficas vistas de Chiang Mai y los alrededores. Al templo, levantado a 3.520 pies sobre el nivel del mar, se accede a través de una empinada escalera naga de 290 peldaños, aunque también se puede subir en funicular.

Chiang Mai es el mejor punto de partida para recorrer a pie, a lomos de elefante o en una balsa de bambú por el río, el Triángulo de Oro donde, a caballo entre las fronteras de Laos, Myanmar (antigua Birmania) y Tailandia, sobreviven una serie de pueblos (yao, hmong, meo, lisu, lahu, akha y karen) originarios de Birmania, China y Laos, muy diferentes a los thais que forman la mayoría étnica del país, y que destacan por haber conservado,

gracias a su aislamiento, casi intactas sus costumbres, dialectos y colorista vestimenta, además de por dedicarse al cultivo y consumo del opio, como un elemento más de su cultura. La época más bonita para visitar Chiang Mai es entre enero y febrero, ya que es cuando florecen las flores del valle, famosas por su espectacular colorido y variedad. Además, todos los años, el viernes y primer fin de semana de febrero se celebra el tradicional Festival de las Flores, en el que se organizan múltiples desfiles, conciertos, bailes y, sobre todo, espectaculares arreglos florales flotantes.

En las fiestas del norte, sin duda las más vistosas del país, hay desfiles de sombrillas, concursos de belleza y festivales de flores. El Loy Krathong es quizá la más hermosa de todas. En ella se honra a los espíritus del agua botando miles de barquitos, en forma de flor de loto con velas encendidas, que navegan por el río Ping en una noche de luna llena.

- CONTINENTE: Asia.
- PAÍS: Tailandia.
- UBICACIÓN: en el noroeste de Tailandia, a 700 km al norte de Bangkok y a unos 120 km de la frontera con Myanmar.
- CLIMA: tropical húmedo, afectado por la acción de los vientos monzones, que varían de dirección según la estación del año. El mejor periodo para ir es de noviembre a febrero, después de la temporada de las lluvias, aunque las temperaturas siguen siendo altas.
- CÓMO LLEGAR: en avión, vía Bangkok, o también por carretera.
- PECULIARIDAD: en el Parque Nacional Doi Inthanon, un paraje de desbordante naturaleza, no sólo se halla el pico más alto de Tailandia (2.565 metros de altitud) sino también multitud de especies endémicas de gran belleza, como la popular orquídea salvaje, que los artesanos tailandeses conservan y cubren con oro de 24 quilates para crear después exquisitas joyas.
- GASTRONOMÍA: la comida típica de Tailandia es el arroz con verduras, pollo o cerdo, aderezado con salsas picantes y muy especiadas como el curry rojo, el curry verde o la masala blata. En Chiang Mai se come una variedad de arroz llamada khao niaow, que es el plato básico de la región, Entre los platos tradicionales destacan el *mieng* (hojas de té fermentadas, que se sirven como entrante), el *khao soy* (pasta al huevo rellena de trozos de carne adobada con salsa de coco y acompañada de fideos crujientes), el *nam prik ong* (cerdo picado con guindillas, tomate, ajo y pasta de gambas), el *larb* (guiso de cerdo, pollo o ternera que se sirve cocido con legumbres). En cuanto a los postres, son deliciosos todos aquellos elaborados con las exóticas frutas tailandesas, como el *kñuai buat chi*.
- DIRECCIONES ÚTILES: www.tourismthailand.org/chiang-mai www.chiangmai.go.th/english/

LA ROMÁNTICA VILLA MEDIEVAL

Situada en el centro neurálgico del noroeste de Alemania, Bremen, la ciudad de los famosos músicos que llevan su nombre, es sin duda una de las más bellas del país germano. Sólo por pasear por la Markplatz, con edificios de más de ocho siglos de antigüedad, merece la pena visitar esta ciudad. Pero además resulta un auténtico placer callejear por el barrio Schnoor, un intrincado laberinto de callejuelas y placitas, cuyos edificios y románticos patios, que datan de los siglos XV y XVI, compiten con atractivas galerías y antiquísimos comercios. La historia se puede vivir de otra forma en el Packhaus-ZeitRaum mediante escenificaciones apasionantes y participativas, pues en este histórico edificio se muestra la emocionante historia de la ciudad libre de Bremen desde la promulgación de su fuero como ciudad en 1646. No en vano, Bremen (o Brema) fue antes de esa fecha el puerto comercial más destacado de la Hansa, una federación comercial de ciudades del norte de Alemania que surgió en la Edad Media.

El paseante también puede descubrir la distinguida silueta de Rolando en la histórica Marktplatz o toparse con los famosos Músicos de Bremen del cuento de los hermanos Grimm. Otro punto emblemático de la ciudad es el Ayuntamiento (Rathaus), de estilo gótico con una impresionante fachada del Renacimiento del Weser y un dato singular: en su bodega hay más de 650 vinos diferentes, procedentes de todas las cuencas vitivinícolas alemanas.

El Weserpromenade Schlachte es un magnífico paseo junto al río Weser (el cual atraviesa toda la ciudad del sudeste al noroeste), en el que se pueden degustar las delicias de la gastronomía local,

Sobre estas líneas: casco antiguo de Bremen. Abajo: la emblemática Markplatz.

- CONTINENTE: Europa.
- PAÍS: Alemania.
- UBICACIÓN: en el noroeste de Alemania.
- CLIMA: las posibilidades de disfrutar de buen tiempo son mayores desde mayo hasta octubre. La temperatura media en esos meses es de 20 a 30 °C, y de diciembre a marzo alrededor de 0 °C.
- CÓMO LLEGAR: en tren, en avión o por carretera.
- PECULIARIDAD: un magnífico ejemplo de la fusión que se percibe en esta ciudad se encuentra en la calle Böttcherstrasse, donde la tradicional construcción en ladrillo visto de la ciudad choca con la expresiva arquitectura moderna actual.
- GASTRONOMÍA: los dos platos más típicos de la cocina de esta zona son la sopa de gambas y el lomo de cordero a la sal. Y como en todo el país, la bebida nacional es la cerveza.
- DIRECCIONES ÚTILES: www.bremen-tourism.de, www.germany.travel/es/ www.bremen.de

contemplar los barcos, pasear o dar una vuelta en barco sorteando los remolinos del río... Como Bremen está ubicada en la zona del río Weser se ensancha unos kilómetros antes de desembocar en el mar del Norte, sus aguas son navegables y esa es la razón por la que esta histórica ciudad tiene puerto. Barcos de todo tipo atracan en los muelles: desde el «Admiral Nelson», con sus tres mástiles, hasta el «Hanse Kogge», la carabela que reproduce el que fuera medio de transporte durante los siglos XIII y XIV.

De arriba a abajo: paseo a orillas del río Weser, un barco antiguo navegando en el río Weser, frente al casco histórico, y la famosa escultura de los «Músicos de Bremen».

EL CASCO ANTIGUO

Graz tiene un gran pasado, pues la ciudad cuenta con el mayor y más bello conjunto histórico de Europa central. Desde la cima del Schlossberg, las grandiosas vistas sobre los tejados del casco histórico ponen de manifiesto el alcance de la historia de esta villa, al menos en la cantidad de metros cuadrados. Paseando por sus callejuelas, se atraviesa la Edad Media, el Renacimiento y el Barroco, y se admiran iglesias y palacios, al tiempo que uno puede perderse en

plácidos rincones y patios interiores de ensueño. No en vano este casco antiguo fue declarado por la UNESCO Patrimonio Cultural de la Humanidad.

Es difícil encontrar las palabras exactas para describir la ciudad de Graz, ya que es necesario pasear por sus callejuelas, descubrir sus rincones y degustar sus delicias gastronómicas para tener una visión más acertada de esta antiquísima villa. Ya en el siglo XI había un castillo en la colina de Schlossberg; su historia comenzó hace unos 900 años, época en la que Graz se convirtió en la brillante ciudad residencial de los Habsburgo. La colina de Schlossberg, a la que se accede en funicular a través de una pendiente del 61% y desde donde se puede bajar a la pintoresca plaza Schlossbergplatz por la impresionante y escarpada escalera Kriegssteig, labrada en la roca durante la

Primera Guerra Mundial, fue el enclave, siglos atrás, del antiguo castillo señorial. Edificado en la Edad Media y posteriormente destruido por Napoleón en 1809, ya sólo quedan algunos de sus restos y la Torre del Reloj, símbolo de la ciudad. Su corazón, el mecanismo original del reloj de 1712, sigue latiendo en Graz desde entonces y haciendo sonar una de las campanas más antiguas de Austria, que es de 1382.

Descendiendo de la colina, al adentrase en la villa la vista se recrea ante obras tan impactantes como la Landeszeughaus, una armería que es una auténtica joya, con más de 30.000 armas expuestas, coleccionadas desde 1551; las arquerías y galerías superpuestas del Landhaus, bellísimo exponente del estilo renacentista italiano; la Casa Luegg, ricamente enjoyada con decoraciones barrocas entre las que, si se

La Torre del Reloj se ha convertido en el símbolo de la ciudad más tradicional. Abajo, panorámica de la ciudad.

- CONTINENTE: Europa.
- PAÍS: Austria.
- UBICACIÓN: en el sudeste de Austria, en la región de Estiria.
- CLIMA: frío de noviembre a marzo y suave el resto del año.
- CÓMO LLEGAR: por carretera o tren desde otras ciudades austriacas.
- PECULIARIDAD: por lo que respecta a las plazas de Graz, merece la pena visitar la Glockenspielplatz, sobre todo a las 11, a las 15 o a las 18 horas, porque es entonces cuando se abren las hojas de la ventana del frontón del tejado por la que sale la pareja tallada en madera, con el traje tradicional, girando al sonido del carrillón. Esta pareja que hace gala de su perseverancia en las citas de cada día, ya que lleva casi 100 años cumpliendo puntualmente con sus paseos.
- GASTRONOMÍA: son exquisitas las sopas de cintas de pan frito, la tortilla de huevos con mermelada, el *goulash* y las albóndigas con requesón.
- DIRECCIONES ÚTILES: www.graztourismus.at

mira detenidamente, se descubren máscaras y caras, y que en la actualidad es el punto de partida, como lo ha venido siendo desde el siglo XIII, de la zona comercial de la ciudad.

Una de las joyas más representativas de Graz es el palacio Eggenberg, donde cada día del año se puede tener una nueva vista ya que dispone de 365 ventanas. El interior del palacio, de estilos barroco y rococó, comenzó a construirse en 1625 en estilo manierista, se celebran espectaculares representaciones musicales. No menos representativo es el Burg y, más concretamente, su famosa doble escalera de caracol construida en 1499 y cuya piedra adquiere una gran variedad de colores cuando entra el sol.

Pero lo más característico de Graz son sus calles y sus plazas. En cuanto a las calles, las más populares son: Sporgasse, una de las vías más románticas de la ciudad, que va zigzagueando, estrecha y empinada, a lo largo de la colina Schlossberg; Sackstrasse, que partiendo de la Hauptplatz, está flanqueada en su recorrido por preciosos edificios y tiendas de antigüedades; o Hofgasse, donde se encuentra una de las joyas arquitectónicas de Graz: la panadería-pastelería real Edegger-Tax, abierta al público desde 1569 y cuyo insólito portal está labrado y decorado con marquetería.

SALZBURGO

Después de que celtas, romanos y germanos poblaran este lugar, Salzburgo se convirtió en una encrucijada de antiguas rutas comerciales. Príncipes y obispos hicieron construir un castillo fortaleza, una gran catedral y numerosas iglesias. Los más competentes artistas de su tiempo trabajaron allí y las residencias, palacios, fuentes y jardines configuraron una «pequeña Roma». El núcleo barroco de la ciudad lo componían palacios, casas burguesas y parques. En la actualidad, Salzburgo tiene el encanto de conservarlo todo tal como entonces.

Situada en el corazón de Europa, la naturaleza ha favorecido a Salzburgo. La ciudad está rodeada por tres colinas arboladas: Mönchesberg, Kapuzinerberg y Rianberg, separadas por el río Salzach, pero que se vuelven a unir por sus puentes. A cada paso que se da por Salzburgo se encuentran auténticas joyas arquitectónicas, como la fortaleza de Hohensalzburg que, además de ser el símbolo de la ciudad, es el castillo más grande y mejor conservado de Europa central; el palacio de Leopoldskron, situado junto a un bellísimo lago o el palacio de Hellbrunn, con sus originales juegos de agua y un bonito jardín zoológico;

LA VILLA MUSICAL

así como las preciosas casas señoriales de la alameda Hellbrunner Allee o la increíble calle Getreidegasse, el corazón del centro comercial más bonito y original de Austria, sin olvidarse, por supuesto, de la casa natal de Mozart o del Teatro de las Marionetas de Salzburgo, en cuyo bellísimo interior las célebres marionetas representan, sobre todo, óperas de Mozart. Por último, no pueden pasarse por alto los Jardines de Mirabell y la calle Linzergasse, en la que además de descubrir la iglesia de San Sebastian, se puede acceder al precioso Camino de los Capuchinos, que está en la montaña y enmarcado por pequeñas capillas.

Para disfrutar de un paisaje realmente asombroso, es imprescindible realizar una excursión, ya fuera de la ciudad de Salzburgo, por la carretera alpina Grossglocckner, y descubrir la inmensa belleza del Parque Nacional de Hohetauern, donde se dan cita todas las variedades climáticas y de vegetación que puede haber entre Austria y el Ártico: prados, bosques, suelos alpinos, peñascos, hielo, nieve...

Hace 4.000 años en los alrededores más próximos a la ciudad de Salzburgo fue extraída sal, mineral que dio el nombre a la ciudad, la región y al río. En concreto, el río Salzach, que fluye con graciosas curvas a través de la ciudad, fue considerado a lo largo de los siglos como una de las rutas de transporte más importantes en el comercio lucrativo del llamado «oro blanco de las montañas», extendido desde la región del Danubio hasta el Adriático. Celtas y romanos conocían ya la existencia de estos ricos depósitos de sal en la montaña de Dürnberg, al sur de Salzburgo, y crearon una «ruta de la sal» que conectaba el actual barrio de Maxglan en Salzburgo con la vecina ciudad de Reichenhall. De la importancia de la sal para Salzburgo, a través de los siglos, da fe el que su fundador espiritual, el Santo Rupert, en su representación gráfica está adornado con un barril de sal y, además, tiene el sobrenombre de «Santo de la Sal». En la actualidad, en el monte Dürnberg se encuentra la mina de sal más antigua de Europa. Un viaje a través del monte, desde la prehistoria hasta la actualidad, con un romántico viaje en balsa a través del misterioso lago salino subterráneo de sal, constituye el punto culminante de un fantástico viaje por la pista de la sal.

- CONTINENTE: Europa.
- PAÍS: Austria.
- UBICACIÓN: a 425 metros sobre el nivel mar, en la provincia de Salzburgo, cerca de la frontera con Alemania.
- CÓMO LLEGAR: en avión (al aeropuerto de Salzburgo), en tren o por carretera.
- CLIMA: de mayo a septiembre las temperaturas son más moderadas.
- PECULIARIDAD: durante los meses de julio y agosto se celebran los festivales de música y teatro. El Palacio de los Festivales y diferentes edificios y plazas convierten toda la ciudad en un escenario, con más de 4.000 espectáculos. Para obtener una completa información, hay que dirigirse a www.salzburgerfestspiele.at.
- GASTRONOMÍA: de entrada, se puede elegir la sopa con albondiguillas de hígado, la sopa con bolitas de pasta de sémola o la sopa con creps cortadas en tiras. También se puede optar por el clásico consomé de ternera con fideos o por la sopa con pastel de hojaldre relleno de carne picada. De segundo, hay platos tan exquisitos como el estofado de ternera con nata, el asado de cerdo con albóndigas de pan y ensalada de repollo, el pecho de ternera relleno, el ganso al horno o los platos de caza mayor servidos con croquetas de patatas, castañas y manzanas o peras rellenas de arándanos, sin olvidarnos de los pescados que se cogen en los ríos y lagos de la región. En cuanto a los postres, el más famoso es el *Salzburger Nockelrn*, un delicioso suflé de huevo con azúcar y vainilla, dorado en el horno y cubierto de azúcar en polvo.
- DIRECCIONES ÚTILES: www.salzburg.info/es

Sobre estas líneas: vista panorámica de la ciudad (arriba) y los famosos jardines de Mirabell con la vista de la histórica fortaleza de Salzburgo (abajo). Bajo estas líneas: la histórica ciudad de Salzburgo y el río Salzach en verano.

VIENA

EL CASCO ANTIGUO

Declarada la ciudad favorita de los amantes de la música y del arte, Viena también atrae a los sibaritas de la buena cocina y a los nostálgicos de un pasado imperial. Viena es una bella ciudad con un pasado cultural importante; en ella vivieron Beethoven, Mozart, Mahler, Strauss o Freud, entre otros. El importante legado de esta ciudad no sólo se debe a célebres músicos o al más famoso de los psiquiatras, ya que sus primeros asentamientos se remontan a hace más de 2.000 años.

Concretamente, en el año 50 d.C. fue erigido aquí el campamento militar romano de Vindobona. En 1156 Viena se constituyó en residencia de los Batenberg, y en 1198 y 1221 obtuvo sus primeros privilegios de ciudad libre. Durante los asedios turcos de 1529 a 1683 la ciudad se acreditó como el «Bastión de Occidente». Bajo el reinado de José II se transformó en la «Viena gloriosa», centro floreciente de un imperio poliétnico. El casco antiguo de Viena es una especie de testigo pétreo del crecimiento natural, a través de los siglos, de esta bellísima ciudad, declarada por la UNESCO Patrimonio Cultural de la Humanidad. Circundado por una magnífica avenida, rebosante de antiguos monumentos así como de visionarios proyectos arquitectónicos, que conforman la parte moderna, es una auténtica joya arquitectónica.

Arriba: hermosa vista del Palacio de Belvedere, construido por Johann Lukas von Hildebrandt como una residencia de verano para el príncipe Eugenio de Saboya. Abajo: vista aérea de Viena y la Stephansplatz desde la parte superior de la catedral de San Esteban.

Del casco antiguo de Viena, habría que destacar la catedral de San Esteban, magnífico testimonio del románico tardío y símbolo de la ciudad; la Biblioteca Principal, desde cuya enorme escalinata se divisa una vista impresionante de la ciudad; el Palacio de Belvedere, uno de los logros más interesantes del barroco; los edificios Jugendstil, construcciones edificadas en 1900 siguiendo el estilo modernista vienés; la Casa de Hundertwasser, colorista edificio de viviendas del famoso arquitecto vienés; la Karlskirche, un llamativo edificio sacro de estilo barroco cuya imponente cúpula mide 72 metros, y, por supuesto, el Parlamento y el Ayuntamiento, dos magníficos ejemplos del auge de las construcciones municipales en Viena durante la segunda mitad del siglo XIX.

- CONTINENTE: Europa.
- PAÍS: Austria.
- UBICACIÓN: en el valle del Danubio, en el noroeste de Austria.
- CLIMA: de diciembre a febrero suele nevar o llover y hace bastante frío. El resto del año el clima es templado.
- CÓMO LLEGAR: en avión, en tren o por carretera.
- PECULIARIDAD: Viena ofrece la posibilidad de descubrirla a pie, con guías autorizados, en bicicleta por los muchos kilómetros de carril-bici que tiene la ciudad, en tranvía, en coche de caballos, en autobus turístico, en barco por el Danubio o, paso a paso, descubriendo la historia de la música de esta ciudad al caminar por la Milla de la Música de Viena, un camino al estilo de Hollywood con más de 80 estrellas incrustadas en el suelo, dedicadas a célebres personajes como Mozart o Beethoven.
- GASTRONOMÍA: los vieneses llaman *süss* (dulce) a todo lo que les gusta, desde las chicas *zuckersüss* (dulcísimas) hasta la flauta *picksüss* (super dulce), pero son los dulces y pasteles, herencia de los países de la Corona, los más reales y auténticos *süss*, entre los que destacan la tarta Sacher (tarta de chocolate), el *apfelstrude* (hojaldre con manzana), el *milchahmstrudel* (pastel de queso) y los *palatschinken* (pastas con mermelada).
- DIRECCIONES ÚTILES: www.wien.info/es

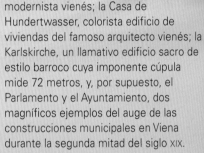

Arriba, la Ópera de Viena. Debajo, el Karlskirche en Viena.

BRUJAS

UN MUSEO AL AIRE LIBRE

Conocida como la «Venecia del Norte» por la increíble red de canales que la atraviesan y porque toda la ciudad es un prodigioso modelo de conservación de urbe medieval, Brujas es una de las ciudades más pintorescas y seductoras de Europa, y desde el año 2000 también es Patrimonio de la Humanidad. Hace 800 años, Brujas fue la primera gran capital del Condado de Flandes y una de las principales ciudades comerciales de Europa.

En la actualidad, dentro de las murallas de la ciudad (la parte antigua está totalmente amurallada y los muros, torres y puertas de acceso se conservan prácticamente intactos), Brujas contiene tal cantidad de monumentos y tesoros artísticos que la convierten en un auténtico museo al aire libre. El corazón de Brujas se encuentra en el Marktplatz desde hace siglos. En ella los caballeros defendían sus títulos, los pescadores vendían lo que habían recogido, se discutía sobre la floreciente industria textil del país y el pueblo luchaba por su libertad. La plaza está circundada por espléndidas fachadas en forma de escalera como las del Palacio Provincial, el Salón de los Tejidos o Les Halles, así como el

imponente monumento conocido como el Campanario o Atalaya (Belfort), símbolo de la libertad y de la autonomía de la ciudad, que cuenta con un espléndido carillón.

El campanario, de estilo gótico, fue construido entre los siglos XIII y XVI. La torre tiene 83 metros de altura y mas de 300 escalones. Arriba, junto al carillón de la ciudad, de 47 campanas, se goza de una estupenda vista sobre la ciudad y su entorno.

En Brujas compiten los canales con las iglesias y museos, que además están enclavados todos ellos en lugares idílicos y románticos. En el Burg (fortín) está la Basílica de la Santa Sangre, del siglo XII, donde se guarda la reliquia de la Santa Sangre de Jesucristo, y la catedral de San Salvador merece la pena verla por ser la iglesia parroquial construida con ladrillos más antigua de Bélgica. En cuanto a los museos, no hay que perderse el antiguo Hospital de San Juan, el Gruuthuse, el Groeninge y, por supuesto, el Centro de Encaje, donde además de visitar el museo se puede aprender a hacer encaje de bolillos.

- CONTINENTE: Europa.
- PAÍS: Bélgica.
- UBICACIÓN: en la región de Flandes, cerca de la costa.
- CLIMA: húmedo y frío de diciembre de marzo, el resto de los meses es suave.
- Cómo llegar: por carretera, en avión y en tren.
- PECULIARIDAD: lo mejor de Brujas es poder deambular por sus callejuelas, relajarse en los beaterios (placitas donde antiguamente iban las beatas a pasear, meditar y rezar), sentarse en las terrazas de las pequeñas plazas peatonales o dejarse llevar en barca a lo largo de los reien (canales), disfrutando de la visión de las magníficas casas solariegas pintadas de blanco que se levantan en sus orillas.
- GASTRONOMÍA: tienen fama los chocolates y pralinés. Además, numerosas *brasseries* (cervecerías) fabrican en el mismo local su propia cerveza.
- DIRECCIONES ÚTILES: www.visitbruges.be/es, www.visitflanders.com y www.belgica.turismo.net

Vista panorámica de la plaza del mercado en Brujas con sus edificios medievales. A la izquierda: vista superior de la catedral de San Salvador (arriba) y los canales de Brujas (abajo).

Glaciares

Groenlandia

Canadá

Estados
Unidos

DESIERTO HELADO

Un gran manto glaciar, de más de 2 millones de km² de superficie y cerca de 3 km de grosor, ocupa el corazón de esta enorme isla. Es el Parque Nacional North East Greenland, el segundo desierto helado más grande del mundo, y está rodeado de un abrupto cinturón litoral montañoso. La roca solo aflora cerca de la costa, donde el glaciar se fragmenta en lenguas de hielo que recuerdan a los glaciares de valle. Desde el lugar donde estas lenguas alcanzan el mar, se desgajan pedazos de hielo de diversos tamaños durante el verano y forman icebergs.

El centro de la isla está totalmente deshabitado, de tal forma que los 55.000 habitantes de Groenlandia se concentran en las costas, en particular en la vertiente occidental, que es donde está la capital,

Nuuk. La mayoría de los pobladores de estas tierras son esquimales (eskimautsik-los, que comen carne cruda), pero ellos se llaman a sí mismos seres humanos, inuit. Los esquimales emigraron del norte de Canadá hace miles de años y viven principalmente de la pesca, la caza y la ganadería. También viven aquí unos 8.000 daneses.

Pero la vida en Groenlandia, la Tierra Verde, como la llamase Erik el Rojo cuando llegó a ella, es mucho más que una lucha contra la naturaleza. Groenlandia es un país increíblemente bello y fascinante. El paisaje que en invierno es totalmente desolador cambia radicalmente en primavera. Durante el corto verano el sol brilla casi todo el día sobre los acantilados cubiertos de flores. Groenlandia, la tierra

de los icebergs y los glaciares, seduce al viajero con su propuesta de vivir inolvidables experiencias sólo aptas para auténticos aventureros, como, por ejemplo, pasar 15 días recorriendo en piragua las gélidas aguas que bordean las montañas de hielo y los espacios deshabitados de estas tierras. Una seducción que conduce directamente a descubrir los paisajes más bellos del mundo. En Nuuk viven el 15% de los habitantes de la isla. Aquí están el Parlamento, la Universidad y el Museo Nacional, y es una base excelente para recorrer los fiordos del Sur.

La ciudad de Ilulissat, con sus casas multicolores, es uno de los destinos más turísticos de Groenlandia. Sus máximas atracciones son la Casa-Museo de Knud Rasmussen y, sobre todo, las vistas sobre los icebergs de la Bahía de Disko. Situada a 300 km sobre el Círculo Polar Ártico, la bahía tiene en su extremo norte la isla de Disko, donde se hacen excursiones, y al sur, la ciudad de Ilulissat. En medio, un continuo espectáculo de fiordos e icebergs. Los icebergs se levantan hasta

100 metros sobre la línea de flotación (el 90 por ciento de un iceberg está oculto debajo de la superficie del mar) y el glaciar más activo del mundo, en Ilulissat, considerado por la UNESCO Patrimonio Mundial de la Humanidad, se mueve de 25 a 30 metros por día y se abre al mar con una anchura de unos 10 km. Esta parte norte de Groenlandia, donde viven más perros (alrededor de 5.000) que personas, es famosa también por el sol de medianoche (en Ilulissat, por ejemplo, el sol no se pone nunca entre el 25 de mayo y el 25 de julio) y las auroras boreales.

Otros enclaves dignos de visitar en Groenlandia son Qaanaaq (la población habitada más al norte del planeta, cuyos habitantes todavía siguen viviendo de la caza de ballenas y osos polares), Aappilattoq (un pequeño pueblo del extremo sur groenlandés dominado por una impresionante montaña), Qaqartok (la ciudad más grande del sur de la isla y una de las más bonitas) y Qassiarsuk (fue el primer asentamiento de los vikingos y todavía quedan restos de la casa de Erik el Rojo).

- **CONTINENTE:** Europa.
- **PAÍS:** Dinamarca (es una región autónoma de Dinamarca).
- **UBICACIÓN:** entre el océano Glacial Ártico y el mar de Faffing, frente a las costas de Canadá y al noroeste de Europa.
- **CLIMA:** ártico. La temperatura media anual es de −31 °C. La máxima en julio y agosto está en torno a los 10 °C, mientras que en los meses fríos los termómetros llegan a descender hasta los 40 °C bajo cero. La mejor época para visitar Groenlandia es durante los meses de verano, julio y agosto, cuando el clima es más benévolo. Entre abril y junio hay más horas de luz. Marzo, aunque más frío, es el mejor mes para ver auroras boleares.
- **CÓMO LLEGAR:** la compañía escandinava de aviación ofrece vuelos entre España y las capitales de Suecia, Noruega y Dinamarca, donde se puede enlazar con otros vuelos hasta Nuuk o Narsarsuaq.
- **PECULIARIDAD:** resulta extraño que un país que es prácticamente hielo se llame Groenlandia (en danés, Grønland significa «Tierra Verde»). El curioso nombre se debe a Eric el Rojo, un vikingo proscrito que huyó de Islandia en el año 985 rumbo hacia un país muy al oeste del que había oído hablar. Después de navegar durante mucho tiempo, llegó al sur de Groenlandia, donde pasó el invierno. Y, cuando pasado un tiempo volvió a Islandia, les habló a todos de aquel país tan fértil que había visitado, y lo bautizó con el nombre de Groenlandia, pues pensó que la gente querría viajar al nuevo país si le ponía un nombre atractivo.
- **GASTRONOMÍA:** el clima extremo hace que las principales comidas sean muy consistentes. Al mediodía sólo toman el *smorrebrod*, un tentempié a base de rebanada de pan con mantequilla cubierta de queso, verdura, fiambre de carne o pescado (sobre todo salmón y arenque).
- **DIRECCIONES ÚTILES:**
www.greenland.com
www.geenland.nordicvisitor.com

Sobre estas líneas: vista de una calle congelada en el fiordo Nuuk. A la derecha: el sol de medianoche en Ilulissat (arriba) y la localidad de Rodebay (Oqaatsut) en Groenlandia occidental (abajo).

133

LAS CASAS COLGADAS

Océano Atlántico

Portugal

San Sebastián

Francia

Salamanca

España

Cuenca

Mar Mediterráneo

Declarada Patrimonio de la Humanidad por la UNESCO, la ciudad de Cuenca, abrazada por las hoces de los ríos Júcar y Húecar, se alza sobre los mismos precipicios de rocas calizas que la hicieron una villa inexpugnable durante la Edad Media, cuando el rey Alfonso VIII la reconquistó a los musulmanes. Uno de los recorridos urbanos con más sabor de Cuenca es el de la calle Julián Romero que, prieta de viviendas populares, lleva hasta el famoso puente metálico de San Pablo. Desde la metálica pasarela peatonal, obra del ingeniero Fuster, conocida también como el «Puente de Hierro», se puede contemplar el gran escenario de la hoz del Húecar y, sobre todo, admirar el símbolo de la ciudad: las casas colgantes.

Construidas a finales del siglo XIII y principios del XIV, las famosas casas colgantes de Cuenca ocupaban toda una

manzana cornisa sobre el Húecar. Desgraciadamente, en la segunda mitad del siglo XIX se derribaron buena parte de las casas, pero gracias a la intervención municipal se adquirieron las dos que actualmente hay y que fueron remozadas en los años sesenta del pasado siglo XX. Aunque aquellas casas que, al parecer fueron residencia de verano de los distintos monarcas españoles de la época, perdieron con la remodelación parte de su popularismo, si se logró mantener intacto lo pintoresco de sus balconadas y su precario equilibrio, que es, precisamente, lo que las ha convertido en el símbolo emblemático de esta ciudad, donde, además de la catedral, son los peñascos, las hoces de los ríos y las modestas arquitecturas quienes conforman su original monumentalidad.

En la actualidad, las casas colgantes albergan un importante Museo de Arte Abstracto, con obras de Zóbel, Chillida, Tapiés, Oteiza o Saura, por citar algunos nombres, y cuya fundación se debe al artista Fernando Zóbel, quien en 1966 situó aquí su colección personal de obras del abstracto español, que poco antes de morir cedió a la Fundación Juan March. La originalidad estética de estas obras contrasta, y sin embargo se complementa, con la peculiar estructura interna del edificio, que ofrece un recorrido sumamente atractivo y estimulante.

- **CONTINENTE:** Europa.
- **PAÍS:** España.
- **UBICACIÓN:** la ciudad de Cuenca se ubica sobre los tajos que horadan a su alrededor las hoces del Júcar y Húecar. Pertenece a la Comunidad de Castilla-La Mancha.
- **CLIMA:** mediterráneo templado.
- **CÓMO LLEGAR:** por tren o carretera desde el aeropuerto Madrid-Barajas Adolfo Suárez.
- **PECULIARIDAD:** recortada por las hoces del Júcar y el Húecar, Cuenca se divide en dos ciudades: la alta, medieval y barroca; y la baja, de construcción moderna, que es donde se centra el comercio. En la ciudad alta, donde se ubican las casas colgantes, ciudad y paisaje se unen cómplices para asombrar con una increíble fusión, en la que los famosos «rascacielos» se confunden con los cortantes y precipicios que han ido formando, a lo largo de los siglos, las hoces.
- **GASTRONOMÍA:** de la sabrosa cocina conquense destacan los zarajos, el morteruelo y el ajoarriero, así como las migas, los pistos y las gachas, sin olvidarnos de los platos de caza (liebre, perdiz o codornices), ni de los asados de cordero. En cuanto a los postres, tiene dulces tan exquisitos como los mantecados, las bizcochas, los suspiros de monja o el alajú. Y para finalizar la comida, nada mejor que una copa de resoli, licor digestivo típico conquense.
- **DIRECCIONES ÚTILES:** www.turismocastillalamancha.es/cuenca, turismo.cuenca.es

SALAMANCA

FUSIÓN DE CULTURAS

Escenario de *El Lazarillo de Tormes* y de *La Celestina*, las calles de Salamanca están llenas de historia, leyendas y romances. La antigua Salmantica, que perteneció a la provincia de Lusitania, fue habitada por los celtíberos y sitiada por las tribus de Aníbal, convirtiéndose más tarde en sede episcopal durante los reinados visigóticos. Reconquistada a los musulmanes en 1085, el conde Raimundo de Borgoña fue el artífice de su repoblación.

Sin embargo, hay que llegar al siglo XIII para encontrarnos con la Salamanca que ha hecho historia. De esta época es la fundación del Estudio General, a cargo de Alfonso X El Sabio, que daría origen a una

de las universidades más importantes del momento (el edificio actual fue construido a comienzos del siglo XIV). Por sus aulas y bibliotecas han departido San Juan de la Cruz, Fray Luis de León o Unamuno, por citar algunos de sus personajes ilustres. Sin menospreciar para nada el interior, lo más llamativo de este singular edificio es su fachada plateresca y, por supuesto, cumplir con el rito de localizar la rana sobre la calavera.

Salamanca es la fusión, en el tiempo, de varias ciudades que han ido configurando su actual personalidad: la románica, la gótica, la renacentista, la barroca, la decimonónica y, sin duda, la más importante de todas, la correspondiente a

los siglos XV, XVI y XVIII, años en los que la ciudad se convirtió en uno de los focos culturales de Europa. De esa época es su impresionante y bellísima Plaza Mayor (1729-1755), que desde entonces es el corazón de la ciudad.

En el cuadrilátero casi perfecto que la conforma la vida bulle por cualquiera de sus rincones, como antaño lo hiciera al estar ubicado aquí el mercado, que anteriormente estaba situado en la Plaza de San Martín. También de esos años es la famosa Casa de las Conchas (última década del siglo XV), llamada así por estar decorada su fachada con más 300 conchas de peregrinos. Considerado el mejor edificio civil de la época de los Reyes

- CONTINENTE: Europa.
- PAÍS: España.
- UBICACIÓN: a 800 metros de altitud sobre una extensa llanura bañada por el río Tormes. Es la capital de la provincia del mismo nombre, situada en el extremo suroccidental de la comunidad de Castilla y León.
- CLIMA: continental, de noviembre a marzo hace frío con una temperatura media de 2 °C, y julio y agosto no son excesivamente calurosos, con 24 °C.
- CÓMO LLEGAR: en tren o por carretera desde Madrid (aeropuerto de Madrid-Barajas Adolfo Suárez).
- PECULIARIDAD: Salamanca tiene un brillo propio que le confiere el color de las piedras con las que están construidos sus edificios: la piedra dorada que se extrae de las canteras de Villamayor, piedra que, tras mucho frío y sol, adquiere una preciosa tonalidad de oro viejo que la convierte en una auténtica joya.
- GASTRONOMÍA: el plato más típico es el hornazo, una empanada rellena de embutido, carne, jamón y huevo cocido, el cocido castellano, las patatas revolconas, el farinato, las sopas de ajo, el tostón al horno y el cuchifrito. En cuanto a los dulces, Salamanca ofrece sugerencias tan deliciosas como el bollo maimón, las perrunillas, las paciencias, los repelaos, la leche frita o el santillín.
- DIRECCIONES ÚTILES: www.salamanca.es www.salamancaemocion.es

Católicos, sus sótanos sirvieron en aquellos años para que los estudiantes pagaran las penas impuestas por el Maestre-Escuela. Desde la plaza de Anaya se obtiene la mejor vista de la Catedral Nueva, con la Puerta de Ramos, las numerosas ventanas ajimezadas, los contrafuertes y arbotantes y la airosa cúpula sobre el crucero. Y una vez se ha accedido a su interior, desde allí se puede iniciar la visita a la Catedral Vieja, en la que cabría destacar la Torre del Gallo, considerada una de las obras cumbre del románico. Por último, al lado de la Plaza del Concilio de Trento se reúnen dos conventos de obligada visita: la iglesia de San Esteban y el convento de las Dueñas.

Abajo: vista de Salamanca con el río Tormes y la catedral. A la izquierda, de arriba a abajo: la famosa Plaza Mayor de Salamanca con la fachada del Ayuntamiento en primer plano (de estilo barroco y diseñado por el arquitecto Alberto Churriguera), otra vista de la catedral de Salamanca y detalle de la Casa de las Conchas.

SAN SEBASTIÁN

UNA CIUDAD DE CINE

A orillas del mar Cantábrico y enmarcada por los montes Igeldo y Urgull, se halla Donostia (San Sebastián), una ciudad de cine, y no sólo por su famoso festival, sino sobre todo por la belleza del escenario natural que la cobija, pues no en vano es llamada «La Bella Easo». San Sebastián, que tuvo su origen en un pequeño puerto romano, fue adquiriendo importancia comercial e histórica con los siglos hasta convertirse en la urbe cosmopolita y elegante que es hoy día, pero al acercarse a ella se descubre que continúa siendo acogedora y llena de encanto. Para

apreciarla en toda su plenitud, el visitante puede realizar varios itinerarios, tal como aconseja la Oficina de Turismo de la ciudad.

Una ruta lleva a la Parte Vieja, el corazón de la ciudad: comienza en el mercado de la Bretxa, continúa entre estrechas calles y finaliza en las faldas del Monte Urgull (si se quiere disfrutar de una bellísima vista de la ciudad, lo mejor es subir andando hasta la

cima), descubriendo en este recorrido las ruinas del castillo de La Mota, el Cementerio de los Ingleses, la iglesia de Nuestra Señora del Coro, el monumento del Sagrado Corazón o el Museo de San Telmo.

Otra es la ruta marítima que sale desde el impresionante conjunto escultórico del Peine de los Vientos, en la playa de Ondarreta. La obra, creada por Eduardo Chillida, está realizada en hierro y granito como homenaje a las olas y al viento marino, y puede verse desde una

plataforma cuyos orificios dejan pasar el viento marino. La ruta recorre todo el litoral, pasando por la bahía de la Concha (con la isla de Santa Clara en medio), uno de los paisajes urbanos más bellos del mundo, en el que destacan la barandilla, las farolas modernistas, la caseta real de baños y el pabellón de La Perla, y continúa por el Museo Naval y el Aquaríum, junto al Puerto (uno de los lugares más entrañables

de la ciudad), hasta llegar a la punta de Monpás, al otro lado del Monte Urgull.

Y la otra ruta es la romántica que transcurre por la emblemática y elegante zona del Ensanche, situada entre la bahía de la Concha y el río Urumea. Este recorrido parte de la Alameda del Boulevard, una animada arteria que marca la transición entre la Parte Vieja y el Ensanche. De aquella época se conservan zonas ajardinadas y edificios señoriales como el Teatro Victoria Eugenia, el Ayuntamiento y el Hotel María Cristina,

además del edifico más controvertido y futurista de Donostia, el Kursaal (obra de Rafael Moneo), donde se celebran los principales acontecimientos culturales de la ciudad (Festival Internacional de Cine, Festival de Jazz y la Quincena Musical, entre otros).

- **Continente:** Europa.
- **País:** España.
- **Ubicación:** en la provincia de Guipúzcoa, en la costa del golfo de Vizcaya.
- **Clima:** oceánico húmedo, con lluvias en los meses fríos de diciembre a enero, pero cada vez más escasas en los meses de calor. La temperatura media anual es de 14 °C. En julio y agosto se alcanzan los 30 °C.
- **Cómo llegar:** se puede llegar en avión hasta el aeropuerto de Hondarribia, situado a 20 kilómetros de la ciudad. En tren o por carretera.
- **Peculiaridad:** además de su maravillosa mirada al mar, Donostia ofrece la posibilidad de perderse junto al río Urumea, con sus elegantes puentes y orillas sombreadas por tilos, plátanos y castaños, o de descansar en sus elegantes parques, como los jardines de Alderdi Eder, el más tradicional de la ciudad con sus bancos de azulejos, fuentes y tamarindos, en uno de cuyos lados está el Ayuntamiento (ubicado en un antiguo casino que tuvo su época de esplendor a principios del siglo XX), o el de Miramar, donde se alza la antigua residencia real, un palacete de estilo inglés.
- **Gastronomía:** además de los deliciosos pintxos que se toman en todos los bares de la ciudad y que cada año se renuevan con atrevidas propuestas culinarias, los platos más típicos de la cocina donostiarra son: la sopa de pescado a la donostiarra, el marmitako, la porrusalda, el pastel de cabracho, el txangurro a la donostiarra, las angulas en cazuela, la tortilla de bacalao, los chipirones en su tinta, la merluza en salsa verde verde con almejas, el cogote de merluza, las kokotxas al pil-pil y, de los postres, destaca la tradicional pantxineta, una tarta hecha con crema y almendras.
- **Direcciones útiles:** www.donostia.eus, www.sansebastianturismo.com y www.euskoguide.com

Sobre estas líneas: el Peine de los Vientos, obra de Chillida. A la izquierda, panorámica del paseo marítimo de San Sebastián. Arriba, Palacio Municipal.

CASTILLOS DEL LOIRA

PALACIOS DE PLACER

Angers, una de las ciudades típicas del valle, es la catedral de St. Maurice, que tiene una fachada coronada por tres vidrieras preciosas. También vale la pena ver la iglesia de la Trinité, del siglo XII; la Casa de Adam, una pintoresca mansión del siglo XVI, y por supuesto, el enorme castillo feudal. Una de las mejores vistas que se pueden tener de la ciudad de Saumur, célebre por su escuela de equitación y por sus vinos, es la que se divisa desde el Puente Cessart sobre el Loira. Las viejas calles de la villa de Chinon se conservan tal y como eran. Chinon es una enorme fortaleza del siglo XII, que contiene tres castillos distintos. En uno de ellos se presentó por primera vez Juana de Arco al delfín Carlos. Lo más típico de Chinon es la calle Voltaire, cuyas casas fueron levantadas entre los siglos XIV, XV y XVI. Tampoco hay que perderse el Gran Carroi, que fue centro de animación de la villa en la Edad Media, ni la Casa de los Estados Generales, la Fortaleza de San Georges, el castillo de Milieu y el castillo de Coudray.

En medio de terrazas floridas se levanta el castillo de Usse. Construido en piedra blanca, resulta fascinante por la multitud de sus techos y de las chimeneas que sobresalen en medio del verde que le rodea. La austera fachada exterior, del siglo XVI, contrasta con el lujo del interior del castillo. También cabe destacar la capilla del castillo, situada en medio del parque, que fue construida entre 1520 y 1538.

Langeois es posiblemente uno de los castillos más interesantes del valle. Fue primero un castro romano y después una fortaleza. Construido en el siglo XV, es uno de los castillos más antiguos de Francia. Aunque su menor tamaño le da un aspecto más familiar, el interior del castillo de Azay-Le-Rideau es realmente armonioso y bonito. Lo más característico del castillo de Villandry son sus jardines, formados por tres terrazas superpuestas, una de las cuales está compuesta de hortalizas y árboles frutales. Levantada entre los ríos Loire y Cher, la ciudad de Tours está llena de historia y encanto. La capital de La Tourraine conserva perfectamente los viejos barrios de los siglos XVI y XVII, y la magnífica catedral de San Gatien, en donde se puede apreciar toda la

Una de las regiones más bellas de Francia es la formada por los terrenos que van surcando un río que tiene categoría real: el Loira, a cuyo paso surge un valle en el que no sólo hay que apreciar la belleza de sus paisajes o castillos (auténticos palacios de placer) sino también su gran importancia política y económica en la historia de Francia, por lo que ha sido declarado Patrimonio de la Humanidad por la UNESCO. Durante la Edad Media, el valle del Loira estaba formado por unos pequeños estados independientes, de tal forma que, en la actualidad, si se va desde Angers a Orleans, la ciudad de Santa Juana de Arco, se descubren en el paisaje enormes torreones y suntuosos palacios.

La Guerra de los Cien Años obligó a la monarquía a trasladarse a La Tourraine. La dinastía de los Valois quedó tan impresionada con la belleza de los lugares que decidió convertirlo en un bulevar magnífico, en el que el río va sorteando castillos y viñedos. Lo más destacable de evolución del gótico. Aunque parte del castillo de Amboise fue arrasado tras la revolución, la vista que desde él se divisa es espléndida. En su interior, cabría destacar la capilla de San Huberto, de estilo gótico flamígero, que era el oratorio de la reina. A muy pocos metros del castillo se halla Clos-Lucé, una preciosa mansión del siglo xv, en donde vivió y murió Leonardo da Vinci. En su interior hay una exposición permanente de las maquetas que el genio utilizó en sus inventos.

En Loches, bella ciudad medieval fortificada, destacan la iglesia de San Ours, cuya nave está cubierta por dos originalísimas bóvedas, el Ayuntamiento, las casas renacentistas y, por supuesto, el Palacio Real. Chenonceau es sin duda la joya de los castillos del Loire. Rodeado de bellísimos jardines, Catalina de Médicis añadió al cuerpo principal del castillo una galería de dos pisos que atraviesa el río Cher. Construido a finales del siglo xv, el castillo de Chaumont tiene aspecto de fortaleza y lo más destacable de él es el magnífico parque que le rodea y sus lujosas caballerizas. El castillo de Cheverny, levantado en el siglo xviii, ha conservado perfectamente la decoración y el mobiliario.

Lo más destacable es el Museo de Caza y la perrera. Nada menos que 5.500 hectáreas de parques y bosques rodeados por 32 kilómetros de muro tiene el castillo de Chambord. Es, sin duda, el mayor de la región, con 440 habitaciones, 84 escaleras, 800 capiteles y 365 chimeneas.

Mezcla de gótico renacentista y clásico, lo más destacable del castillo de Blois es la escalera adosada al exterior de la fachada. Pero en Blois también hay que pasear por la parte vieja de ciudad, formada por viejas casonas renacentistas. Además de los castillos que han dado merecida fama al valle del Loira, es imprescindible mencionar tres grandes monumentos: la abadía de San Benito (muestra soberbia del románico), la catedral gótica de Bourges (una de las más bellas de Francia) y la abadía de Fontevreaud (cinco monasterios que alojaban a monjes, religiosos, enfermos, leprosos y damas retiradas del mundanal ruido y que en algunas épocas llegó a albergar a más de 5.000 personas).

Abajo, el colorido jardín del castillo de Villandry. Este castillo es el último construido durante el Renacimiento en el Valle del Loira. Arriba, el impresionante jardín ornamental del castillo de Amboise.

- CONTINENTE: Europa.
- PAÍS: Francia.
- UBICACIÓN: en la mitad del recorrido del río Loira, en la región Centro, que está dividida en seis departamentos: Indre-et-Loire (con capital en Tours), Loir-et-Cher (Blois), Eure-et-Loire (Chartres), Loiret (Orleans), Cher (Bourges) e Indre (Châteauroux).
- CLIMA: templado durante casi todo el año y con precipitaciones muy frecuentes. Los mejores meses para ir son de junio a agosto.
- CÓMO LLEGAR: en avión hasta París y, desde allí, en tren (hasta Orleans o Blois) o por carretera.
- PECULIARIDAD: el Loira es el río más largo de Francia, pues tiene algo más de 1.000 km. Su característica principal es que sus aguas van cambiando de color en su recorrido, de tal forma que lo podemos ver azul, verde o gris según el color del cielo o la vegetación de sus orillas. Hasta la mitad del siglo XIX fue navegable, pero el progresivo crecimiento de los bancos de arena y el desarrollo del ferrocarril terminó por arruinar a los bateleros.
- GASTRONOMÍA: el rey de la cocina del valle del Loira es el pescado que se pesca en el propio río. Son exquisitos el salmón, la carpa, el lucio y las anguilas ahumadas. La carne, aunque no es la protagonista principal, tiene excelentes platos como la *andouillette*, el paté de Chartres o las *rilletes* (trocitos de panceta, espalda y cuello de cerdo joven cocidos en su propia grasa). En la Sologne se sirven magníficos platos de caza, como el pastel de perdiz o el estofado de liebre. En cuanto a los postres no hay que dejar de probar la *tatin* ni los *macarons*, que se preparan con fresas maceradas en vinagre o peras con jengibre, crema de avellanas o pétalos de rosas escarchados. Mención aparte merecen los vinos de Bourgueil y Chinon, además de los aguardientes de peras Williams, de cerezas o de manzanas.
- DIRECCIONES ÚTILES: es.france.fr/es/valle-del-loira, www.castillosdelloira.es, www.bloischamboard.es y www.tourismeloiret.com

MONTMARTRE

LA PLAZA DE TERTRE

El funicular que sube la Butte Montmartre, la colina más célebre de París, llega hasta Montmartre, el barrio parisino que ya ha pasado a la historia como punto de encuentro de artistas e intelectuales de ayer y de hoy.

En la Place du Tertre, núcleo histórico de Montmartre, que en otros tiempos embrujó a artistas como Picasso,

Toulouse-Lautrec, Modigliani, Regas, Renoir, Monet, Juan Gris o Van Gogh, quienes trabajaron y vivieron aquí junto a músicos y novelistas, se dan cita ahora multitud de pintores aspirantes a la fama, que exponen sus lienzos en los caballetes, al tiempo que disfrutan de un vino o un refresco en cualquiera de los cafés históricos del barrio o pasean por sus estrechas callejuelas, que aún conservan un aire pueblerino y contrastan

con la imponente basílica neogótica del Sacré Coeur, del siglo XIX, desde donde hay una de las mejores vistas de toda la ciudad.

Desde la colina de Montmartre se puede disfrutar de una de las mejores vistas de la ciudad de París. Desde allí se comprenderá porqué es una de las grandes capitales del mundo y un modelo en el diseño urbanístico.

Arriba, basílica del Sagrado Corazón (Sacré Coeur). Bajo estas líneas, vista panorámica desde la colina del Sacré Coeur. Abajo, a la izquierda, las pintorescas calles del barrio de Montmartre.

- **CONTINENTE**: Europa.
- **PAÍS**: Francia.
- **UBICACIÓN**: París, en el barrio de Montmartre.
- **CLIMA**: continental, con frío de noviembre a marzo, de 1 a 14 °C, y cálido en julio y agosto, de 6 a 24 °C. Las lluvias son muy frecuentes y los mejores meses para visitar París son mayo, junio y septiembre.
- **CÓMO LLEGAR**: en avión, en tren o por carretera.
- **PECULIARIDAD**: las calles empinadas y el bullicio de la gente son sus grandes atractivos.
- **GASTRONOMÍA**: París es la capital mundial de la gran cocina, donde comer es un auténtico arte, con platos tan exquisitos como la *soupe d'onion* (sopa de cebolla), el *potage parisien* (potaje a la parisina), las *omelettes* (tortillas de trufa, setas o finas hierbas), la *crôque monsieur* (rebanadas de pan de molde untadas con mantequilla, rellenas de jamón, y tostadas), la *poularde Talleyrand* (pularda con macarrones, trufa y muselina de carne), el *chautebriand* (filete de buey a la plancha), las *andouillettes* (salchichas a la plancha), el *canard à l'orange* (pato a la naranja) o la *homard Thermidore* (langosta con queso y nata). En cuanto a los postres, son deliciosos el *Paris-Brest* (rosca con crema), el *St.-Honorée* (buñuelo recubierto de chocolate), las *crêpes suxette* (creps bañadas con naranja y Grand Marnier) o el *savarin* (pastel borracho).
- **DIRECCIONES ÚTILES**: es.france.fr/es/paris, es.parisinfo.com, y www.paris.org

MONASTERIOS DE ALTURA

En medio de la llanura de Tesalia surgen unas impresionantes rocas, auténticas esculturas de la naturaleza, que parecen querer llegar al cielo. Su nombre, Meteora, procede del término meteoros, que significa «elevado en el aire»: ciertamente parece como si las rocas gravitaran por encima de la llanura. Las cimas de las rocas, dado que se hayan aisladas del resto del mundo, han sido desde el siglo XI un refugio ideal para los ermitaños y ascetas, de ahí que fueran elegidas, tres siglos más tarde, para fundar los primeros

monasterios ortodoxos, aunque la mayoría se construyeron en el siglo XVI. Actualmente, sólo seis de ellos están habitados y en todos, decorados con espléndidos murales, se guardan importantes tesoros sagrados y ricas bibliotecas con valiosos manuscritos.

El monasterio Aylos Nikólaos Anapausa fue fundado en torno al 1500 por el arzobispo de Lárisa Dionisios y debe su nombre a su antiguo propietario, Anapausas. El monasterio Rosanu lo fundaron, en 1543, los hermanos Ioasaf y Máximo, que construyeron el templo sobre las ruinas del anterior y lo dedicaron a la Transfiguración del Salvador. La nave mayor sigue el estilo

del Monte Athos, en cruz con cúpula alta. El monasterio Varlaam, aunque fue fundado en 1517 por los hermanos Teofanis y Nectarios Apsaradas, debe su nombre a Varlaam, su primer habitante, asceta y ermitaño. El Megalo Meteoro es el primer Templo de la Transformación y fue fundado por Athanasios Meteoriti, una de las personalidades más importantes de la religión ortodoxa. La nave mayor es de estilo bizantino y en el centro de la misma se levanta una cúpula de 12 lados de 24 m de altura. Aunque el monasterio Ayía Triada fue fundado por el monje Dumetio en

el siglo XV, los murales que hay en su interior fueron realizados por los hermanos Antonio y Nikólaos en el siglo XVIII. Para acceder a él hay que subir 140 escalones en la roca. El Monasterio Aylos Stéfanos es el único monasterio femenino de Meteora. Desde él se divisa una de las mejores vistas del valle.

En las laderas de Meteora, cerca de Kalanpaca, se encuentra el pueblo tradicional de Kastraki, con casas de piedra y singulares iglesias, rodeado de un entorno de exuberante vegetación. Cerca de la ciudad de Trikala se halla la aldea de Porta Panayía, cuyas calles están pavimentadas con baldosas. Su iglesia es uno de los monumentos bizantinos más importantes de Grecia. Fue construida, en 1283 en el lugar donde estuvo enclavado el templo de Atenea, de donde proceden los fragmentos utilizados para su construcción.

- CONTINENTE: Europa.
- PAÍS: Grecia.
- UBICACIÓN: en la provincia de Trikala, cerca de Kalanpaca (a 349 km de Atenas).
- CLIMA: la sierra al este y al norte del sitio experimenta una amplia variación climática: de calor excesivo de julio y agosto al frío severo de enero con fuertes nevadas. Julio es el mes más seco, pero hay tormentas todo el año, sobre todo en altitudes más altas.
- CÓMO LLEGAR: se puede llegar hasta Kalanpaka o Trikala en tren o por carretera.
- PECULIARIDAD: antiguamente para subir a las cimas se usaba una red que tiraban y subían los monjes mediante un sistema de polea. Ahora, un cómodo camino conduce desde Kalanpaca hasta los monasterios.
- GASTRONOMÍA: los platos más típicos de la cocina de esta región de Grecia son el *souvlaki* (brochetas de carne), la *patsas*, el *stifado* (guiso de conejo o liebre) y el *tzatziki* (puré de pepino, ajo y yogur).
- DIRECCIONES ÚTILES: www.meteora-greece.com y www.visitmeteora.travel

LA ISLA

Mezcla de piedra, luz y sal marina, las Ciclades son un bello conjunto de 56 islas, pequeñas y grandes, dispersas por el mar Egeo. Aquí nació una de las importantes y antiguas civilizaciones mediterráneas, la Civilización Cicládica (3000-1000 a.C.), la cual tomó el nombre precisamente de estas islas. Según los geólogos, la actual y particular forma de las Ciclades se debe a cambios geológicos sucesivos (terremotos, erupciones volcánicas, movimientos de la corteza terrestre) que hundieron varios trozos de tierra firme. Muchos creen aún que uno de los trozos hundidos era el continente perdido de la Atlántida.

Una de las islas más bellas y cosmopolitas de las Ciclades es la isla de Mikonos. A diferencia de las montañas abruptas que forman parte del entorno de las Ciclades, en Mikonos el paisaje está formado por bajas colinas rocosas y encantadoras playas. Mientras otras islas están construidas en forma de anfiteatro, en llanuras o cimas, Mikonos se extiende en dimensiones niveladas. Sus casas, cúbicas y blanquísimas, tienen las puertas, balcones, ventanas y peldaños de madera pintados de colores intensos. Sus iglesias son pequeñas pero lujosas. En sus calles, perfectamente encaladas, se alternan las tabernas pintorescas con las tiendas de artesanía popular, y en el puerto conviven sencillos barcos de pescadores con yates lujosos. En la pequeña elevación del Kastro (Castillo) se halla el grupo de iglesias de Paraportiani, un blanquísimo conjunto creado a lo largo de los siglos, que está reconocido como monumento nacional, y junto a él, un buen número de casas medievales que se levantan encima del mar formando una muralla.

Abajo, vista del puerto. A la derecha, de arriba a abajo: bello amanecer en Poco Venecia, los famosos molinos de viento y una imagen del paseo marítimo en la isla de Mikonos.

- CONTINENTE: Europa.
- PAÍS: Grecia.
- UBICACIÓN: en las islas Ciclades del norte.
- CLIMA: el clima es mediterráneo, con una temperatura media anual que oscila entre los 18 y 22 °C.
- CÓMO LLEGAR: en barco desde el Pireo y en avión desde Atenas.
- PECULIARIDAD: el campo de Mikonos se caracteriza por rocas de color gris verdoso, praderas de flores silvestres y blanquísimas iglesias encaladas o molinos de viento.
- FLORA: las especies más representativas son la uña de león, la amapola de cuerno amarillo y el junco gigante.
- FAUNA: además de los delfines, el animal protagonista de la costa griega, también son habituales en la isla las cigüeñas, las abubillas, los abejarucos y los papamoscas.
- GASTRONOMÍA: entre las delicias gastronómicas de la zona, destacan el *kopanistí* (un queso de intenso sabor), la *amigdalotá* (dulce de almendras) y la *sumada* (licor a base de almendras).
- DIRECCIONES ÚTILES: www.mykonosgreece.com, www.inmykonos.com, www.mykonos.gr y www.visitgreece.gr

AMSTERDAM

LA VENECIA DEL NORTE

Hacia el año 1200 toda la amplia zona que circunda a la actual Amsterdam no era más que un territorio triste y desolado. Salpicada de charcas y pantanos, representaba solamente la desembocadura en el Zuider Zee de un río modesto: el Amstel. Muy a menudo, la marea invadía la laguna y cubría los pocos espacios de tierra firme, por lo que nadie quería vivir por aquellos parajes tristes e insalubres. Un noble, Gisberto III, pensó en construir un dique de contención a lo largo del río y sanear una parte del pantano.

Se congregaron en aquel lugar obreros y albañiles y, tras unos años de trabajo, el Gran Muro (Dam en holandés) era una realidad. En torno a la muralla, los obreros habían colocado largas empalizadas, en donde edificaron sus propias cabañas de madera. Luego, desecaron muchos estanques y unieron los islotes, unos 70, mediante pequeños puentes. Aquel poblado, mencionado por primera vez en un documento histórico del año 1275, firmado por Floris IV, conde de Holanda, fue llamado Amsteldam. cada vez iba llegando más gente a la ciudad, por lo que ésta tuvo que hacerse más extensa. Fueron construidos tres nuevos canales: el Canal de los Señores, el Canal del Emperador y el Canal del Príncipe de Orange, por donde pasaban las barcazas que transportaban maderas exóticas, café, sedas, té, caucho, especias y tabaco.

Una caminata por Amsterdam lleva, tarde o temprano, a la Plaza del Dam, el centro de este universo acuático-terrestre. Dam significa «dique», y aquí fue donde se construyó uno, en el río Amstel, que dio origen y nombre a la ciudad. En uno de los laterales de la plaza está el Palacio Real

Mar del Norte

AMSTERDAM

Holanda

Bélgica

Alemania

Francia

Abajo: uno de los famosos canales de Amsterdan. Arriba: una imagen inconfundible de la ciudad con la iglesia de Zuiderkerk al fondo. A la derecha, de arriba a abajo: la basílica de San Nicolás (Sint-Nicolaasbasiliek) y otro bello rincón de Amsterdam.

(1665), uno de los edificios más suntuosos de la ciudad, y junto a él, la Nieuwe Kerk, de principios del XIV, que es la iglesia donde se corona la realeza holandesa. Desde la Plaza del Dam, cualquier itinerario por el casco antiguo de la ciudad permite al viajero apreciar el encanto del siglo XVIII presente en las numerosas iglesias y torres construidas en el momento de mayor esplendor de la ciudad. En cuanto a los museos, destaca por la belleza del edificio y por las obras maestras que se exhiben en él el Rijksmuseum. Pero el barrio favorito de los habitantes de Amsterdam es Jordaan. Construido en el siglo XVII, era el lugar donde vivía la clase trabajadora: obreros, artesanos y cargadores del puerto. Hoy día es un encantador lugar de pequeñas callejuelas, casas estrechas, patios diminutos llenos de flores, cafés de madera oscura, minúsculas tiendas y plácidos canales plagados de gabarras.

- **CONTINENTE:** Europa.
- **PAÍS:** Holanda.
- **UBICACIÓN:** en Holanda septentrional, en el estuario del río Ij.
- **CLIMA:** marítimo templado, de diciembre a febrero hace frío con fuertes vientos y temperaturas de varios grados bajo cero y meses algo cálidos (julio y agosto), con una temperatura media de 20 °C. Llueve bastante durante todo el año. La mejor época para visitar Amsterdam es de junio a septiembre.
- **CÓMO LLEGAR:** en tren, en avión o por carretera.
- **PECULIARIDAD:** esta maravillosa ciudad renacentista, con sus 543 puentes (el más conocido es el Magere Brug, que conecta Kesrkstraat con Nieuwe Kerkstraat, es de madera y se levanta con un sistema manual), sus 165 plácidos canales, sus calles pintorescas y sus casitas pintadas de colores, mereció tiempo atrás que Guicciardini la bautizara como la «Venecia del norte» y que su estilo inspirara la posterior construcción de la ciudad rusa de Petrogrado (San Petersburgo).
- **GASTRONOMÍA:** el *erwtensop*, un riquísimo puré de guisantes con salchichas ahumadas, el *balkenbrij* (despojos de carne con harina de alforfón y pasas), el *boerekool met rookworst* (col rizada con patatas y salchichas ahumadas) y el *hutspot* (ragú de carne con verduras) son algunos de los platos más típicos de la cocina holandesa, junto con los arenques en salmuera y los ahumados, así como los quesos y los embutidos. En cuanto a los postres, son deliciosos los *stroolzwafel* (barquillos de miel) y los *pannekoeken* (creps), de los que hay hasta 25 variedades. Los cafés (tabernas de madera, ocurecidas por el humo y el tiempo) son una institución en Amsterdam. Los *bruin café* son los de más solera.
- **DIRECCIONES ÚTILES:** www.visitamsterdam.nl, www.amsterdam.info y www.iamsterdam.com/es/

BUDAPEST

LA CIUDAD DE LOS BALNEARIOS

una de las ciudades más bellas del mundo, considerada por la UNESCO en 1987 Patrimonio Cultural de la Humanidad.

Desde una de las colinas de la antigua Buda, la denominada Colina del Castillo, se puede disfrutar de un completo panorama de esta maravillosa ciudad, repleta de construcciones góticas en su núcleo antiguo. Por sus estrechas callejuelas nos encontramos al paso con bellas iglesias, magníficos palacios y antiguos edificios de solera. Un lugar a destacar en el recorrido por Budapest es la Isla Margarita, situada en el centro del río Danubio formando una especie de puente entre los distritos de Buda y Pest. Desde la isla se divisa una bella panorámica de los palacios alineados

Dividida en dos por el río Danubio, Budapest, la capital de Hungría, tiene su origen en la fusión de tres antiguas ciudades: Obuda, Buda y Pest. El hecho de ser la capital no es algo gratuito, pues desde hace más de dos siglos es la cuna de todas las rebeliones nacionalistas de los húngaros. A partir del siglo XVIII, finalizada la dominación otomana, Buda y Pest recobran sus privilegios. La primera se convierte en sede de la administración civil y militar, mientras que la segunda es el centro comercial del país. Desde entonces, Budapest se convierte en una doble ciudad recorrida por el famoso Danubio azul y en

junto al río. Quizás uno de los enclaves más acogedores de Budapest sea el Barrio Viejo. Formado por un conjunto de edificios de estilo barroco construidos durante el siglo XVIII sobre la antigua muralla de Buda; en sus casas han vivido célebres personajes como Beethoven y Thomas Mann. En el centro del barrio está la iglesia de Nuestra Señora de Buda, conocida popularmente como el «Templo de Matías». Al lado del templo está la plaza de Hess Andrá, donde se imprimió el primer libro editado en el país y también donde se hicieron las primeras representaciones teatrales en el siglo XVIII. Muy cerca se encuentra el Palacio Real, que alberga diversos museos, y el Parlamento, que es sin duda el edificio más conocido de la ciudad.

Sobre estas líneas: el famoso puente de las Cadenas. A la derecha: puerta del Bastión de los Pescadores (arriba) y el castillo de Vajdahunyad (abajo). Abajo: el famoso balneario Szechenyi.

Otro de los edificios más representativos de Budapest es el Bastión de los Pescadores, desde donde se puede ver la vista más impresionante de la ribera del Danubio de la parte de Pest. Cruzando el río se encuentra la parte más antigua de Pest. De la plaza Verösmarty arranca la calle Váci, donde están las tiendas más típicas de la ciudad, sobre todo de antigüedades.

A quienes les gusten los viajes en barco, les encantará el que se realiza en un barco de vapor por la llamada «curva del Danubio».

Durante el recorrido se conocen algunos importantes lugares históricos como Esztergom, la antigua frontera oriental de Carlomagno, donde es obligada la visita a las ruinas del palacio del rey Bela (siglo XII) y también a la impresionante basílica de San Esteban. Y a los que disfruten con los recorridos en tren, a poco menos de dos horas está el lago Balatón, un auténtico mar interior. En medio del lago se encuentra la pequeña península de Tihany, una lengua de tierra que casi divide al lago en dos mitades. En Tihany se conserva una antigua cripta monástica del siglo XI.

- CONTINENTE: Europa.
- PAÍS: Hungría.
- UBICACIÓN: en el centro septentrional de Hungría.
- CLIMA: continental-suave. El mes más frío del año es enero, con una temperatura media de -1 °C, y el más caluroso es agosto, con 21,3 °C.
- CÓMO LLEGAR: avión, tren o por carretera. También hay transporte fluvial entre Budapest y Viena o Bratislava, a través del Danubio.
- PECULIARIDAD: de los numerosos puentes (un total de nueve) que atraviesan el río Danubio a su paso por Budapest, uno de los más bonitos y famosos es el puente de las Cadenas. Junto con los puentes sobre el Danubio, otro de los símbolos de Budapest son sus termas o balnearios (nada menos que 50), baños que funcionan desde la época de los romanos. Los más conocidos son: el Géllert, con su increíble piscina estilo *art nouveau* y el Széchenyi, en el parque Városliget, con piscinas al aire libre.
- GASTRONOMÍA: lo más característico de la cocina húngara es el uso como condimento de la páprika (pimentón rojo) junto con la cebolla, el tomate y el ajo para sazonar platos, tan famosos como el *goulash* (en húngaro se llama *porkoit*), de sabor fuerte, que tradicionalmente se hace con carne de vaca aunque también puede elaborarse con carne de cerdo, o el pollo a la páprika con ñoques. Otro plato también muy tradicional es el *fatanyeros* (filetes de varias clases en el mismo plato) y las sopas, que se sirven con crema de leche, lo que les da un ligero sabor agridulce. En cuanto a los postres, merecen un punto y aparte los deliciosos *retes*, una especie de rollitos tostados y rellenos de cerezas, almendras, nueces, quesos y algún que otro ingrediente al gusto.
- DIRECCIONES ÚTILES: www.budapestinfo.hu, www.budapest.com, budapest.hu y www.tourinform.hu

LOS ACANTILADOS

Uno de los sitios más visitados de Irlanda son los acantilados (*cliffs*) de Moher que son, probablemente, junto con los fiordos noruegos, los más bellos acantilados de Europa. Situados en la costa oeste de Irlanda, sobre el océano Atlántico, tienen más de 200 metros de altura y 8 kilómetros de longitud y son, sin duda, uno de los paisajes irlandeses más majestuosos y espectaculares.

El pequeño puerto de pescadores de Doolin, una de las capitales irlandesas de la música folk, es el lugar idóneo para partir hacia los acantilados, y la panorámica más espectacular es la que se puede admirar desde la O'Brien's Tower (Torre de O'Brien), un antiguo punto de observación suspendido entre la tierra y el cielo, a muy pocos metros de un impresionante precipicio. Es una torre circular realizada en piedra que se encuentra en la mitad de los acantilados aproximadamente. Sir Cornellius O'Brien la mandó construir en 1835 precisamente para que los turistas tuvieran una buena vista de los acantilados. El Burren es una amplia meseta calcárea de más de 1.000 km², de la que forman parte también los acantilados de Moher y Doolin. En estas rocas erosionadas por la glaciación y el viento, conviven especies mediterráneas, alpinas y árticas, además de 28 especies de mariposas.

El agua de lluvia penetra por las porosidades de la roca creando en el subsuelo una red de galerías subterráneas,

huecos y cavernas. En cuanto a la vegetación, una de las especies vegetales que crecen entre las hendiduras de las rocas es la singular «lengua de ciervo». Y en las rocas anidan gaviotas, picazas marinas y maucas. La visita a los acantilados está muy bien organizada: los coches se estacionan en el Centro de Visitantes para desde allí iniciar la excursión. Un sendero, muy bien marcado recorre los 8 km de longitud de los acantilados de Moher.

- CONTINENTE: Europa.
- PAÍS: Irlanda.
- UBICACIÓN: cerca de Doolin, en la costa oeste de Irlanda.
- CLIMA: dice un refrán irlandés que «Irlanda es el país más limpio del mundo porque el agua lo lava todos los días». Pero además de la frecuente lluvia, el clima suele ser templado y en julio las temperaturas rara vez superan los 20 °C.
- CÓMO LLEGAR: en avión o en barco hasta Irlanda y, una vez allí, por carretera.
- PECULIARIDAD: Doolin es un pequeño pueblo de pescadores, cuyas casas están dispersas por los campos y desde cuyo embarcadero parten las barcas y el transbordador que va a las islas de Arán. La vida transcurre entre las tareas del campo, la casa, el pub y la iglesia. Pero el centro social por excelencia de Doolin y de toda la costa suroeste es el pub, donde los parroquianos se reúnen para charlar, cantar, beber en compañía y escuchar buena música folk.
- GASTRONOMÍA: uno de los platos más populares es el salmón ahumado con cebolla, alcaparras y mantequilla salada. En Irlanda, el ahumado de los pescados se realiza en chimeneas especiales de leña de encina o haya, lo que les da un delicado aroma y un sabor inimitable.
- DIRECCIONES ÚTILES: www.cliffsofmoher.ie y www.touristofficedublin.com

Océano Ártico

ISLANDIA

GEYSIR

Océano Átlántico

Irlanda

Reino Unido

EL AGUA QUE HIERVE

Compuesta por un corazón caliente de magma, un sinfín de vasos sanguíneos que vertebran la isla en forma de ríos, docenas de cascadas, innumerables lagos e hileras de aguas gélidas que se deslizan desde las blancas cumbres, Islandia ofrece al viajero un paisaje único y espectacular.

La actividad volcánica de la isla es muy importante y las erupciones se repiten con frecuencia. También hay numerosas solfataras, pozos donde se «cocinan» mezclas de rocas en fusión. En cuanto a los géiseres (manantial caliente que surge en forma intermitente y con una fuerza considerable como una especie de columna de vapor y agua caliente), son una de las principales atracciones de Islandia. La estructura subterránea es la que aporta fuerza a los géiseres, con lo que se diferencian de otras fuentes termales.

Islandia, la segunda isla mayor de Europa, hierve y chisporrotea en el Océano Atlántico, al noroeste de Escocia, oeste de Noruega y sudeste de Groenlandia. Los vikingos consideraban que bajo la superficie de la volcánica Islandia se encontraba el infierno. Al margen de la leyenda, lo que sí es cierto es que la isla es un verdadero curso de geología.

- CONTINENTE: Europa.
- PAÍS: Islandia.
- UBICACIÓN: en la región central meridional de la isla, en Haukadalur, a 57 km de Pingvellir.
- CLIMA: aunque Islandia se caracteriza por tener un clima frío, la influencia de la corriente del golfo suaviza bastante la temperatura en toda la isla. La lluvia es frecuente incluso en verano. No en vano, hay un refrán islandés muy significativo con respecto al tiempo: «Si no te gusta el tiempo, espera 15 minutos». Los mejores meses para visitar el país son junio, julio y agosto, cuando la temperatura media es de 10 °C.
- CÓMO LLEGAR: en verano hay vuelos directos desde muchas ciudades europeas. También se puede volar a Copenhague y desde allí enlazar a Reykjavik. Otro modo de acceder a la isla es en ferry desde Esberg, en el suroeste de Dinamarca.
- PECULIARIDAD: Islandia ofrece oportunidades ilimitadas para los practicantes del trekking; los paseos pueden durar desde una tarde hasta dos semanas a lo largo de paisajes salvajes. Algunos de los mejores itinerarios de senderismo se hallan en los remotos parajes de Landmannalaugar, Látrabjarg y Hornstrandir, o en Reykjanesfólkvangur, al pie de Reykiavik.
- GASTRONOMÍA: la gastronomía islandesa ofrece platos sabrosos y curiosos como, por ejemplo, el *hákarl* (carne de tiburón que ha sido enterrada durante un mes en la arena). Otros platos típicos son el *hrútspungur* (testículos de carnero macerados en suero y prensados para formar un pastel), el *svie* (cabeza de oveja chamuscada, cortada en dos y cocida, que se come fresca o en conserva) o el *slátur* (mezcla de despojos de oveja envueltos en el estómago y guisados). El gran invento islandés es el *skyr*, una bebida similar al yogur compuesta de leche desnatada pasteurizada y un cultivo de bacterias.
- DIRECCIONES ÚTILES: es.visiticeland.com y www.islandia.es

De hecho, la palabra géiser pasó a todos los idiomas por el nombre del lugar, Geysir (una zona que contiene las mejores muestras termales activas de todo el país), donde se encuentra el más famoso géiser de la isla: el Gran Geysir, cuyas erupciones llegaron alcanzar los 80 m de altitud, hasta que a principios del siglo XX comenzó a perder actividad, debido a que los turistas no paraban de lanzarle rocas y desperdicios. Según informes de los expertos, desde el año 2003, el Gran Geysir ha reiniciado su actividad y hay semanas en las que entra varias veces en erupción.

Ahora la gran estrella es el Strokkur, cuyas aguas llegan a los 20 metros en breves erupciones que se repiten cada 5 minutos. Últimamente, está un poco «cansado», por lo que hay que volcar jabón en polvo en el pozo para hacerlo escupir. Se hace cada cierto tiempo y la noticia es difundida por la radio para que nadie se pierda el espectáculo.

Sin lugar a dudas, Geysir es un lugar atrapado por el contraste entre el azul de los pozos y el estallido de los espectaculares géiseres. Es un lugar hermoso, ideal para extasiarse con la contemplación de la naturaleza. Existen otros géiseres en el planeta Tierra, pero la combinación de este fenómeno geológico con el paisaje hacen única la visita a Islandia.

EUROPA
ITALIA | **TAORMINA**

LA BELLA SICILIA

Francia
Alemania
Suiza
Austria
VENECIA
Mar Adriático
Mar Tirreno
Mar Mediterráneo
TAORMINA
Mar Jónico

A 204 metros sobre el nivel del mar, se levanta Taormina, en una planicie del monte Tauro. Suspendida sobre el mar, ha sido desde siempre un lugar elegido por emperadores y artistas, quienes se rindieron hechizados por su belleza. Lo cierto es que pocos lugares hay en el mundo tan mimados por la naturaleza como Taormina, un agreste balcón en medio del Mediterráneo. La gran atracción de Taormina es sin duda el Teatro Greco-Romano (siglo III a.C,) el segundo más grande de Sicilia, después de Siracusa. El teatro, que tiene 50 metros de ancho, 120 metros de largo y 20 metros de alto, está dividido en tres secciones principales: el escenario, la orquesta y la zona dedicada al público. Pero el teatro no es sólo importante por él mismo sino también por la magnífica vista que se divisa la Bahía de Naxos y el monte Etna, además de ser la sede del Festival Internacional Arte de Taormina.

Cuando Taormina se convirtió en una colonia militar romana, los romanos construyeron el Odeon, llamado también el «Pequeño Teatro». Situado cerca del Palazzo Corvaja, no fue descubierto hasta 1892, pues estaba enterrado detrás de la iglesia de Santa Catalina. La arquitectura del Odeon es casi idéntica a la del Teatro Greco-Romano, aunque es mucho más pequeño de tamaño. Uno de los lugares más mágicos de Taormina es la Piazza IX Aprile, en cuyo empedrado, que semeja un damero, se encuentran la iglesia de San Giuseppe (siglo XVII), la iglesia de Sant' Agostino y la Torre del Reloj, que sirve de puerta de entrada a la parte medieval de la ciudad. Desde la *piazza*, que forma una terraza panorámica,

se divisa una de las vistas más bellas de Taormina, que abarca desde el mar a la colina del Teatro y las pendientes del Etna. La catedral-fortaleza, construida alrededor del año 1400 sobre las ruinas de una pequeña iglesia medieval, junto con el Palazzo Corvaja, el convento de San Domenico, convertido ahora en un hotel, el Palazzo Comunale, el Gimnasio, la Necrópolis Árabe o la Puerta de Catania, son algunos de los sitios de obligada visita en la villa de Taormina.

Abajo: vista panorámica de Taormina desde las ruinas del teatro greco-romano con el monte Etna al fondo. A la derecha: el Duomo y la plaza en el casco antiguo de Taormina (arriba) y otro detalle del las ruinas del teatro (abajo).

- CONTINENTE: Europa.
- PAÍS: Italia.
- UBICACIÓN: Sicilia.
- CLIMA: típicamente mediterráneo, de diciembre a febrero es templado y julio y agosto son muy calurosos.
- CÓMO LLEGAR: en avión (el aeropuerto más cercano es el de Catania) o en barco hasta Palermo, y desde allí en tren o por carretera.
- PECULIARIDAD: los fondos marinos de Taormina son tan increíblemente bellos como la ciudad que se yergue sobre el mar y han servido en numerosas ocasiones para la realización de documentales o películas, como *El gran azul*, dirigida por Luc Besson.
- GASTRONOMÍA: los amantes del buen comer están de enhorabuena en tierras sicilianas. Para empezar una buena comida, lo mejor es la típica ensalada siciliana, a base de aceitunas aliñadas y anchoas, o una sabrosa sopa como la *zuppa di cozza* (mejillones a la marinera). Los entusiastas de la pasta no pueden perderse la p*asta alla carretiera* (espagueti con tomate crudo, ajo y pimiento). En cuanto a los pescados, los sicilianos preparan muy bien el pez espada y también es delicioso el pulpo de San Vito, pero quienes prefieran la carne pueden optar por los *scaloppine alla marsala*. Para finalizar, nada mejor que un trozo de *cassata* (torta a base de almendras, bañada en marrasquino), una *outtida* (buñuelo con miel) o el clásico arroz negro con almendras, chocolate y caramelo y, por supuesto, todo ello regado con *mamertino*, un vino que ya fue alabado por Julio César.
- DIRECCIONES ÚTILES: www.taormina.com y www.taormina.it

MECIDA POR EL AGUA

La ciudad de Venecia se creó gracias a los bárbaros ya que, ante el empuje de estos pueblos que venían del norte, los vénetos no tuvieron más remedio que refugiarse en las múltiples islas cercanas a sus costas. En la mayor de ellas, la de Rialto, construyeron el Palacio Ducal. Poco a poco, fueron desarrollando un sistema comercial, político y económico que les hizo situarse como una importante potencia mercantil. Sus naves surcaban todo el Mediterráneo, no en vano el gran navegante Marco Polo partió de esta ciudad. Hoy día, Venecia tiene el gran encanto de conservar todos aquellos recuerdos de épocas pasadas, lo que ha hecho que personalidades ilustres como Byron, Goethe, Tolstoi, Wagner, Strawinski, Verdi, Proust o Hemingway se rindieran ante sus encantos

En las orillas del Gran Canal, de 3,5 km de longitud, se levantan nada menos que 200 palacios góticos, renacentistas y barrocos de gran belleza, tales como el Fondaco del Turchi (actualmente es el Museo de Historia Natural), Ca'Vendramin-Calergi (maravilloso ejemplo de lo que fue la arquitectura lombarda, en el que murió el compositor Wagner en 1883), Ca'Pesaro (excelente ejemplo de arquitectura barroca, en cuyo interior se albergan pinturas y esculturas de los siglos XIX y XX), Ca'd'Oro (palacio noble veneciano del siglo XV, en cuyo interior se ubica la Galleria Giorgio Franchetti, con obras de Tiziano, Mantegna, Lippi...) o Ca'Rezzonico (el edificio más representativo de los siglos XVII y XVIII, que

alberga el Museo del Settecento Veneziano). Sin duda, el palacio más bello de Venecia y también uno de los más bellos del mundo es el Palacio Ducal.

Ubicado en la bellísima plaza de San Marcos, el corazón de Venecia, a la que Napoleón llamó «el salón más hermoso de Europa», y muy cerca de la Basílica de San Marcos, en él hay obras de Tiziano, Tintoretto y Veronese. Dejando a un lado los palacios, iglesias y museos, cuando se llega a Venecia es imprescindible acercarse hasta el Puente de Rialto, sobre el Gran Canal y visitar Rialto y el mercado del mismo nombre que existe desde la Edad Media, así como el Puente de los Suspiros, a espaldas del Palacio Ducal. La laguna que rodea Venecia está salpicada de islas tranquilas y acogedoras como la Torcello, que fue el primer asentamiento de Venecia

y que merece la pena visitar aunque sólo sea por ver los mosaicos bizantinos de su basílica; Burano, otra de las islas, refugio de artistas y famosa por sus encajes, que está surcada por canales y cuyas casas destacan por sus vivos colores; o Murano, conocida mundialmente por su artesanía en vidrio. Por último, para rematar este bello recorrido, merece la pena ir de Venecia a Padua, en lancha por el canal de Brenta. En el viaje, que dura aproximadamente unas siete horas, se pueden admirar las villas de los nobles venecianos de los siglos XVII y XVIII.

Abajo: vista del Gran Canal al atardecer desde el puente de Rialto. A la derecha, de arriba a abajo: el carnaval veneciano, la Plaza de San Marco con el Campanile y el Palacio Ducal y las famosas góndolas venecianas.

- CONTINENTE: Europa.
- PAÍS: Italia.
- UBICACIÓN: situada a orillas del mar Adriático, es la capital de la región del Véneto.
- CLIMA: muy húmedo, bochornoso en julio y agosto y muy frío de diciembre a marzo.
- CÓMO LLEGAR: se puede llegar en avión o por carretera hasta tierra firme y, desde ahí, en *motoscafo* (lancha rápida) por los canales de la ciudad.
- PECULIARIDAD: el nombre de Venecia está asociado al de su histórico Carnaval, que se remonta a la Edad Media. En el siglo XVIII, el Carnaval duraba cinco meses. No había día sin desfile, regatas, bailes y festines, y todo el mundo iba enmascarado. Hoy día, durante el Carnaval las calles y canales de Venecia se convierten en un escenario flotante.
- GASTRONOMÍA: la *granzeola alla veneziana* (a base de cangrejo), las anguilas a la plancha, el *fegato alla veneziana* (hígado encebollado), el *risi e bisi* (sopa tradicional veneciana a base de arroz y guisantes), la *polenta e osei* (pajaritos cocinados con polenta) y el *prosciuto di San Daniele* (embutido parecido al jamón serrano).
- DIRECCIONES ÚTILES: www.visit-venice-italy.com, en.turismovenezia.it y www.venice-tourism.com

BERGEN

PÓRTICO DE LOS FIORDOS NORUEGOS

Según sus habitantes, Bergen es «una ciudad con los pies en el mar, la cabeza en las nubes y el corazón en su justo lugar». Situada en la costa, la ciudad portuaria de Bergen, una de las ciudades más antiguas de Noruega y en otro tiempo capital del país, siempre estuvo de frente al mar y a las tierras extranjeras. Rodeada por miles de islas y arropada por siete montañas, Bergen está considerada la ciudad más bella de Noruega y una de las más llamativas de Europa y, a pesar de los numerosos incendios que ha sufrido a lo largo de su historia, continúa siendo la ciudad con el mayor número de

construcciones en madera del mundo, lo que le añade un atractivo más.

Además de sus elegantes calles con casas de madera en fila, una tras otra, Bergen sorprende por su amor a la música, que se ve reflejado en magníficos edificios como el Palacio Lyssen, la residencia de verano del violinista Ole Bull (1810-1880). Ubicado en la isla del mismo nombre, muy cerca de Bergen, el Palacio Lyssen llama la atención por su estilo claramente morisco, ya que el famoso músico quería tener en Noruega lo que él definió como «su pequeña Alhambra». Pero, sin duda, una de las

zonas más bellas de Bergen es el barrio de Bryggen, cuyo nombre significa el «muelle». Allí se instalaron los comerciantes alemanes durante el dominio de la Liga Hanseática (una comunidad comercial fundada en la Edad Media en el norte de Europa) y se levantaron las primeras casas de la ciudad. Los edificios más antiguos de este pintoresco conjunto arquitectónico datan del año 1702 y han sido declarados por la UNESCO Patrimonio de la Humanidad. En el barrio de Gantoft se encuentra una maravillosa iglesia de madera de estilo nórdico y techo escalonado. La iglesia de Fantoft (o iglesia de Fortun) es en realidad una copia exacta de la original construida en 1150, pero que fue destruida en un incendio en 1992. Aún así han conseguido recrear el ambiente medieval a la perfección.

Lo que ningún viajero que llegue hasta Bergen debe perderse, además de las imprescindibles excursiones en barco por los fiordos, es la subida a la montaña de

Floyen en funicular. La vista que se tiene desde allí de la ciudad y de los alrededores es magnífica. Pero el gran encanto de Bergen no es sólo la ciudad en sí misma, sino que desde ella se pueden iniciar algunas de las rutas más hermosas de Noruega, en la que la vista queda extasiada por los impresionantes paisajes y fiordos que se van descubriendo, como el de Sognefjorden, el fiordo más largo y más profundo no sólo de Noruega sino de todo el mundo, pues tiene 180 kilómetros de extensión y casi 1.300 metros de profundidad.

En uno de los brazos de Sognefjorden, el fiordo de Aurland, se encuentra el pequeño y encantador pueblo de Flâm, desde donde sale un ferrocarril que sube hasta Myrdal, a 867 metros de altura. A lo largo del recorrido de 20 kilómetros que realiza el tren, la visión de las cascadas, las laderas escarpadas y el impresionante fiordo hace que la experiencia resulte inolvidable.

- CONTINENTE: Europa.
- PAÍS: Noruega.
- UBICACIÓN: capital del Condado de Hordaland, está situada en el suroeste de Noruega.
- CLIMA: debido a la corriente del golfo la temperatura aunque fría es algo más suave de lo que se podría esperar, excepto en invierno, que es muy frío. Pero el dato más curioso del clima de Bergen es la lluvia, ya que llueve 275 días al año, hasta el punto de que en las estaciones de tren hay máquinas expendedoras de paraguas.
- CÓMO LLEGAR: en avión, en tren, por carretera o en barco.
- PECULIARIDAD: impresionante, bellísimo y espectacular es el recorrido en barco por los fiordos, donde el viajero se encuentra en «otro mundo», rodeado de muros de roca de centenares de metros de altura y hasta 1 km de profundidad.
- GASTRONOMÍA: el salmón ahumado o marinado es el plato estrella de Noruega, pero también son muy típicos los arenques con salsa de tomate, de mostaza o de curry o marinados y la carne de alce o de reno.
- DIRECCIONES ÚTILES: www.visitBergen.com, www.fjordnorway.com y www.visitnorway.com

CRACOVIA

LA CIUDAD MÁS ANTIGUA DE EUROPA

En términos oficiales, Cracovia (Kraków) es la segunda ciudad de Polonia, pero todo el que viaja a este país cargado de tradiciones visita esta singular ciudad, que se extiende a lo largo del río Vistula y que fue centro monumental y tesoro de la cultura europea. Situada en el sur Polonia, muy cerca de las fronteras eslovaca y checa, está rodeada de magníficos paisajes, como los Cárpatos en el sur y la región de Silesia, repleta de preciosos valles, castillos medievales e iglesias centenarias al este.

Capital de Polonia en la Edad Media, conserva las huellas de un memorable pasado histórico a la par con su fama actual por ser la ciudad natal y pastoral del Papa Juan Pablo II y, también, por ser el enclave de numerosos festivales y eventos internacionales, como el Festival Internacional de Teatros Callejeros, que se celebra en la Plaza del Mercado y al lado del Castillo. La Universidad de Cracovia es la segunda más antigua del continente (1364) y sus aulas tuvieron como alumno al astrónomo más grande de todos los tiempos, Nicolás Copérnico. Pero el punto central de la vieja ciudad es la Plaza del Mercado, una de las más bellas de Europa y también una de las más grandes (alrededor de 200 metros de largo). De ahí, que la UNESCO la haya considerado como una de las 12 plazas más bellas del mundo. Construida en 1257, tuvo un gran interés comercial, pues estaba situada en el cruce de las vías comerciales más importantes

de la época medieval. Alrededor de ella se alzan las casas que antiguamente pertenecían a los vecinos más acaudalados y en uno de los dos lados se yerguen las dos torres de la basílica de la Asunción de la Virgen María, uno de los monumentos de más valor del casco viejo de la ciudad. Entre sus joyas de estilo gótico hay que destacar el retablo policromado, que data del siglo XV, obra del escultor Wit Stwosz. Además, Cracovia está considerada uno de los sitios mágicos del continente europeo, ya que, según la leyenda, esta ciudad tiene una fuerza mágica que se debe a tener, en algún rincón de la villa, una de las famosas «Siete Piedras Sagradas», misteriosas fuentes de energía situadas en diversas partes del mundo.

El casco antiguo de la ciudad no está protegido actualmente por las murallas defensivas de antaño. En su lugar, un largo parque rodea esta zona, pues de las antiguas fortificaciones sólo ha quedado la Puerta de San Florián, donde se inicia la Ruta Real que lleva hasta el castillo de Wawel, residencia de los reyes y obispos polacos y enclavado en una colina de roca calcárea a orillas del Vístula. En la iglesia catedral de este castillo es donde tuvieron lugar las coronaciones y en las criptas subterráneas se guardan los sarcófagos de los reyes polacos. Pero no es acertado irse de Cracovia sin visitar uno de sus barrios más populares y con más solera. Se trata del barrio de Kazimierz. Fundado en el siglo XIV por el rey Casimiro el Grande, se convirtió en una ciudad autónoma, en la que casi durante cinco siglos coexistieron cristianos y judíos. En el centro del barrio se encuentra la calle Szeroka, que alberga cafés y restaurantes judíos así como la Sinagoga Vieja, considerada como una de las más bellas de Europa.

Sobre estas líneas: Plaza del Mercado (arriba) y el Castillo de Wawel (abajo). A la izquierda: vista aérea de la Plaza Central y Sukiennice.

- CONTINENTE: Europa.
- PAÍS: Polonia.
- UBICACIÓN: en el Sur de Polonia, cerca de la frontera con Eslovaquia y la República Checa.
- CLIMA: frío de noviembre a marzo, con nieve y heladas entre diciembre y febrero, y templado en julio y agosto. Durante el mes de julio, la temperatura media es de 19 °C.
- CÓMO LLEGAR: en avión, en ferrocarril o por carretera.
- PECULIARIDAD: a 14 kilómetros de Cracovia se encuentran las Minas de Sal de Wieliczka, declaradas por la UNESCO Patrimonio de la Humanidad. En un recorrido de 3 km se pueden ver capillas y esculturas talladas en sal, puentes y escaleras de madera, lagos subterráneos, y una increíble ciudad subterránea, de 60 a 100 metros de profundidad, formada por un campo de deportes, un cine, una oficina de correos, un restaurante, una tienda de recuerdos, salas de concierto y baile e incluso un sanatorio.
- GASTRONOMÍA: lo más típico de la cocina de Cracovia, además de las tradicionales sopas, son la *maczanka* a la *cracoviana* (chuletas de cerdo con salsa y panecillos), el pato estofado, el buñuelo polaco y el pastel de semilla de amapola.
- DIRECCIONES ÚTILES: www.krakow.pl, www.krakow-info.com y www.polonia.travel

Océano Atlántico

Francia

OPORTO

LISBOA   España

Mar Mediterráneo

EL BARRIO DE ALFAMA

Si el viajero quiere dar un paseo por una época en la que en Lisboa convivían apaciblemente judíos, cristianos y musulmanes, tendrá que guiar sus pasos hasta Alfama, el barrio más antiguo y popular de la ciudad. Toma su nombre del término árabe Alhama, que significa «fuente termal», y su significado se perpetúa en muchos rincones como el Chafariz do Rey, la fuente más antigua de Lisboa, el Largo do Chafariz de Dentro o en el Beco do Mexias, donde aún funciona un lavadero público.

El legado cultural que ha dejado el paso de diferentes pueblos pervive en el entramado de calles adoquinadas y acogedoras plazas que conforman el laberinto del barrio medieval de Alfama, que aún conserva su estructura de la época musulmana, con pequeños patios con flores, típicas casas, ropa tendida, cuestas sin fin, coquetos chafarices (fuentes de varios caños), *escandinhas* (escaleras empinadas) y, por supuesto, el voceo de las *varinas* (vendedoras de pescado).

Es difícil imaginarse a Lisboa sin su aroma a café, sin los tranvías, trolebuses y funiculares, que ayudan a subir y bajar la ciudad y que conducen a los viajeros hasta los emblemáticos miradores lisboetas, desde donde se pueden contemplar las mejores panorámicas de la ciudad lusa.

Precisamente, el tranvía 28 es el que marca el recorrido por Alfama, un tanto singular, debido al trazado laberíntico musulmán del barrio. El tranvía pasa por delante de la catedral (que se levanta sobre los vestigios de una mezquita del siglo XII), al lado de la iglesia de San Antonio, patrón de Lisboa, ubicada en la plaza que se considera la entrada oficial a la Alfama. El recorrido sigue por el Largo da Sé y sube por la Rua Augusto Rosa. Para en el mirador de Santa Luzia, junto a la iglesia de

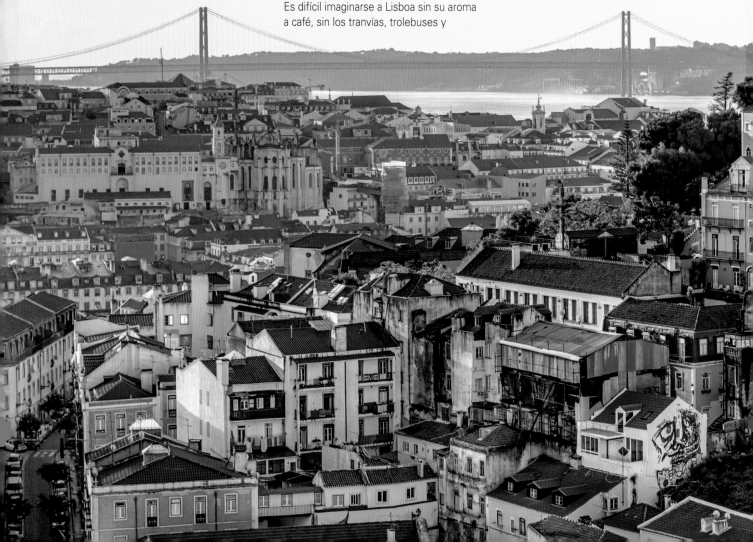

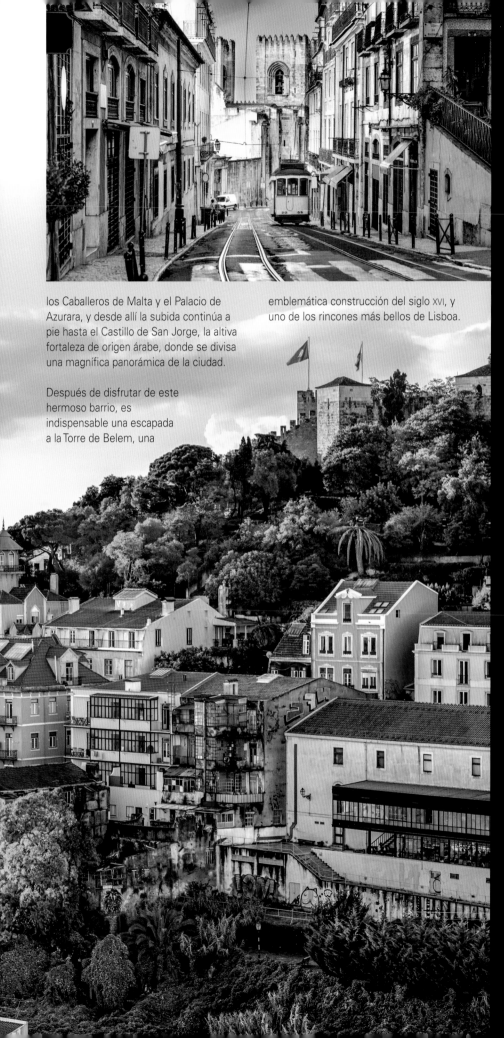

los Caballeros de Malta y el Palacio de Azurara, y desde allí la subida continúa a pie hasta el Castillo de San Jorge, la altiva fortaleza de origen árabe, donde se divisa una magnífica panorámica de la ciudad.

Después de disfrutar de este hermoso barrio, es indispensable una escapada a la Torre de Belem, una emblemática construcción del siglo XVI, y uno de los rincones más bellos de Lisboa.

Sobre estas líneas (de arriba a abajo): Torre de Belem y el famoso arco de la Plaza del Comércio. A la izquierda: vista panorámica de la ciudad y arriba, una de sus calles con la catedral al fondo.

- CONTINENTE: Europa.
- PAÍS: Portugal.
- UBICACIÓN: al este de la Plaza do Comércio, en la ciudad de Lisboa.
- CLIMA: debido a la influencia de la corriente del Golfo, el clima de Portugal es muy suave todo el año, con frecuentes lluvias de noviembre a marzo.
- CÓMO LLEGAR: en avión, en ferrocarril o por carretera hasta Lisboa.
- PECULIARIDAD: al caer la noche, el laberinto de las calles de Alfama se llena de voces y del sonido de la guitarra. El fado, esa melodía nostálgica y esperanzadora que nos habla del destino, lo envuelve todo y su canto sale de la garganta tanto de artistas consagrados como de cantantes espontáneos.
- GASTRONOMÍA: las *almêijoas a Bulhâo Pato* (almejas hervidas en su jugo con cilantro y ajo picados) son uno de los platos típicos de Lisboa, junto con el bacalao, el plato fuerte de la cocina portuguesa, que lo preparan de mil maneras, las sardinas asadas y las sabrosísimas mariscadas y caldeiradas. En cuanto a las carnes, destacan el *bife* con patatas, las tripas (callos), el *frango* (pollo), las *coteletas* (costillas) o la *chanfana* (cordero guisado con vino). Por lo que respecta a los postres, son deliciosos los *pasteis de Belem.*
- DIRECCIONES ÚTILES: www.visitlisboa.com, www.lisboa.es/barrio-de-alfama/ www.lisboacultural.com y www.portugalinsite.pt

165

EL RECORRIDO DE LOS «AZULEJOS»

Oporto, declarado por la UNESCO Patrimonio de la Humanidad, es la ciudad más importante del norte de Portugal y la que ha dado su nombre al famoso vino y también al propio país, pero también es el marco del arte más genuinamente portugués: el del azulejo, pues según el artista luso Pinto Coelho, el «azulejo es el arte nacional de Portugal, por encima de la escultura o la pintura». En el siglo XIV entró el arte del azulejo en Portugal, procedente del norte de África, como ornamento decorativo y, a mediados del XVI se crearon los primeros talleres artesanos de azulejos mayólicos, técnica italiana mediante la cual se pueden hacer formas complicadas, de mil y un colores. Desde entonces, el azulejo se convirtió en un símbolo cultural del país y en el arte luso por excelencia, de ahí la gran cantidad de museos y fábricas de este arte. Además, son numerosos los palacetes, iglesias y edificios que conservan

revestimientos de azulejos en sus muros y cocinas, reflejando imágenes religiosas, de caza, vida rural o gastronomía.

La intensa utilización del azulejo como material de revestimiento exterior en muchos edificios de la ciudad de Oporto, que pusieron de moda los emigrantes brasileños durante el siglo XIX, atrae la atención nada más conocer la ciudad, y aunque de los siglos XVII y XVIII se pueden admirar preciosos de interior como los de los claustros de la catedral, de la Casa do Cabildo, de las iglesias de la Misericordia, Santa Clara, de los Carmelitas y de S. Joao Novo, así como de las Ordenes Terceras do Carmo y de San Francisco, son las obras producidas a finales del siglo XIX y principios del XX las más sobresalientes. La obra maestra de la azulejería de Oporto es sin

duda el atrio de la Estación de San Benito (en la Praça de Almeida Garret). Cubierto con 20.000 azulejos historiados, obra del pintor Jorge Colaço, en los paneles, pintados en azul y blanco (los colores de la monarquía portuguesa y la cerámica), hay alusiones al ferrocarril y a la historia de los transportes, así como a acontecimientos célebres de la historia de Portugal y escenas de la vida cotidiana. La Capilla de las Almas, cuyos paneles de azulejo, que representan a San Francisco de Asís y a Santa Catarina, fueron pintados por el maestro Eduardo Leite, a principios del siglo XX, imitando el azulejo portugués del siglo XVIII. También hay que destacar en la iglesia de Santo Ildefonso, que data del siglo XVIII, los paneles de azulejo que representan escenas de la vida del santo patrón de la iglesia, obra del

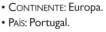

- Continente: Europa.
- País: Portugal.
- Ubicación: en la desembocadura del río Duero.
- Clima: suave durante todo el año, con frecuentes lluvias en de noviembre a marzo.
- Cómo llegar: en avión, en ferrocarril o por carretera.
- Peculiaridad: como bien dijo un poeta: «Las ciudades son libros que se leen con los pies» y Oporto hace honor a la frase. Hay que caminar por sus calles empinadas, descansar en los numerosos miradores, hacer un alto en los típicos cafés o coger alguno de los tradicionales tranvías, si se quiere descubrir y disfrutar a fondo de la ciudad.
- Gastronomía: así como las calles de Lisboa huelen a sardinas y bacalao, las de Oporto están aromatizadas por el olor de los guisos o del tradicional cabrito churruscado. Es imprescindible degustar el caldo de grelos (sopa de verduras), la *canja de gallina* (caldo de gallina con arroz), el cocido portugués o la *feijoada* (a base de alubias, col, salchichas y jamón) y en cualquier taberna se puede tomar un tazón de caldo verde (puré de patatas con col cortada en tiras, una rodaja de chorizo y un chorro de aceite de oliva). Pero el gran protagonista de la gastronomía de Oporto es su vino, con modalidades blancas, secas y extrasecas, y tintos dulces y semidulces.
- Direcciones útiles: www.portoturismo.pt y www.visitporto.travel

pintor Jorge Colaço, y el panel de azulejos que hace alusión a la época de los Descubrimientos en la iglesia de Massarelos (en la Praça do Adro), situada en el lugar donde, en 1394, existió una pequeña Ermita del Cuerpo Santo. Por su gran riqueza decorativa y la distribución de los personajes, así como por las maravillosas tonalidades de azul, este gran panel está considerado la obra cerámica más importante de Oporto.

Sobre estas líneas: vista del casco antiguo ciudad (arriba) y el Ayuntamiento (abajo). A la derecha: vista panorámica de Oporto. Arriba: puente Dom Luis.

Océano Atlántico

CAUSEWAY

Mar del Norte

Irlanda

Reino Unido

Mar de Irlanda

BATH

Francia

España

LOS GIGANTES

Cuenta la leyenda que este maravilloso anfiteatro natural, formado por rocas basálticas compactas con forma de hexágono, fue construido por Finn MacCool, un gigante irlandés que construyó un puente para llegar hasta su amada, la reina de Staffa, isla escocesa donde hay formaciones similares. Al margen de la leyenda, según los geólogos estas formaciones se remontan a la era Terciaria y son el resultado de las continuas coladas de lava que, al enfriarse, se contrajeron y se rompieron, formando bloques poligonales.

Los Gigantes de Causeway es una escollera de cerca de 40.000 columnas hexagonales de basalto granítico, que ocupan 300 metros a lo largo de la costa y se sumergen por debajo del nivel del agua otros 150 metros. En total, la costa de Causeway ocupa una superficie de 3.800 km², y la mayor parte de las columnas que la componen superan los 6 metros de altura, excepto el llamado «Órgano del Gigante», cuyas columnas alcanzan los 12 metros.

Antiguamente ir hasta los Gigantes de Causeway era una auténtica aventura, porque sólo se podía llegar a caballo o en barco, pero la puesta en marcha del ferrocarril entre Belfast y Portrush facilitó el viaje. Después, en 1884 se inauguró un

- CONTINENTE: Europa.
- PAÍS: Reino Unido (Irlanda del Norte).
- UBICACIÓN: en la costa del Condado de Antrim.
- CLIMA: el tiempo puede cambiar rápidamente en el día, por lo que conviene llevar ropa de abrigo o impermeable.
- CÓMO LLEGAR: en avión o en barco hasta Irlanda y, una vez allí, por carretera o en tren, y luego en tranvía desde Portrush.
- PECULIARIDAD: en 1740, Susana Drury, una artista de Dublín desconocida hasta entonces, reflejó los Gigantes de Causeway en varios de sus cuadros. Las obras, que en la actualidad se exponen en The Ulster Museum, en Belfast, fueron reproducidos y distribuidos por toda Europa, provocando la discusión entre los geólogos y creando el mito de estas rocas inaccesibles y misteriosas.
- ALOJAMIENTO: en la ciudad de Bushmills.
- GASTRONOMÍA: el *irish stew*, un estofado que puede hacerse con panceta ahumada y coles, o bien con espaldilla o jigote de cordero y carnero, es el plato nacional irlandés. Por supuesto, este riquísimo estofado ha de cocerse, al menos durante dos horas, en cerveza Guiness.
- DIRECCIONES ÚTILES:
www.giantscausewayofficialguide.com
www.nationaltrust.org.uk/giants-causeway
www.visitcausewaycoastandglens.com

El origen de estas piezas poligonales está en la lava que se contrajo y se enfrió formando estos curiosos bloques, que en total alcanzan la cifra de 40.000.

tranvía eléctrico entre Portrush y Bushmills, que en 1887 se prolongó hasta los Gigantes de Causeway. Cerca de Causeway, concretamente en Ballycastle, se encuentra el famoso puente de cuerda de Carrick-a-Rede. El puente, largo y estrecho, se alza a 25 metros del mar. La vista de la costa, superado el vértigo, es realmente impresionante, y a una hora de camino desde Bushmills, siguiendo el acantilado, se llega a Dunseverick Castle, las ruinas del castillo del siglo XVI construido donde antes se levantaba una fortaleza celta y que, además, era punto de llegada de uno de los cinco caminos que partían de Tara, la antigua capital de los celtas. En esta zona hay numerosos grupos de aves marinas como el frailecillo, la perdiz ártica, el fulmar boreal, el cormorán crestado y la urraca marina. Los pescadores de esta costa se dedican a la captura de cangrejos, langosta y merluza.

CIUDAD TERMAL

Bath es, sin duda, la ciudad más completa y mejor conservada de la época georgiana (siglo XVIII) de toda Gran Bretaña, además de ser una de las más bellas. Lo que hoy día es Bath fue, en tiempos de los romanos, el *Aquae Sulis* (por sus agua termales), para convertirse más tarde, en el siglo XVIII, en el centro de la realeza y lo más notable de la burguesía, que iban allí a tomar las aguas. Es precisamente este período al que debe Bath su actual esplendor arquitectónico. Las calles de la ciudad aún guardan los recuerdos de las voces de hombres y mujeres como Jane Austen, Charles Dickens, Lord Clive de la India, el doctor Livingstone, el almirante Nelson o el poeta William Wordsworth, que pasearon por sus románticos rincones y callejuelas. La

gran curiosidad de Bath son, por supuesto, sus termas, cuyas propiedades curativas fueron descubiertas, según cuenta la leyenda, por un porquerizo alrededor del 800 a.C. Fueron luego los romanos quienes utilizaron estas fuentes naturales y construyeron las termas. Las aguas termales fueron usadas con propósitos terapéuticos, de una manera esporádica, desde su descubrimiento, pero no fue hasta el siglo XVIII cuando Ralph Allen, conocido como «El hombre de Bath» en unión de los arquitectos John Wood, padre e hijo, construyó alrededor de las termas una elegante ciudad georgiana. La Sala de las Aguas, en donde se pueden tomar las aguas, constituye el centro social de Bath. A pocos metros de esta se encuentra una de las visitas obligadas de la ciudad: el puente Pulteney

(1764-1774), sobre el río Avon. La vista desde allí es preciosa, sobre todo cuanto está iluminado por la noche.

Pero la fama de Bath no se debe tan sólo a sus termas, sino también a sus anticuarios, de los que esta ciudad es una auténtica cantera, ya que son cerca de cien anticuarios los que abren sus tiendas en Bath. Además, junto a las tiendas exclusivas, los miércoles funciona un mercadillo de antigüedades con casi un centenar de puestos. La abadía de Bath es otro de los lugares imprescindibles de visitar. Construida en el siglo XV, se levantó en donde anteriormente habían estado las abadías sajona y normanda. Fue precisamente en la abadía sajona donde tuvo lugar la coronación de Edgardo, primer rey de Inglaterra.

Sobre estas líneas: vista del puente Pulteney (arriba) y varios rincones de la ciudad. A la izquierda: vista panorámica de la ciudad de Bath, con el puente Pulteney que atraviesa el río Avon.

- CONTINENTE: Europa.
- PAÍS: Reino Unido.
- UBICACIÓN: a 165 kilómetros al oeste de Londres.
- CLIMA: oceánico, húmedo y bastante lluvioso.
- CÓMO LLEGAR: en tren y por carretera.
- PECULIARIDAD: las flores ocupan un lugar primordial en Bath. Se encuentran por todos lados, en parques, jardines, ventanas, tinajas, colgantes... Además, cada parque y jardín tiene sus propias características. Así, por ejemplo, en los Parade Gardens se ofrece música para que siente mejor el té de la tarde, mientras que en el Henrietta Park hay un jardín para deleite de los ciegos, con plantas olorosas que pueden ser identificadas con el sistema braille.
- GASTRONOMÍA: la cocina inglesa tradicional consiste sobre todo en carnes asadas (*rosbif, corned beef*, pato y platos de caza), acompañadas de verduras, patatas y puré de verduras y siempre servidas con salsa, imprescindibles en la cocina británica.
- DIRECCIONES ÚTILES: https://es.visitbath.co.uk

PRAGA

LA CIUDAD VIEJA

La Plaza de la Ciudad Vieja es, sin duda, el corazón de la ciudad y la plaza más representativa de la Praga histórica, así como una de las más hermosas de Bohemia. Construida en el siglo XII, además de ser el núcleo original de la población, un gran mercado medieval, un importante entronque de rutas en la Europa Central y el lugar donde se gestaba la vida política de la ciudad, ha sido testigo desde entonces de los más importantes acontecimientos históricos que han acontecido en Praga, pues aquí se vivieron las rebeliones y decapitaciones que hubo en el siglo XVII, se levantaron los patriotas contra los alemanes en el 1945 y, también aquí, se proclamó en 1990 el retorno del pueblo checo a la democracia.

Delimitada por bellos y elegantes palacios, con amplios soportales, en la Plaza de la Ciudad Vieja se encuentra el Ayuntamiento, un bello edificio de origen gótico ubicado en la casa del comerciante Wolfin de Kamen, que a partir del 18 de septiembre de 1338, cuando el rey Juan de Luxemburgo concedió a Praga el estatuto de ciudad independiente, se convirtió en la sede de la administración ciudadana hasta el siglo XVIII, cuando se unificaron las diferentes partes de la ciudad. Al convertirse Praga en ciudad independiente, fue cuando nació la Starměstskáradnice (Ayuntamiento), que en el transcurso del tiempo se fue ampliando, añadiendo varios cuerpos. De todo el conjunto, lo más destacable es la Torre del Reloj, de 72 metros de altura, que fue construida en 1364 y desde donde se divisa una hermosa vista de la ciudad. En la primera planta de esta torre hay una

magnífica capilla gótica, también del XIV. Pero lo que realmente llama la atención de la torre es el Orloj, un espléndido reloj astronómico, símbolo de la ciudad de Praga.

El reloj tiene un curioso mecanismo, por el que, cada vez que da la hora, desde las 8 a las 21 horas, las cuatros estatuas que flanquean el cuadrante superior, y que representan a la Muerte, el Turco, el Avaro y el Vanidoso, se muevan y que, al mismo tiempo, se abran las ventanas superiores y aparezcan las estatuas de los 12 apóstoles y un gallo que canta. En el cuadrante inferior, flanqueado por otras cuatro figuras (el Ángel, el Filósofo, el Astrónomo y el Cronista), hay un calendario, de círculos concéntricos, en el que se reflejan las estaciones, los días del año y los 12 signos del Zodíaco. Pero la Plaza de la Ciudad Vieja no es sólo el Ayuntamiento y la famosa Torre del Reloj, en ella hay también otros puntos emblemáticos como la casa Storch, la casa de la Campana de Piedra (un palacio urbano del siglo XIV), la Casa del Elefante de Oro, la Casa del Gallo, el Palacio de los

Seguros, la iglesia barroca de San Nicolás (construida en la primera mitad del siglo XVIII) y el monumento conmemorativo (precioso grupo escultórico en bronce) del Master Jan Hus, dedicado al reformador Jan Hus, símbolo del orgullo y de la independencia checa (en el pavimento de la plaza está también marcado el lugar exacto donde fueron decapitados, el 21 de junio de 1621, los 27 caballeros checos que fueron acusados de protagonizar la revuelta protestante, que concluyó en la batalla de la Montaña Blanca) y la iglesia de Tyn, llamada también de la Virgen María delante de Tyn, que es la construcción gótica más notable de Praga (aunque fue terminada y remodelada, en parte, en estilo barroco) y en la que destacan especialmente los llamativos pináculos de las torres, que se asoman a la Plaza de la Ciudad Vieja. Entre las dos torres, de 80 metros, hay una hornacina con una virgen dorada, que fue mandada colocar ahí, por orden de los Habsburgo, para sustituir el cáliz, símbolo de los husitas (la iglesia fue el cuartel general del reformador Jan Hus).

Arriba: el reloj astronómico y la iglesia de Tyn. A la izquierda: vista panorámica de la ciudad de Praga.

- CONTINENTE: Europa.
- PAÍS: República Checa.
- UBICACIÓN: capital de la República Checa, se encuentra en la región de Bohemia, a unos 300 kilómetros de Viena (Austria).
- Clima: continental, de noviembre a marzo hace mucho frío y julio y agosto son templados. La temperatura media anual es de 6°C.
- CÓMO LLEGAR: en avión, por carretera o en tren.
- PECULIARIDAD: Praga, declarada Patrimonio de la Humanidad por la UNESCO, representa una colección única de monumentos históricos dominados desde lo alto de la ciudad por las torres de su castillo. El núcleo histórico de la ciudad está situado a ambas márgenes del río Vlava y tiene seis barrios, que inicialmente eran unidades urbanas independientes y que más tarde, en siglo XVIII, fueron unificadas: Stare Mesto (Ciudad Vieja), Josefov (la parte conservada de la antigua ciudad judía), Nove Mesto (Ciudad Nueva), Mala Strana (Ciudad Menor), Hradany y Vysehrad.
- GASTRONOMÍA: las sopas o *polévky* son uno de los platos más típicos de la cocina checa, sobre todo la *bramborova polévka* (sopa de patatas) o la *polévka z kysánebo zelí* (sopa de chucrut). También son clásicos de esta cocina el cerdo asado con bolitas de pan y hojas de col, el *goulasch* de vaca, el solomillo a la nata, el jamón ahumado de Praga, las salchichas con rábanos picantes, junto con la carne de caza (ciervo, liebre, faisán, jabalí, corzo) guisada o asada en el horno, el pato asado con chucrut rojo y bolitas de patata y sémola y la carpas escabechadas. En cuanto a los postres hay auténticas obras maestras, como las *palacinky* (creps rellenas de mermelada, nata, fruta o helado y chocolate caliente) o los *medvèdi tiapicky* (pastas de chocolates aromatizadas con clavo). Por supuesto, hay que hacer una mención especial a la cerveza, la bebida nacional checa (para los checos la mejor es la Pilsen). También es muy típico el *slivovice* (aguardiente de ciruelas).
- DIRECCIONES ÚTILES: www.prague.eu/es y www.czechtourism.com

SAN PETERSBURGO

Suecia

Finlandia

Noruega

San Petersburgo

Estonia

Rusia

Letonia

Bielorrusia

Ucrania

EL PALACIO DE PETRODVOREST

A unos 30 kilómetros de la ciudad aristocrática de San Petersburgo se ubica el Gran Palacio de Petrodvorest, la antigua residencia de los zares. En los alrededores de este precioso conjunto artístico se ubica el Parque Alejandra, una serie de jardines de estilo inglés que van descendiendo hasta el mar, y dentro de los jardines se levanta un precioso palacio y una pequeña iglesia de estilo gótico.

El Gran Palacio es realmente majestuoso. Su construcción pasó por varias etapas y arquitectos hasta que en 1745 Rastrelli le confirió el aspecto que actualmente tiene. En el interior del palacio destacan la Sala

de Gala, decorada con preciosos adornos de oro, la Sala Azul de las Audiencias, cuyas paredes están forradas de seda azul, y la Sala del Trono, que ocupa todo el ancho del palacio. En esta sala era donde se celebraban los bailes de gala y los grandes banquetes. Estas salas se conservan en perfecto estado y la visita merece la pena. El exterior del palacio cuenta con hermosas cúpulas doradas en forma de cebolla y los tejados están decorados con guirnaldas también del mismo color. La fachada, que mide 275 metros, está adornada en su parte frontal por un frontón.

Pero sin duda lo más impresionante de la parte exterior del palacio es la Gran

Cascada situada ante la entrada principal. Construida entre 1715 y 1724, cuenta con 225 esculturas de bronce y de oro y nada menos que 64 fuentes. Además del Gran Palacio y la impresionante Gran Cascada, el Gran Palacio de Petrodvorest cuenta con un parque colgante, que al principio se utilizaba como huerto y que después se convirtió en un precioso jardín conocido como Parque Superior. En él hay hermosas fuentes como la de Neptuno, la de la Encina y la de los Estanques Cuadrados.

- **Continente:** Europa.
- **País:** Rusia.
- **Ubicación:** a unos 35 km de San Petersburgo.
- **Clima:** la mejor época para visitar San Petersburgo es entre mayo y septiembre, cuando no hace frío (de 15 a 25 °C) y los días son largos. En los meses de mayo, junio y julio tienen lugar las famosas «noches blancas», cuando el sol está presente en el horizonte 19 horas al día e, incluso, cuando se pone el sol, la luz que queda es suficiente por lo que es innecesario iluminar la ciudad. De noviembre a abril hace bastante frío y San Petersburgo está cubierta por la nieve, con canales y ríos helados.
- **Cómo llegar:** en avión, en tren o por carretera hasta San Petersburgo.
- **Peculiaridad:** destacan sus jardines que bajan hasta el mar y el impresionante palacio.
- **Gastronomía:** una comida tradicional rusa siempre comienza por los *zakouski* (entremeses fríos o calientes). Un típico *zakouski* incluye: blinis de caviar, acompañados de crema ácida, *kilki croutyia yaitza* (anchoas sobre rodajas de huevo duro), *salen-yia gríbi* (setas en escabeche), *saloienie gribi* (setas salteadas), *twrojniki* (porciones de queso crema), *piroshki* (blinis rellenos de crema de queso y fritos), *kavkaskíe piroshkí* (blinis caucasianos), *piroshki eze Deetchi* (blinis rellenos de carne de caza), *moskowskie piroshki* (blinis a la moscovita, rellenos de pescado), *kapoustnie piroshki* (blinis de repollo), *rastegai* (blinis de salmón) y *cotletki selioki* (fritos de anchoa). El acompañamiento obligado de los *zakouski*, y en particular los blinis, es el vodka en copas pequeñas.
- **Direcciones útiles:** www.saint-petersburg.com/peterhof

GAMLA STAN

Mar de Noruega

Suecia

Noruega

Finlandia

ESTOCOLMO

Dinamarca

Mar Báltico

EL BARRIO ANTIGUO DE ESTOCOLMO

Stortorget, una bulliciosa plaza comercial durante la Edad Media, es hoy un lugar apacible y tranquilo desde donde se puede iniciar el recorrido por Gamla Stan, el barrio antiguo de Estocolmo, en cuyas casas convivían antiguamente mercaderes, artesanos, campesinos y expertos alemanes en la explotación de las minas de hierro con pescadores y marineros llegados de todo el Báltico.

Mezcla de clasicismo y modernidad, Estocolmo está considerada una de las ciudades más bellas del mundo. Extendida sobre una docena de islas esparcidas entre las aguas del lago Mälaren y las del mar Báltico, esta ciudad debe su belleza a la maravillosa fusión que ha ido realizando a lo largo de los siglos con el agua, el verde de su vegetación y su increíble luz, que han hecho de ella una villa única.

A excepción del Palacio Real, Estocolmo no cuenta con edificios grandiosos, ni tampoco los necesita, pues su mayor patrimonio es el paisaje: sus aguas son tan limpias que se puede nadar en pleno centro urbano frente al Ayuntamiento o pescar junto al Palacio Real. Además, cuenta con 34 parques, la mayoría de ellos auténticos bosques. El Palacio Real, que data del siglo XVIII y es de inspiración italiana, fue durante más de 200 años residencia de los gobernantes suecos. El edificio tiene 608 salas, entre las que destacan la Armería, la Sala del Tesoro y los suntuosos aposentos. Junto al palacio está la pequeña catedral (en ella se celebran las bodas reales) que guarda en su interior la Vädersoltavlan, la pintura más antigua en la que se representa a la ciudad, y la famosa escultura de San Jorge y el dragón, esculpida en madera de roble.

Una de las mejores vistas de Gamla Stan se divisa desde lo alto de la torre del Ayuntamiento (110 metros). En este edificio se celebran la cena y el baile en honor a los galardonados con los Premios Nobel. Alfred Nobel, el inventor de la dinamita en 1867, dedicó parte de los beneficios obtenidos con su invento en la creación de una fundación encargada de premiar a quienes contribuyesen al avance

Arriba: el puente Skeppsholmsbron, con la famosa corona de oro. Abajo: vista panorámica de Estocolmo con el Ayuntamiento y el casco antiguo Gamla Stan en primer plano. Abajo, a la derecha: distintas vistas de la ciudad.

de la literatura, medicina, física, química y la paz. Desde 1901, cada 10 de diciembre, los reyes de Suecia son los encargados de entregar los famosos Premios Nobel. El acto de entrega se realiza en la Sala Azul del Ayuntamiento.

Durante la Edad Media, embarcaciones con mujeres a los remos transportaban a los habitantes de la ciudad desde las sucias calles de Gamla Stan hasta la isla de Djurgärden en busca de aire limpio y descanso.

Hoy continúa siendo el lugar de disfrute favorito de los ciudadanos de Estocolmo.

Durante el viaje, que se realiza en ferry hasta la isla, se puede disfrutar de las mejores vistas de la ciudad como la del edificio de la Ópera con su lujoso café, el paseo de Strandvägen, en cuyo muelle están atracados preciosos barcos antiguos, o el museo Vasa, que alberga el enorme buque real de guerra que permaneció hundido durante tres siglos en las aguas de la ciudad.

- CONTINENTE: Europa.
- PAÍS: Suecia.
- UBICACIÓN: la capital de Suecia, Estocolmo, se asienta sobre varias islas, donde las aguas del Lago Mälaren se vierten al Mar Báltico.
- CLIMA: la temperatura media en los meses de julio y agosto oscila entre 15 y 20 °C, y de noviembre a marzo es de -3 °C. La mejor época para visitar la ciudad es entre mediados de mayo y finales de julio, cuando la temperatura es más agradable y los días más largos.
- CÓMO LLEGAR: en avión, en tren, por carretera o en barco.
- PECULIARIDAD: Estocolmo está resguardada de los embates del Báltico por más de 25 islas, islotes y cayos, la mayoría deshabitados, que son un auténtico paraíso para los amantes del mar. Es imposible entender el carácter de esta gente sin tener en cuenta la visión de las miles de pequeñas embarcaciones que pueblan sus aguas y de sus propietarios afanándose en su cuidado. En los meses cálidos, se puede viajar en románticos barcos a vapor o en rápidos ferries por el archipiélago.
- GASTRONOMÍA: la carne de cerdo, las patatas y varias raíces comestibles son la base de muchos platos de la cocina sueca. Dos de los platos más típicos son el *köttbullar* (albóndigas) y el *knäckebröd* (un crujiente pan). El arenque, junto con el salmón, las gambas y los mejillones también suelen estar presentes en la mesa. Una tradición sueca es el *Smörgasbord*, un buffet donde se comen varios platos fríos y calientes, con aguardiente y cerveza.
- DIRECCIONES ÚTILES: www.stockholm.se y www.visitstockholm.com

LUCERNA

EL PUENTE DE MADERA

Situado en la Suiza Central, el lago de Lucerna es uno de los más espectaculares de Suiza. En sus orillas descansa la ciudad de Lucerna, cabeza de puente de la importante Ruta del Gotardo desde la Edad Media, encarnación de la esencia de Suiza por su pulcritud y elegancia, y de la que el compositor Richard Wagner dijo que era el lugar más maravilloso del mundo. La imagen más característica de Lucerna, ciudad medieval con toques renacentistas y barrocos, es la del Puente de la Capilla, el Kapellbrücke. Construido en madera en 1333 sobre el río Reuss, consta de dos tramos de unos 200 metros de longitud cada uno unidos por una torre octogonal de piedra, la Wasserturm o Torre del Agua. Pero la ciudad y su entorno no desmerecen para

nada al puente. La Kapellplatz es el centro de la parte antigua y de ella parten encantadoras calles, flanqueadas por casas del siglo XVI. Detrás de la plaza, se encuentra uno de los edificios más carismáticos de la ciudad, la Casa Zur Gilgen, de estilo gótico, que data del año 1510. En una de sus fachadas, la que da al lago, tiene empotrada una torre cilíndrica que formó parte de las murallas medievales.

Otros edificios notables de la ciudad son la catedral (siglo XVII) y el antiguo Ayuntamiento, de estilo renacentista. Pero, sin duda, el punto más emblemático de Lucerna, junto con el Kapellbrücke, es el León Moribundo o Löwendenkmal. El gigantesco León de Lucerna (1820-1821),

Distintas panorámicas de la ciudad de Lucerna y su famoso puente de madera.

de 9 m de longitud y 20 m de alto, está tallado en un muro de roca y es un monumento a la Guardia Suiza del rey francés Luis XVI, pues más 700 guardias suizos murieron por defender el Palacio de las Tullerías, en París, durante la Revolución Francesa. Justo delante del León se encuentra el Jardín de los Glaciares, un lecho de roca donde los glaciares cuaternarios dejaron su huella que constituye, según los expertos, una maravilla natural.

- CONTINENTE: Europa.
- PAÍS: Suiza.
- UBICACIÓN: a orillas del Lago de Lucerna, a 65 km al nordeste de Berna, en la Suiza Central.
- CLIMA: la temperatura varía de los 8 °C en diciembre a los 28 °C en julio.
- CÓMO LLEGAR: en avión (al aeropuerto internacional de Zurich, que está a 54 km de Lucerna), en tren o por carretera.
- PECULIARIDAD: si se quiere disfrutar de una experiencia bellísima, lo mejor es realizar una excursión en un buque de vapor por los rincones escondidos del Lago de Lucerna o acercarse hasta las cumbres de los Prealpes en un nostálgico ferrocarril de montaña.
- GASTRONOMÍA: en esta zona son muy buenos los platos a base de pescado, sobre todo los lucios. Y no hay que olvidar dos platos conocidos en todo el mundo: *raclette* y *fondue*.
- DIRECCIONES ÚTILES: www.myswitzerland.com/es/lucerna.html y www.luzern.com/sp/

ZERMATT

VILLA ALPINA

En medio de un escenario impresionante, con numerosos picos que superan los 4.000 metros y bosques profundamente nevados bajo el azul brillante del cielo que contrastan con las casas de madera ennegrecidas por el tiempo, se encuentra la villa alpina de Zermatt. Ubicada en la base del Matterhorn (o Cervino), meca de los escaladores durante buena parte de dos siglos, Zermatt es un pueblo ideal para dar encantadores paseos, puesto que es una villa sin coches, y disfrutar de la práctica del esquí alpino, que es posible durante todo el año, debido a su altitud. En cuanto a las personas, la población estable no llega a 6.000 habitantes. Este turístico lugar esta situado a 1.600 metros sobre el nivel del mar. Lo mejor es llegar hasta Täsch, un pueblo situado a 5 km, dejar el coche en él y desde allí coger el tren hasta Zermatt.

Hinterdorf es la parte más histórica de la ciudad. La iglesia parroquial y el cementerio contienen algunos recordatorios de lo peligroso que es el montañismo. Las exposiciones en el Museo Alpino muestran la importancia de la tradición alpina de la región. Gornergrat es probablemente el sitio de mejor vista

• CONTINENTE: Europa.
• PAÍS: Suiza.
• UBICACIÓN: en la región de Valais, a 1.620 m sobre el nivel del mar, en el sur de Suiza, a 10 km de la frontera con Italia.
• CLIMA: bastante frío y los picos de las montañas superiores a 2.750 m están cubiertos de nieve durante todo el año.
• CÓMO LLEGAR: se puede llegar en tren desde el oeste, el norte o el sur, pues las líneas del lago Lemán, de Lötschberg y de Simplon tienen conexiones directas con el tren de vía estrecha de Zermatt, un tren que llega a la villa desde Brig o Visp a través del salvaje y escabroso valle de Visp. También se puede acceder por carretera hasta Täsch (a 5 km de Zermatt) y, desde allí, coger el tren pendular así como un taxi-microbus. El aeropuerto más cercano es el de Ginebra.
• PECULIARIDAD: el idílico pueblo de Zermatt, ubicado en el valle del Matterhorn, al que sólo se puede acceder en un ferrocarril de vía estrecha, está arropado nada menos que por 38 picos por encima de los 4.000 metros, entre los cuales el más notable es el Matterhorn o Cervino.
• GASTRONOMÍA: en Suiza hay muchas variedades de quesos, de las que destacan Emmental, Gruyere, Appenzaller y Vacherin. Con ellos se elaboran dos de sus más famosos platos: raclette y fondue. También elaboran un excelente chocolate.
• DIRECCIONES ÚTILES: www.zermatt.ch y www.myswitzerland.com/es/zermatt.html

para el Matterhorn y se puede alcanzar cogiendo una carretera de cremallera. También se puede acceder en teleférico al pico de Stockhorn para tener unas vistas más impresionantes de la montaña. Además de la flor de edelweiss, símbolo de los Alpes y especie protegida, también se encuentran el jazmín de roca y el áster alpino. En cuanto a los árboles, los hay de hoja caduca en la parte baja de las pendientes de los Alpes, así como pinos y abetos a medida que se asciende y, de vez en cuando, se encuentran exuberantes praderas alpinas cubiertas de flores silvestres en primavera. Aunque algunas especies alpinas han desaparecido, quedan marmotas, íbice, liebres, gamuzas y mirlos.

CAPADOCIA

PARQUE NACIONAL DE GÖREME

Las violentas erupciones de los volcanes monte Erciyes (3.916 metros) y monte Hasan (3.268 metros), que tuvieron lugar hace 3 millones de años, cubrieron toda la meseta que rodea a Nevsehir, la puerta de entrada a Capadocia, de toba, una piedra blanda compuesta de lava, ceniza y barro. Después, los fuertes vientos y los cambios extremos de temperatura fueron produciendo una sistemática erosión de los diferentes niveles geológicos hasta crear los asombrosos e insólitos paisajes, matizados por una gama de colores que van desde los rojos y los dorados suaves hasta los verdes y grises fríos, que se encuentran en el

Parque Nacional de Göreme (150 km²). A vista de pájaro, tales formaciones de toba, con formas caprichosas de estalactitas a la intemperie, termiteros gigantes, pirámides, chimeneas, conos e, incluso, penes totémicos, conocidos por la gente del lugar como las «Chimeneas de las Hadas» sugieren todo un plan artístico de la naturaleza, un gran museo geológico al aire libre. Las «Chimeneas de las Hadas» se componen de tobas en la parte inferior y de basalto y andesita en la superior y su característica principal es su forma cónica que acaba en una especie de sombrero. Algunas de ellas llegan a tener hasta 40 metros de altura y las más altas e impresionantes están entre el río Kizahrmak, el Damsa, el Nevsehir y las montañas de Orla y Kerlim. Sin embargo, en el paisaje del Parque Nacional de Göreme, conocido en la

época romana como Capadocia, que muy bien podría ser calificado de surrealista, la naturaleza o, mejor dicho, la acción de los elementos naturales, no ha sido la única protagonista, pues el hombre también se ha encargado de moldearlo, ya que durante mucho tiempo encontró aquí un singular refugio, en el que construyó impresionantes capillas y monasterios, cuyos frescos en tonos ocres reflejan los paisajes circundantes, viviendas trogloditas y auténticas ciudades subterráneas.

Entre los siglos VII y XII, debido a su situación geográfica entre Oriente y Occidente, Capadocia sufrió numerosas invasiones de pueblos extranjeros. Por esa razón, sus habitantes construyeron ciudades subterráneas para protegerse de los ataques. Las ciudades subterráneas, consideradas como una de las maravillas del

mundo, transitables aún hoy, linterna en mano, contaban hasta con 20 niveles de habitabilidad bajo tierra, cocinas comunales, pozas interiores, sistemas de desagüe, corrientes de ventilación, cementerios y mazmorras.

Una de las más importantes es la de Derinkuyu, que tiene más de 1.200 patios divididos en 13 plantas subterráneas, en las que podían llegar a refugiarse hasta 10.000 personas. Estas ciudades-fortaleza se cerraban con unas puertas de piedra excavadas en la misma roca parecidas a la de los molinos y con las chimeneas de ventilación se podía respirar sin ningún tipo de problema hasta en las últimas plantas. El Museo al Aire Libre de Göreme, un impresionante complejo monástico de iglesias y capillas construidas en la roca y recubiertas de frescos, es uno de los lugares más bellos de Capadocia. La mayoría de las capillas datan de los siglos X y XIII, durante las épocas bizantina y selucida, y están construidas sobre un plano en cruz, con una cúpula central apoyada en cuatro columnas.

Las Fortalezas Trogloditas son grandes laberintos de galerías excavadas en las enormes formaciones de toba. Las de mayor tamaño son la de Üchisar, conocida como el «Castillo» por su pintoresca forma aunque, en realidad, es una fortaleza, se trata de una extraña formación geológica con multitud de viviendas y otras dependencias situadas en el interior, y la de Ortahisar, que comenzó ocupando una alta formación geológica en la que se excavaron todo tipo de viviendas y construcciones y que después se fue extendiendo por la ladera de la colina.

- **CONTINENTE:** Europa.
- **PAÍS:** Turquía.
- **UBICACIÓN:** en el centro de la península de anatolia, en la provincia de Nevsehir, y al oeste del río Éufrates.
- **CLIMA:** continental, con meses calurosos, de junio a agosto y otros más suaves y bastante lluviosos.
- **CÓMO LLEGAR:** en avión hasta Kayseri. También se puede ir en avión hasta Ankara y, desde allí, en tren o por carretera.
- **PECULIARIDAD:** la región de Anatolia Central, en la que está ubicada Capadocia, es una de las cunas de la humanidad y uno de los enclaves históricos más importantes de Asia y Europa. En Capadocia, concretamente, vivieron los primeros habitantes de Anatolia, los hititas, que conocían a la región con el nombre de «Tabal», quienes después de recorrer con los rebaños las estepas de Asia central llegaron a Anatolia o la provincia de Asia Menor del Imperio romano, como se llamaba en aquella época. Por aquel entonces, los turcos no sabían nada del baño turco, pues todavía se bañaban en los ríos y lagos o en sus tiendas de pelo de cabra con agua llevada de la fuente más cercana. Pero a partir del siglo XI, al ir ganando las batallas contra los romanos, poco a poco se asentaron en Anatolia y se produjo un intercambio de tradiciones y costumbres entre los dos pueblos, como la de los baños romanos, que entró a formar parte de la vida cotidiana turca y, aunque la costumbre del baño se olvidó totalmente en Europa, los turcos la conservaron hasta hoy día con el nombre de baño turco.
- **GASTRONOMÍA:** entre los platos más típicos, destacan el *yogurlty dövme çorbas*, el *patlican salatasi*, el *tepsi böreg*, el *cilbir* (huevos escalfados con salsa de yogur, el *kuzu dügün kizartmasi* y el *muteyna*. En cuanto a los postres, son deliciosos los *ekmek kadayifi*, los *revani* (pasteles de sémola), los *tulumba*, los *burma* (pasteles de canela) y el *sütlac*.
- **ALOJAMIENTO:** en Göreme se puede uno alojar en un hotel excavado en la roca, en casas tradicionales e, incluso, en cuevas de montaña.
- **DIRECCIONES ÚTILES:** www.capadocia.com, www.gareme.com/spanish/cappadocia.php

PAMUKKALE

CASTILLO DE ALGODÓN

Una de las imágenes más típicas y pintorescas de Turquía son las blancas formaciones calcáreas (piletas de toba) de Pamukkale. Desde la distancia, estas piletas, Patrimonio Mundial de la UNESCO, dan la impresión de una serie escalonada de cataratas fosilizadas, pero en constante ebullición, vivas y cristalinas. Pero si nos acercamos, el paisaje adquiere la dimensión de un fantástico jardín acuático, que se eleva a 200 metros de altitud, vertiéndose estanque a estanque formando inmensas caracolas de roca calcárea, de una blancura azulada y de una gran belleza. De ahí su poético nombre: Pamukkale, que significa «Castillo de algodón».

El origen de esta obra de arte geológica se debe a las corrientes térmicas calientes que circulan por debajo del monte, las cuales provocan un derrame de carbonato cálcico, que solidifica como si fuera mármol. El efecto es espectacular.

Las propiedades terapéuticas de las aguas termales de Pamukkale ya era conocidas en la Antigüedad. De hecho los reyes de Pérgamo ya disfrutaban de ellas desde el siglo II a.C. Pero fueron los romanos quienes construyeron una gran ciudad balneario, Hierápolis (junto a Pamukkale), para aprovechar su riqueza, pues el agua termal brota a una temperatura constante de 35 ºC, vertiendo un caudal constante de 240 litros por segundo.

El yacimiento arqueológico de Hierápolis guarda los baños romanos, convertidos en iglesia durante el periodo bizantino; las termas, restauradas y convertidas en museo, y el teatro, la construcción mejor conservada de todas. En él todavía pueden verse los altorrelieves que adornaban el edifico, sí como la tumba de San Felipe, construida también durante el periodo bizantino.

Pero no es por ninguno de estos elementos por lo que llama la atención Hierápolis, sino por su gigantesca necróplis, donde hay tabas monumentales que tienen el tamaño de una casa. Y es que este cementerio guarda los restos de muchos de los enfermos que acudieron a Hierápolis a curarse y no lo consiguieron. Cada una de ellas cuenta una historia, son pequeñas obras de arte, testimonio de las diferentes culturas que llegaron hasta las cálidas aguas de Pamukkale.

Vista panorámica de las piscinas naturales de Pamukkale. A la derecha (de arriba a abajo): otra vista de las termas travertinas; ruinas de la antigua ciudad de Hierápolis y el teatro de la antigua ciudad.

- CONTINENTE: Europa.
- PAÍS: Turquía.
- UBICACIÓN: en la región del Egeo, a 19 km al norte de Denizli.
- CLIMA: mediterráneo, con veranos cálidos y secos, e inviernos suaves y lluviosos.
- CÓMO LLEGAR: en avión hasta Estambul y, desde allí, por carretera.
- PECULIARIDAD: el amanecer y el atardecer son los mejores momentos del día para ir a las piletas de Pamukkale y poder apreciarlas en toda su increíble belleza. Tanto las cascadas como el agua de las piletas cambian de color de acuerdo con la luz solar que las ilumina. A veces son blancas y, otras veces, azules, verdes o anaranjadas.
- GASTRONOMÍA: el efecto de las diversas culturas que conviven en el país se puede apreciar en la sabrosa cocina turca. Entre los platos típicos, destacan: los *mezes* o entremeses, las sopas, los *börekler* (hojaldres rellenos de carne picada, verdura o queso), el *kebab* (platos de carne), el *cacik* (yogur aderezado con pepino rallado) y el *baklava* (un delicioso postre hecho con pistachos). Además, la mayoría de los platos se acompañan con arroz, *bulgur* (trigo molido), yogur o ensaladas.
- DIRECCIONES ÚTILES: gopamuskkale.com www.gareme.com/spanish/pamukale-tour.php

185

OCEANÍA AUSTRALIA | ULURU–KATA TJUTA

LA IMPRESIONANTE AYERS ROCK

Mar de Arafura

Océano Índico

ULURU

Australia

Gran Bahía
Australiana

Australia Central o The Northern Territory (El Territorio del Norte) es el verdadero interior del país: crudo, con paisajes monumentales e inmensos espacios abiertos. El Estado del Norte se extiende desde el mar de Arafura hasta el Centro Rojo del interior del país y tiene dos zonas claramente diferenciadas: la parte del Norte, que se caracteriza por su clima tropical y sus enormes bosques húmedos repletos de fauna, y la parte del Sur o Centro Rojo (Red Centre), un inmenso desierto que guarda maravillas como el Ayers Rock (Uluru), ubicado en el Parque

Nacional Uluru-Kata Tjuta y declarado Patrimonio Natural de la Humanidad por la UNESCO.

Dentro del inmenso Parque Nacional Uluru-Kata Tjuta, a 460 km al suroeste de Alice Springs, el corazón de la región, se encuentran muchos sitios sagrados para los anangu, aborígenes australianos y los propietarios tradicionales del parque, ya que sus antepasados vivieron aquí durante más de 20.000 años. Dos de los más importantes son las formaciones rocosas de las Olgas/Kata Tjuta (conjunto de 36 cúpulas rocosas, de color rojizo y paredes casi perfectamente verticales con cimas redondeadas, que ocupa una superficie de 3.500 hectáreas) y el Ayers Rock/Uluru, el monolito más grande del mundo. El Uluru o Ayers Rock, bautizado así en 1873 por el explorador William Gosse, en homenaje al entonces primer ministro de Australia, sir Henry Ayer, es uno de los símbolos mas conocidos de Australia junto con la Ópera de Sidney. Considerado el monolito más grande del mundo (348 metros de altura por 94 kilómetros de circunferencia), aparece ante la vista del viajero, tras recorrer kilómetros de territorio desértico, como si emergiera en ese momento de las profundidades de la Tierra (más de las dos terceras partes de la roca de arenisca erosionada por el viento están ocultas bajo la tierra), dominando el paisaje de una

región donde la prehistoria ha logrado sobrevivir hasta nuestros días.

Es el testimonio del «tiempo del sueño», según la mitología de los aborígenes Anangu, cuando la Tierra era aún plana y vacía, sin luz ni tinieblas, y la naturaleza esperaba todavía la llegada de los héroes divinos para que le dieran forma. Un tiempo en el que el cielo y la tierra aún no se habían separado por completo, las rocas eran blandas y el agua sólo surgía de las entrañas de la Tierra a través de hondos pozos, cavados por esos seres mitad hombre, mitad animal (el Mara o Wallaby, el Liru o serpiente venenosa y el Kunija o serpiente pitón), los mismos que salieron del interior de un pozo de agua sobre la cima de esta montaña rojiza para contar lo que veían y dar origen al mundo, al mismo tiempo que trazaron una red invisible de extensos y laberínticos senderos que cruzan todo el territorio australiano y cuyo centro es la misteriosa Uluru (Centro Rojo), llamada por los blancos Ayers Rock. Para

conocer a fondo Ayers Rock, lo mejor es realizar cualquiera de los tres caminos alrededor de la base de la roca (el recorrido dura aproximadamente 3 horas) que proponen al visitante los guías aborígenes: en el Camino Mara, además de ver el exterior de la roca, también se descubren varias cuevas, algunas de ellas con motivos de arte rupestre; en el Camino de la Serpiente Liru, los aborígenes van explicando cómo utilizan diversos materiales en su vida diaria; y en el Camino de la Serpiente Kunija se visita el pozo Mutijulu, en la zona Sur de Uluru, donde los guías Anangu cuentan historias y leyendas referentes a la roca y a sus antepasados.

Aunque muy limitada, pues sólo se permite escalar a un pequeño número de personas cada día y siempre y cuando la temperatura no sobrepase los 36 °C, la escalada a la cima de Ayers Rock es una experiencia impresionante. La escalada, que dura 2 horas y únicamente se puede realizar al amanecer, es muy dura, pues hay que hacerlo por un camino que tiene una pendiente de 1,6 km, agarrándose a una cadena, pero la panorámica que desde allí se divisa compensa el esfuerzo.

- CONTINENTE: Oceanía.
- PAÍS: Australia.
- UBICACIÓN: en Australia Central, a 460 km al suroeste de Alice Springs.
- CLIMA: típico del desierto: árido y muy seco, caluroso de día y frío por la noche. La temperatura en los meses más fríos oscila entre 0 y 25 °C, y de diciembre a febrero, entre 21 y 45 °C.
- CÓMO LLEGAR: desde Alice Springs se puede ir hasta Yulara (a la entrada del Parque Nacional) en avión o por carretera.
- PECULIARIDAD: los mejores momentos para ver el Ayers Rock/Uluru son al amanecer y anochecer, ya que es cuando su color rojizo cambia, adquiriendo bellísimos matices que van del negro al púrpura, del azul al marrón o del naranja al rojo.
- GASTRONOMÍA: lo más tradicional de la cocina australiana es el *T Bon* (un enorme chuletón que los australianos asan en grandes barbacoas, igual que los filetes de carne de canguro, camello, cocodrilo, emu o búfalo). También son típicos los filetes de cocodrilo y el paté de *wallaby* (una especie de canguro pequeño).
- ALOJAMIENTO: el lugar más cercano para alojarse es el Ayers Rock Resort, en Yulara, donde hay una gran variedad de alojamientos, desde un hotel de lujo hasta sitio para acampar.
- DIRECCIONES ÚTILES: www.australia.com, northernterritory/en-us/plan, www.australiasoutback.com y www.atn.com.au/nt/south/urulu.htm

MILFORD TRACK

Mar de Tasmania

Nueva Zelanda

Isla Sur

MILFORD TRACK   Océano Pacífico

PARQUE NACIONAL DE FIORLAND

El Parque Nacional de Fiordland, piedra angular del Te Wahipounamu o el «El lugar de la Piedra Verde» (Nueva Zelanda Suroccidental) está ubicado en la costa Suroeste de la Isla del Sur de Nueva Zelanda. Fundado en 1952, es el Parque Nacional más grande del país (12.116 km² de superficie) y una de las áreas protegidas más grandes, vírgenes y lluviosas del planeta, habiendo sido catalogado como Lugar de Herencia del Mundo por Naciones Unidas y Patrimonio

de la Humanidad por la UNESCO en 1986, junto con otros tres Parques Nacionales: el del Monte Aspiring, con el que limita, el del Monte Cook y el de Westland, con los que se incorporó a una región de protección especial llamada Te Wahipounamu (Nueva Zelanda Suroccidental), considerada también en todo su conjunto Patrimonio de la Humanidad.

El paisaje del Parque Nacional de Fiordland está formado por altas montañas escarpadas coronadas de nieve, valles empinados alfombrados de musgo, grandes torrentes, vertiginosas cascadas (entre las que destacan las cataratas Sutherland, cuyo salto de 580 m de altura la convierte en la quinta más grande del mundo), frondosos bosques con árboles

de más de 800 años, lagos apacibles y fiordos impresionantes.

Según la tradición maorí (los primeros habitantes de Nueva Zelanda), los fiordos fueron obra de un cantero gigantesco llamado Tute Rakiwhanoa, que con sus herramientas consiguió crear estos bellísimos valles escarpados. Un mundo de naturaleza salvaje que el caminante puede descubrir a través de los 500 kilómetros de pistas que hay en el Parque Nacional.

De los tres grandes caminos que se pueden realizar dentro del Parque Fiordland (Milford, Kepler y Routeburn), el más famoso es el Milford Track, que va desde el nacimiento del lago Te Anau, atravesando los valles de Clinton y Arthur, hasta el fiordo de Milford Sound. Considerado el «camino más bello del mundo», el Milford Track (54 km) hay que recorrerlo a pie, durante 4 días, caminando una media de 6 horas diarias.

Una vez llegados al punto álgido del camino, la zona de Milford Sound (22 km de impresionantes paredes hasta el mar), la vista que desde allí se divisa merece todo el esfuerzo del recorrido: abajo, los barcos de crucero se balancean como si fueran juguetes bajo las sombras de las elevadas montañas, que siguen sumergiéndose, como paredes de roca escarpadas, entre 100 y 450 metros, hasta que alcanzan el suelo del fiordo (en el Observatorio Submarino de Fiordland se puede descubrir el mundo fascinante y único que hay bajo el agua), y las impresionantes cascadas.

- **Continente:** Oceanía.
- **País:** Nueva Zelanda.
- **Ubicación:** en el Parque Nacional Fiordland, en la región suroeste de Nueva Zelanda, conocida como Te Wahipounamu.
- **Clima:** subtropical, con meses suaves y húmedos, entre 9 y 19 °C en julio, y otros un poco más cálidos, de 14 a 23 °C en enero. En Fiordland llueve durante 200 días al año. Los mejores meses para visitar el parque son los que van de noviembre a abril.
- **Cómo llegar:** se puede llegar en barco, avión, tren o por carretera hasta Dunedin y, desde ahí hasta Gore, por carretera o en tren. Una vez en Gore, el recorrido ha de realizarse por carretera hasta Te Anau, que es donde está el Centro de Visitantes de Fiordland.
- **Peculiaridad:** tiene un importante pasado histórico, pues se cree que una tribu maorí, conocida como los ngati-mamoe, se asentó y desapareció en esta región, en el siglo XVIII, y la primera residencia europea que hubo en Nueva Zelanda fue construida en Dusky Sound, en 1792.
- **Gastronomía:** entre los ingredientes básicos de la cocina de Nueva Zelanda destacan más de 60 variedades de pescados y de mariscos, además de verduras frescas como espárragos, alcachofas, aguacates y, por supuesto, los famosos kiwis, pues no en vano se conoce a la cocina neozelandesa como la «cocina kiwi». Sin embargo, el plato nacional es el cordero, que se sirve asado o guisado con salsa de hierbabuena. Entre los platos tradicionales, destacan también el *whitebait* (tortilla), la *kumara* y la deliciosa *pavlova*. También es muy popular una especialidad de los maorí llamada *hangi*. Se trata de un plato en el que se mezclan pescados o carnes con verduras; para realizarlo se excava un agujero profundo en el suelo, se introducen piedras calientes y encima los ingredientes. Después se tapa con algo de vegetación y encima se echa tierra. Tarda varias horas en estar listo, pero merece la pena porque queda muy jugoso. En cuanto a bebidas, el vino de Nueva Zelanda tiene renombre internacional.
- **Alojamiento:** el Departamento de Conservación de Fiordland tiene una serie de cómodos refugios a lo largo del Camino de Milford Track a disposición de los excursionistas. Fuera del Parque Nacional también se puede encontrar alojamiento en Te Anau y Manapouri.
- **Direcciones útiles:** ww.newzealand.com, www.doc.govt.nz/mildfordtrack y www.mildfordtrack.net

BORA BORA

LA PERLA DEL PACÍFICO

S ituada en el archipiélago de las islas de la Sociedad, Bora Bora o la «Perla del Pacífico», como la bautizó el capitán Cook, es un compendio de la magia y belleza de las islas de la Polinesia. Su encanto ha fascinado a escritores, artistas, pintores y filósofos, como Alain Gerbault, Herman Meville, Paul Gauguin, Robert Louis Stevenson o Paul-Emile Victor, quienes quedaron extasiados por las cimas

volcánicas de un verde exuberante, la gran laguna y la cadena de montes arenosos que flanquea la costa de esta mítica isla, cuyo nombre significa en tahitiano «nacida la primera», pues al parecer habría sido la primera tierra en surgir de las aguas del Pacífico.

Con su volcán ubicado sobre una de las más bellas lagunas del mundo, Bora Bora,

que antiguamente se llamaba Mai Te Pora («creada por los dioses») y estaba gobernada únicamente por mujeres, posee una verdosa cadena montañosa formada por tres picos: monte Hue (619 m), monte Pahia (661 m) y monte Otemanu (727 m).

Además, la naturaleza generosa con Bora Bora ha dotado a la isla con una laguna de aguas transparentes, con todas las tonalidades del verde y el azul (las distintas tonalidades marcan la profundidad del agua, pues el tono más pálido es señal de menos profundidad) y enorme belleza, rodeada por una serie de islotes paradisíacos, que para muchos es la laguna más hermosa del

mundo. En uno de los islotes, el Toopua Motu, se yergue una colina 100 metros sobre el nivel del mar, en cuya cima resuenan las rocas llamadas «Las Campanas de Hiro».

Aunque la reina de las flores polinesias es la Tiare Tahití (una variedad de gardenia), por todas partes florecen, durante todo el año, flores de asombrosos colores, como los ramos «rojo sangre» de opuhi, las mil variedades de ave del paraíso, los frondosos setos de buganvillas, con tonos que van desde el pastel al escarlata y el púrpura, y los preciosos hibiscos.

Además, en el aire se respira un fuerte aroma a ylang-ylang (flor cananga) mezclado con el del frangipani o flor blanca y el jazmín. Al ser un área protegida de ballenas y delfines, la Polinesia Francesa está considerada desde mayo de 2002 Santuario de Mamíferos Marinos. El arrecife de coral que rodea Bora Bora encierra una riquísima fauna submarina: peces mariposa, peces ángel y peces payaso, junto a pacíficos napoleones y majestuosas mantas raya gigante.

- CONTINENTE: Oceanía.
- PAÍS: Polinesia Francesa (territorio de ultramar de Francia)
- UBICACIÓN: Bora Bora está al noroeste de Tahití, en el archipiélago de las islas de la Sociedad (en las Islas de Sotavento).
- CLIMA: es tropical. La temperatura, muy agradable, está refrescada por los vientos alisios del Pacífico, que soplan todo el año. La temperatura media ambiental es de 27 °C, mientras que la del agua está alrededor de los 26 °C.
- CÓMO LLEGAR: el aeropuerto se encuentra en Motu Mate, a unos 30 minutos de Vaitape.
- PECULIARIDAD: en Bora Bora las flores tienen gran importancia en la vida diaria, pues más que un elemento decorativo se llevan de un modo completamente natural. Las flores también se utilizan para hacer preciosas guirnaldas y collares que se ofrecen a visitantes y amigos como señal de bienvenida y amistad.
- GASTRONOMÍA: los frutos legendarios del árbol del pan, las decenas de variedades de plátanos, entre los que destaca el *fei* (anaranjado) y los diversos tubérculos de taro, tarua y ufi constituyen la base de la cocina polinesia. Papayas, mangos, piñas, melones, pomelos, limas, todos ellos endulzados con vainilla forman parte de sabrosas ensaladas de fruta. Junto con la fruta, el pescado y el marisco, sobre todo la langosta son los ingredientes principales de la cocina de Bora Bora. También son exquisitos el atún marinado en zumo de lima y leche de coco, la sopa de *pahua* o las brochetas agridulces de *mahi mahi*. Un plato muy típico es la *tamaaraa*, hecho con carne y pescado envueltos en hojas de plátano y cocinados sobre piedras calientes.
- DIRECCIONES ÚTILES: www.tahiti-tourisme.es y www.tahiti.com/island/bora-bora

ISLAS MARQUESAS

TIERRA DE HOMBRES

Llamadas por sus pobladores Henua Lenana «Tierra de hombres», las islas Marquesas son el archipiélago más norteño de la Polinesia Francesa, formado por una decena de islas abruptas en las cercanías del Ecuador. Desprovistas de arrecifes de barrera, los acantilados costeros son azotados por el mar abierto, mientras en lo alto manadas de caballos y cabras salvajes se desplazan con entera libertad entre la vegetación, a veces árida, a veces densa.

Las seis islas principales se dividen en dos grupos. En el norte, están Nuku Hiva y Ua Pou, cuyas cumbres parecen panes de azúcar, y Ua Huka, la isla de los caballos. En el sur, están Hiva Oa, la isla de las estatuas monumentales, y Tahuata y Fatu Hiva, islas descubiertas por el español Mendaña. El paisaje interior de las islas principales, Hiva Oa y Nuku Hiva, es una sucesión de valles abruptos y sus costas están protegidas por farallones que las convierten prácticamente en castillos inexpugnables.

Nuku Hiva, la isla más grande de las Marquesas, dispone de una cadena montañosa dominada por el Monte Tekao, de 1.224 metros de altura. El centro está formado por la meseta Toovii, dedicada a los pastizales, campos y bosques. Las costas desmembradas en bahías, cabos, puntas y acantilados acogen varios pueblos al final de la bahía. La capital administrativa, Taiahoe, dominada por el imponente Monte Mouake, se ubica en una rada protegida por dos islotes rocosos: Los Centinelas del Este y del Oeste. Merece la pena visitar el paepae Piki Vehine o Temehea, adornado de numerosos *tikis* gigantescos (grandes esculturas de piedra que representaban a

sus guerreros y jefes divinizados) realizados recientemente para un festival marquesino y la catedral de Notre Dame de las Marquesas, construida con piedras de colores de estructuras diferentes procedentes de las seis Marquesas. En el interior de la catedral se pueden admirar esculturas de preciosas maderas, representaciones del arte religioso marquesino. Las costas rocosas de Nuku Hiva y sus numerosas cuevas, grutas y caídas constituyen uno de los sitios privilegiados para la exploración marina. La ausencia de arrecifes explica la abundancia de los grandes delfines electra, los tiburones martillo, los tiburones sepultureros, las rayas mantas leopardos, las rayas pastenague y las rayas marmoladas.

La punta Motumano, al suroeste de la isla, permite acercarse a los tiburones martillo con festones y a las mantas raya. Al este de Taiohae (la capital de Nuku Hiva), la gruta profunda de Ekamako está habitada por grandes manta rayas pastenague y por enormes langostas. Hiva Oa, la mayor de las islas del sur, ha sido desde siempre la rival de Nuku Hiva. Está atravesada de sudoeste a nordeste por una cadena montañosa, cuyas cimas elevadas de los montes Temetiiu y Fenai forman una verdadera muralla alrededor de Atuona, pequeño y tranquilo puerto ubicado al final de la bahía de Taaoa, conocida también como la bahía de los Traidores, y famosa por haber sido la última morada del pintor Paul Gauguin y del cantante Jacques Brel.

- CONTINENTE: Oceanía.
- PAÍS: Polinesia Francesa (territorio de ultramar francés).
- UBICACIÓN: en la Polinesia Francesa, a 1.400 km al noroeste de Tahití.
- CLIMA: sólo existen dos estaciones: de noviembre a mayo, el clima es caluroso y húmedo; de junio a octubre, fresco y seco. La temperatura media anual es de 26 °C.
- CÓMO LLEGAR: en avión hasta los dos aeropuertos de Las Marquesas, en las islas Hiva Oa y Nuku Hiva, desde Papeete (Tahití). También se accede en barco. El viaje más popular lo efectúa el famoso aranui «Gran Camino», un carguero habilitado para pasajeros, que zarpa de Papeete y, tras efectuar una escala en Rangiroa o en Takapoto (en las Tuamotu), atraca en Atuona (Hiva Oa) o en Tahioae (Nuku Hiva). Suele tardar 16 días y realiza unos 15 servicios al año. Su llegada a las islas suele celebrarse como una fiesta. También se puede ir en el «Taporo IV», que realiza dos viajes al mes.
- PECULIARIDAD: conservan una enorme riqueza de restos arqueológicos enclavados en bellos paisajes naturales. Es fundamental distinguir entre *paepae* (plataformas de lava negra sobre las que se levantaron los poblados), *tohua* (lugares para las fiestas públicas, danzas y ceremonias) y *meae* (santuarios o lugares de culto, que eran tabú para los no iniciados y donde se erigían los *tikis*, grandes esculturas de piedra que representaban a sus guerreros y jefes divinizados).
- GASTRONOMÍA: el pescado es la base de su gastronomía, destacando el tazar, un tipo de bonito que se suele asar a la parrilla. También es delicioso el pescado crudo macerado en leche de coco y limón. El *pua* o cerdo asado es el plato imprescindible en cualquier celebración. Las frutas tropicales tampoco faltan en la mesa. Son casi omnipresentes los árboles del pan (*mei*) y abundan los mangos (*mako*).
- DIRECCIONES ÚTILES: www.tahiti-tourisme.es